KB104676

역사
교육
첫걸음

배움에서 가르침으로

역사
교육
첫걸음

김민정·이미미·백은진·김성자 지음

책과
함께

머리말

《역사교육 첫걸음》은 예비 교사가 수업 현장과 역사교육 연구를 역사교육 이론이라는 렌즈를 통해 분석적으로 이해하고, 역사 수업을 체계적으로 계획하고 실행하는 데 도움을 주려는 목적에서 기획되었다. 역사교육 연구자이면서 교사교육자인 저자들은 이 책을 통해 역사교육의 이론에 대한 이해가 역사다운 역사 수업을 고민하는 데 일조할 수 있을 것이라는 메시지를 전하고자 한다. 이러한 점은 현재 역사교육 관련 개설서가 다수 통용되고 있고, 다른 교과교육 분야에 비해 그 수가 적지 않음에도 불구하고, 새로운 개설서를 집필한 이유이기도 하다. 적지 않은 이들이 역사교육 이론은 중등교원임용시험을 위해 암기하고 바로 망각하는 대상이라고, 역사 수업에 실질적인 도움이 되지 않는다고, 역사교육의 현상과 문제를 인식하고 대안을 찾으려는 시도와는 거리가 멀다고 여겨왔다. 저자들은 이러한 문제의식과 비판을 뼈아프게 받아들이면서 역사교육 이론이 수업에 어떻게 적용될 수 있는지 실례를 중심으로 살피고, 학교 현장의 맥락에서 역사교육 이론을 구체화하고자 노력했다.

역사교육 이론과 실행의 접점을 모색하기 위해 이 책은 네 가지 주요 주제, 즉 역사 교육과정, 역사적 사고, 역사 내러티브, 역사 교수법을 중심으로 주요 개념과 쟁점을 명확하게 기술하고, 이를 기초로 역사 수업 현상과 맥락을 체계적으로 설명한 후 역사교육이 나아갈 방향을 제시하고자 했다. 구체적인 서술 방향과 특징은 다음과 같다.

첫째, 이 책은 역사교육의 주요 개념을 명료하고 상세하게 제시하고자 했다. 1990년대부터 비약적으로 발전한 국내 역사교육 학계의 연구 성과에 기초하여 역사교육 개설서가 출간되었고, 사범대학을 비롯한 교원양성기관에서 역사교과교육 과목 교재 및 임용시험 수험서, 역사교육 연구 입문서로 활용되었다. 학계와 교육계에서 역사교육 개설서를 활용한 경험과 검토한 의견을 토대로, 이 책은 역사교육의 핵심적인 개념에 대해 서술상 혼동을 야기하는 부분을 최소화하고, 명확하고 체계적으로 설명할 필요가 있는 부분을 보완하여 예비 교사와 연구자들이 의미를 명확히 이해하고 활용할 수 있도록 핵심 개념을 설명하고자 했다.

둘째, 이 책은 기존의 개설서 출판 이후 발간된 국내외의 최근 연구 성과를 포함하여 서술했다. 역사교육 분야에서 마지막 개설서가 출판된 지 이미 10여 년이 지났다. 그동안 역사교육 연구에서도 많은 변화가 나타났다. 역사교육을 연구하는 연구자 수도 늘었으며 새로운 영역과 주제에 대한 연구 성과도 축적되었다. 이 책에서는 이러한 국내의 연구 성과는 물론 국외의 최근 연구 성과도 충실히 반영함으로써 변화하는 교육 담론 속에서 역사교육이 나아갈 방향을 제시하고자 했다.

셋째, 이 책은 역사교육 핵심 개념의 현장 적용 사례를 포함하여 서술했다. 역사교육 이론은 학교 현장을 설명하고, 복잡다단한 문제를 이해하는 데 도움을 줄 때 설득력을 지닌다. 따라서 이 책에서는 역사교육의 핵심 개념이 현장에서 어떤 식으로 구현되며, 현장을 이해하는 데 어떤 도움을 줄 수 있는지를 명시적으로 제시하기 위해 노력했다. 이를 위해 각 장을 시작할 때에는 교육 현장의 사례를 활용하여 각 장에서 중점을 두고 있는 핵심 내용이나 개념을 소개했다. 또한 예비 교사가 각 장의 이론적 쟁점을 제대로 이해했는지 스스로 확인하기 위한 '활동: 배우는 입장에서'를 넣고, 학생들을 가르치는 입장에서 각 장의 핵심 개념을 교실에서 어떻게 적용할 것인지를 고민하는 '활동: 가르치는 입장에서'로 마무리했다. 대단원 구성, 한 차시분 수업 구상, 수행평가 계획, 학습 활동 계획으로 구성된 각 장의 '활동: 가르치는 입장에서'를 통해 독자는 현장 교사가 수행하는 다양한 형태의 교수 활동 계획을 경험할 수 있을 것이다. 또한 이 책을 읽는 독자들이 이 활동을 통해 각 영역에 대한 이론적 쟁점을 제대로 이해하는 것에서 나아가, 자신의 수업을 설계하고 성찰하는 과정에서 역사교육 이론을 생산적으로 소비하고 재구성할 수 있는 교사 및 연구자로 성장하기를 기대한다.

　이 책은 네 명의 집필자들이 공동으로 각 장의 주제를 선정하고 모든 장의 내용과 활동을 검토했다. 용어를 통일하고 내용이 중복되거나 상충되는 부분을 줄여 한 권의 책으로서 일관성을 높이고자 했다. 그러나 각 장의 내용에 대한 최종적인 책임이 각 장의 집필자에게 있음은 분명하다. 1장은 김성자, 2장은 김민정, 3장은 이미미, 4장은 백은진이 집필했다.

　1장에서는 국가 교육과정을 중심으로 이루어져왔던 기존의 교육과정 논의 방식에서 벗어나, 교육과정을 국가 교육과정과 교사 교육과정으로 구분하여 논의했다. 이는 교육과정 개발과 실행에 있어 교사의 자율성과 전문성을 강조하는 최근의 논의를 반영한 것이다. 그리고 역사교육에 있어서 국가 교육과정은 어떠한 기능과 역할을 하는지, 교사 교육과정의 의미는 무엇인지 살펴보고, 역사 교사가 교사 교육과정을 구성할 때 고려해야 할 점을 제안했다.

2장은 역사 수업에서 왜 역사적으로 사고하도록 가르쳐야 하는가 하는 문제에 답하고자 했다. 이를 위해 국내외 연구 성과와 역사 수업 사례를 검토하여 그동안 당위, 목표, 지향으로 간주되어온 역사적 사고의 의미를 이해하고 적용하는 차원을 살펴보고, 학생들을 역사적으로 사고하도록 가르치기 위해서는 역사학의 독특한 인식 기반과 절차에 따라 과거를 해석하고 의미부여하는 것으로 교사들이 역사적 사고를 이해할 필요가 있고, 이에 기반을 둔 교수·학습 과정을 마련할 필요가 있다는 점을 강조했다.

3장에서는 역사교육의 여러 분야에서 쓰이고 있는 다양한 의미의 내러티브를 정리하여 제시하고, 각각의 내러티브가 어떤 맥락에서 사용되고 있는지를 살펴보았다. 여러 역사교육 개설서의 출판 이후 진행된 연구 성과를 포함하여 역사 내러티브 의미의 변천을 살핌으로써 내러티브에 대한 이해의 폭을 넓히고자 했다. 오랜 기간 역사학계와 역사교육계의 연구자와 교사가 내러티브에 주목했던 이유를 되짚어보면서, 역사교육계의 내러티브 연구를 검토하고 그 결과를 바탕으로 역사 교수·학습에서 내러티브 활용의 나아갈 방향을 제안했다.

4장은 역사를 역사답게 가르치기 위한 방법으로 무엇이 필요한지를 살펴보았다. 이를 위해 먼저 역사를 가르치는 방법에 대한 기존의 접근들을 살펴보고, 역사 교수법으로 제시되어온 방법들을 검토하면서 이러한 교수법을 역사 수업에 적용하고자 할 때 유의할 점을 살펴보았다. 또한 역사를 역사답게 가르치기 위해서 두 가지를 제안했는데, 역사교사의 역사교육 목적 및 역사 수업의 목표 설정과 이를 수업에서 일관되게 구현하려는 의식적인 노력의 중요성을 강조했고, 역사 연구의 방법을 역사 수업에서 적용할 필요성과 그 사례를 제시했다.

각 장은 독립적으로 서술되었으며 어떤 장을 먼저 읽어도 무방하다. 다만 책의 내용상 4장은 2장과 3장을 읽고 난 후에 읽기를 권한다. 또한 1장의 '활동: 가르치는 입장에서'는 2~4장을 읽은 뒤 다시 한 번 수행하면서 예비 교사가 자신의 교사 교육과정을 구성해보기를 권한다.

이 책의 기획은 4년 전 양호환 선생님의 제안으로 시작되었다. 저자들의 지도 교수이신 선생님은 1992년 서울대학교 사범대학 역사교육과에 부임하신 이래 저자들에게 역사교육 연구의 길을 열어주셨고, 언제나 제자들을 믿고 연구자로 성장할 수 있도록 지지해주셨다. 2023년 2월 퇴임을 앞두신 선생님께 이 지면을 빌려 깊은 감사의 인사를 드린다.

초고를 발표했던 콜로키움에서 건설적인 비판을 해준 서울대 역사교육과 대학원생들, 원고를 읽고 검토 의견을 준 박미향·이소은·우주연 선생님, 흔쾌히 출판을 허락해준 책과함께 류종필 대표님과 꼼꼼하게 글을 살펴준 편집부에도 감사의 인사를 드린다. 그리고 지난 두 해 동안 저녁 시간에도 주말에도 화상 회의를 하는 저자들을 묵묵히 지켜봐준 가족들 덕분에 책을 마무리할 수 있었다.

동료 연구자들과 함께 책을 집필했던 3년여의 시간은 학문적으로 성장할 수 있었던 소중한 기회였다. 이제 이 책의 내용을 예비 교사 및 현직 교사들과 나누면서 공동 집필과 검토 과정에서 경험한 즐거움과 고단함이 발전적으로 확장되기를 기대한다. 또한 《역사교육 첫걸음》을 활용한 현장 적용 사례가 축적되고, 축적된 경험의 교육적 의미를 반성적으로 성찰하는 과정이 학문적이고 이론적으로 정리되면서 역사교육 연구와 현장 변화의 선순환이 이루어지기를 기대한다.

2022년 6월
저자 일동

1장

역사 교육과정

누가 무엇을 어떻게 구성하는가?

1. 들어가며

교실에서 이루어지는 교사의 역사 수업 모습은 각양각색이다. 역사 수업의 목표로 삼고 있는 것, 가르치는 내용과 방법, 평가의 방법도 모두 다르다. 다음의 〈사례 1-1〉에는 두 학교의 '세계사' 연간 지도 계획이 제시되어 있다. 이 계획표에 나타나 있는 '세계사' 교육의 방향과 내용은 어떻게 다른지, 왜 이러한 차이가 나타나게 되었을지, 이러한 차이를 어떻게 바라보아야 할지 생각하며 〈사례 1-1〉을 읽어보자.

〈사례 1-1〉의 연간 지도 계획표에는 '세계사' 과목을 통해 가르치고자 하는 내용이 제시되어 있으며, 이를 효과적으로 가르치기 위한 방식으로 내용이 조직되어 있다. 또한 '세계사' 과목, 더 나아가 역사 학습을 통해 학생들이 무엇을 배워야 할 것인가에 대한 교사의 생각과 철학도 담겨 있다. 이런 점에서 이 사례에 제시된 연간 지도 계획표는 '세계사' 과목을 가르치기 위해 교사 수준에서 계획한 교육과정이라 볼 수 있다.

예비 교사 A와 B는 서로 다른 고등학교로 교육 실습을 나가게 되었다. 이들은 교육 실습을 준비하기 위해 각자의 지도 교사로부터 고등학교 '세계사' 과목의 연간 지도 계획표를 받았다. 이들은 두 학교의 연간 지도 계획표를 보면서 실습 기간 동안 가르쳐야 할 내용들에 대해 이야기하고 있다.[1]

○○ 고등학교의 '세계사' 연간 지도 계획표(일부)

월	주차	대주제	소주제	주요 개념	중심 질문
4월	1	제국	'시스템 제국', 페르시아	페르시아(아케메네스 조, 사산 조), 조로아스터교	페르시아가 대제국을 유지할 수 있었던 시스템(제도, 문화)은 무엇인가?
	2		모든 길은 로마로 통한다―서양 문명의 호수, 로마	로마 제정, 로마 문화	로마제국은 어떻게 제국을 이루었나? 로마 문화는 서양 문화에 어떤 것을 남겼나?
	3		실패한 '전국제패' 성공한 '천하통일'	진시황, 한 무제	진나라 통일 과정에서 성찰할 점은 무엇이고, 재통일한 한나라는 어떻게 제국이 되었나?
	4		동아시아 문화권의 코어, 당 제국	과거제, 대운하, 율령, 동아시아 문화권	동아시아 문화권은 무엇이고 당나라는 어떻게 동아시아 질서를 만들어 갔나?

△△ 고등학교의 '세계사' 연간 지도 계획표(일부)

	주차	대주제	소주제	주요 개념	중심 질문
4월	1	동아시아 지역의 역사	동아시아 세계의 형성(1)	발전	도덕률과 법률 중 무엇으로 지탱되는 사회가 발전된 사회인가?
	2		동아시아 세계의 형성(2)	발전, 정체성 정체성	내가 북위 효문제였다면 호한 융합을 위해 어떤 노력을 했을까? 새로운 문화를 마주하는 태도는 어떻게 해야 할까?

3	동아시아 지역의 발전	기억과 권력	칭기즈 칸은 영웅인가, 학살자인가?
4	동아시아 세계의 변동	발전	콜럼버스 함대와 비교하여 정화 함대의 우수성을 강조하는 서술에는 어떤 욕망이 담겨 있을까?

- **예비 교사 A:** ○○ 학교의 세계사 연간 지도 계획표는 교과서 순서하고는 완전히 달라. 연대기적 순서가 아니라 '제국'이라는 주제를 중심으로 내용 요소들을 조직했어.
- **예비 교사 B:** △△ 학교는 교과서 순서대로 되어 있기는 해. 그렇지만 교사가 생각한 일종의 학습 목표이자 수업을 통해 학생들이 생각하거나 탐구해보아야 할 문제를 의미하는 중심 질문에는 일반적으로 교과서에서 강조하는 것과는 다른 관점이 포함되어 있는 것 같아.
- **예비 교사 A:** 두 학교의 세계사 지도 계획이 정말 많이 다르네.
- **예비 교사 B:** 정말로 교사마다 다양한 방식으로 교사 교육과정을 구성하고 있구나.
- **예비 교사 A:** 교사 교육과정? 교육과정은 국가 교육과정을 의미하는 것 아니었어?

사실 교사 수준에서 교육과정을 계획한다는 개념은 우리에게 익숙하지 않은 측면이 있다. 교육과정이라 하면 으레 국가 교육과정을 떠올리게 되며, 국가 혹은 교육부와 같이 외부에서 주어진 것으로서 일정한 내용을 담고 있을 것이라 생각하는 경향이 있기 때문이다. 한국에서는 오랫동안 국가에서 교육과정을 개발하고 이를 학교 현장에서 실행하는 체제가 유지되어왔으며, 이러한 체제하에서 국가 교육과정이 역사교육에 미친 영향도 매우 컸다. 그러다 보니 역사교육계의 교육과정 논의 역시 주로 국가 교육과정을 중심으로 이루어져왔다. 사회과 통합과 역사과의 독립의 문제, 학교급별 내용 체계화(소위 '계열성') 문제, 각 과목의 내용 조직 방식 문제, 과목별 내용(역사적 사실과 개념 등)에 대한 연구사적인 측면에서의 검토가 교육과정에 대한 논의의 중심이었다. 그런데 이러한 논의에는 국가 교육과정이 '제대로' 만들어지면 학교 역사교육 역시 '제대로' 이루어질 것이라는 전제가 내재되어 있다. 이러한 전제하에서 교사의 역할은 축소되거나 무시된다.

그런데 최근 학교 현장에서는 교육과정 개발과 실행에 있어 교사의 자율성과 전문성을 요구하는 목소리가 높아지고 있다. 교사를 국가 교육과정의 단순한 실행자로 보는 것이 아니라, **학생의 교육적 성장을 위해 교육과정을 (재)구성하는 주체로서 교사의 역할을 강조**하게 된 것이다. 이러한 입장에서 이 장에서는 '교사 교육과정'이라는 용어를 사용할 것이다. 아래에서는 교육과정, 국가 교육과정, 교사 교육과정의 의미와 역할을 정리하고, 역사 교사들이 교사 교육과정을 구성하는 다양한 양상과 함께 역사과 교사 교육과정을 구성할 때 고려해야 할 점에 대해 살펴보도록 하겠다.

2. 교육과정의 의미와 수준

1) 교육과정의 의미

교육과정이란 무엇인가라는 질문에 대한 답, 즉 교육과정에 대한 정의는 매우 다양하다. 어원적으로 보았을 때 교육과정(curriculum)은 경마장의 '달려가야 할 코스'를 의미하는 '쿠레레(currere)'에서 유래했다. 이에 교육과정은 어떠한 목적을 달성하기 위해 따라야 할 '코스', 특히 학위나 자격을 얻기 위해 이수해야 할 학과의 과목 혹은 내용의 목록으로 이해되어왔다.[2]

그러나 교육과정에 대한 연구가 진전되면서 연구자들은 다양한 측면에서 교육과정을 바라보게 되었고 이에 따라 교육과정의 개념도 확장되었다. 학교 교육이라는 측면에서는 "학생을 교육하기 위해 학교 안팎에서 미리 세운 모든 교육계획", "학교에서 가르치는 교과의 목록" 혹은 "한 강좌의 수업 계획서", "특정 목적 달성에 필요한 기능을 숙달하기 위해 수행해야 할 일련의 과업", "학생들이 학교 교육을 통해 결과적으로 달성해야 할 학습 수준을 사전에 정해놓은 성취기준들의 집합", "학생들이 수업 현장에서 교사와 상호작용하면서 겪게 되는 생생한 경험 자체", "학교의 지도하에 일어나는 학생들의 온갖 경험" 등으로 정의되었다. 학교 교육을 넘어 개인과 사회의 측면에서는 "사람이 자신의 일생을 만들어가는 과정에 영향을 준 모든 것", "현재의 정치·경제·문화적 체제를 다음 세대에 재생산하는 수단", "학교가 학생들을 의식화시켜 사회를 개조할 수 있는 능력과 신념을 길러주는 수단"으로 정의되기도 했다.[3] 교육과정에 대한 이런 정의를 분류해보면, 크게 교육의 내용과 활동을 위한 '계획(plan)'을 중시하는 입장, 학생과 교사가 상호작용하는 '과정(process)'을 중시하는 입장, 교육적 상호작용을 통해 최종적으로 학생들이 성취하게 된 '결과(product)'를 중시하는 입장으로 나눌 수 있다.[4]

학교 교육의 측면에서 교육과정을 보았을 때, 교육과정은 그것이 구현되는 단계에 따라 계획된·의도된 교육과정, 실행된 교육과정, 경험된·학습된 교육과정으로 구분할 수도 있다. 계획된·의도된 교육과정은 교육부, 지역 교육청, 학교 등에서 사전에 계획하고 의도한 교육과정이다. 그 계획은 구체적일 수도, 개략적일 수도 있으나 통상적으로 교육의 목표, 내용, 교수·학습 방법, 평가 등에 관한 사항을 담고 있는 경우가 많다. 일반적으로 계획은 문서로 작성된다는 점에서, 계획된 교육과정은 문서로서의 교육과정이라 할 수 있다. 교육과정은 국가, 지역, 학교 등 다양한 수준에서 다양한 주체에 의해 계획될 수 있다. 어떤 주체에 의해 만들어지든 간에 계획된 교육과정은 이후 진행될 교육 활동을 통해 기대하는 바를 담고 있다는 점에서 일종의 실행을 위한 지침의 역할을 한다.[5]

계획된 교육과정은 교실에서 교사의 수업을 통해 실행된다. "교사들이 학교에서 실제로 전개한 교육과정", 즉 "교사의 실천적인 수업 행위"가 실행된 교육과정이다. 그런데 교사들은 자신의 가치나 신념, 관점을 토대로 계획된 문서를 읽고 해석하며, 자신이 처해 있는 교실의 맥락, 특히 학생들의 다양한 배경과 능력을 고려하여 교육과정을 실행한다. 따라서 실행된 교육과정은 계획된 교육과정과 같을 수도 있지만 다를 수도 있다.[6]

경험된·학습된 교육과정은 제공된 교육의 결과 학생들이 획득하게 된 경험, 학습 성과나 성취, 태도 등을 의미한다. 학생들은 교육과정 계획에서 의도한 바를 경험하고 성취하기도 하지만 그렇지 않은 경우도 있다. 이런 점에서 경험된·학습된 교육과정은 계획되고 실행된 교육과

역사교육 첫걸음

정의 실질적인 성과를 판단하는 근거로 기능하기도 한다.[7]

2) 교육과정의 수준

교육과정을 논의할 때 그것을 누가 개발하는가는 중요한 문제 중 하나
이다. 교육과정 개발 체제는 교육과정을 개발하는 주체가 누구인가에
따라 중앙 집중적 교육과정 개발과 지방 분권적 교육과정 개발로 구분
할 수 있다. 전자는 중앙 정부에서 교육과정을 개발하는 체제이며, 후
자는 주(州) 혹은 학교 수준에서 교육과정과 관련된 중요한 사항들을
결정하는 체제이다. 한국, 일본, 프랑스, 영국 등은 중앙 집중적 교육
과정 개발 체제를, 캐나다, 독일 등은 지방 분권적 교육과정 개발 체제
를 취하고 있다. 중앙 집중적 교육과정 개발은 중앙 정부에서 개발한
교육과정을 모든 학교에 제공함으로써 학교 교육의 수준과 질을 조절
할 수 있다는 장점이 있다. 반면 학교 교육이 획일화될 수 있으며 교육
과정 개발에서 교사가 배제되고 교사가 주어진 교육과정의 실행자로
만 여겨지게 된다는 단점이 있다. 한편 지방 분권적 체제는 지역 혹은
학교의 상황과 여건에 맞는 교육과정을 개발할 수 있다는 장점이 있으
나, 교육과정의 질 관리가 어렵고 지역 혹은 학교 간의 격차가 발생할
수 있다는 단점이 있다.[8]

한국은 국가, 즉 중앙 정부에서 교육과정을 개발하고 있다. 초·중등
교육법 제23조 제1항과 제2항에 따르면, 학교는 교육과정을 운영해야
하며, 교육과정의 기준과 내용에 대한 기본적인 사항은 교육부장관이
정하도록 되어 있다.[*] 이에 따라 초·중등학교에서 편성·운영해야 할 과
목의 편제와 시수, 각 과목의 교육 목표와 내용, 교수·학습 방법 및 평

가 등에 관한 주요 사항을 국가 수준에서 계획하여 문서로 고시하고 있다.

국가 교육과정 문서는 총론과 교과 교육과정으로 구성되어 있다. 총론에서는 주로 교육과정이 추구하는 인간상, 교육과정 구성에서 중점을 둔 사항들, 학교급별 교육 목표, 학교급별 편제와 시간 배당 기준, 교육과정 편성·운영 기준 등이 제시된다. 즉 각급 학교 교육의 목표는 무엇인지, 이를 위해 어떠한 과목을 편성하여 가르칠 것인지, 어떠한 과목이 필수과목이며 어떠한 과목이 선택과목인지, 이들 과목에 어느 정도의 시간을 배정할 것인지 등의 문제가 총론에 제시되어 있으며, 각급 학교에서는 총론에 제시된 기준에 따라 학교 교육과정을 편성·운영하게 된다.

교과 교육과정에서는 각 과목별로 해당 과목의 성격, 목표, 내용 체계 및 성취기준, 교수·학습 및 평가의 방향 등을 제시하고 있다. 역사 과목은 사회과 교육과정 문서 안에 포함되어 있는데, 예를 들어 고등학교 '한국사' 과목에는 '한국사' 과목에서 추구해야 할 목표가 무엇인지, 어떠한 내용을 가르쳐야 하는지, 이를 어떻게 가르치고 평가할 것인지와 관련된 내용과 지침들이 제시되어 있다. 특히 **성취기준에는 학생들이 해당 과목을 통해 배워야 할 구체적인 내용과 이를 통해 수업 이후 할**

● 초·중등교육법 제23조의 내용은 다음과 같다. "제23조(교육과정 등) ① 학교는 교육과정을 운영하여야 한다. ② 교육부장관은 제1항에 따른 교육과정의 기준과 내용에 관한 기본적인 사항을 정하며, 교육감은 교육부장관이 정한 교육과정의 범위에서 지역의 실정에 맞는 기준과 내용을 정할 수 있다.[개정 2013.3.23] ③ 학교의 교과(教科)는 대통령령으로 정한다." 국가법령정보센터(http://www.law.go.kr)

수 있거나 할 수 있기를 기대하는 능력이 제시되어 있다.

6차 교육과정 이후부터는 교육과정 결정을 분권화하고 단위 학교의 교육과정 편성권과 자율권을 확대하는 정책이 추진되었다. 그 결과 현재 한국에서는 국가 수준의 교육과정과 함께 지역 수준의 교육과정, 학교 수준의 교육과정이 개발·운영되고 있다.[9]

지역 수준의 교육과정은 교육부장관이 정한 교육과정의 범위 내에서 각 시·도별로 지역의 특성과 실정에 맞게 국가 교육과정을 재구성한 것이다. 일반적으로 각 시·도 교육청에서는 학교 교육과정의 편성·운영을 위한 지침을 개발하며, 시·군·구의 지역 교육청에서는 학교 교육과정의 편성·운영에 참고할 수 있는 장학 자료를 작성하고 있다.[10]

활동 1-1 | **배우는 입장에서** | **국가 교육과정 문서를 읽어보자.**

※ "국가교육과정정보센터"(www.ncic.re.kr)에서 현행 교육과정의 총론과 사회과 교육과정(역사 영역)을 찾아 읽은 뒤, 다음 질문에 답해보자.

1. 초등학교에서 역사 관련 내용은 어떤 과목의 몇 학년에 편제되어 있는가?

2. 중학교에 편제된 역사 과목은 무엇인가?

3. 고등학교에 편제된 역사 과목에는 무엇이 있는가?

4. 어떤 일반계 고등학교에서 '한국사'를 총론에서 배당한 단위 그대로 1학년에 편성한다면, 학생들은 '한국사' 과목을 한 주에 몇 시간씩 배우게 되는가?

5. 고등학교 '한국사' 과목의 목표는 무엇이며, 배우게 되는 내용은 무엇인가?

학교에서는 국가 교육과정과 지역 수준의 교육과정을 바탕으로 각 학교의 실정과 학생들의 특성 및 요구 등을 고려하여 학교 교육과정을 편성·운영한다.[11] 학교 교육과정을 역사를 중심으로 살펴보면, 학교 교육과정에서는 국가 교육과정 총론에서 제시한 "편제와 시간 배당 기준" 및 해당 시·도 교육청의 지침을 토대로 역사 과목 중 어떤 과목을 편성할 것인지, 이들 과목을 몇 학년에 배치할 것인지, 몇 시수 혹은 몇 단위(학점)로 편성할 것인지를 결정하고, 각 과목별 진도 계획 및 평가 계획 등을 수립하여 제시한다. 예를 들어 중학교의 경우, 학교에 따라

활동 1-2 **배우는 입장에서** **학교 교육과정을 살펴보자.**

1. 학교 알리미 사이트(www.schoolinfo.go.kr)에 접속하여 관심 있는 중·고등학교 중 1개의 학교를 선택하여, 해당 학교의 학교 교육과정 및 교과별(학년별) 교과 진도 운영계획을 내려받은 뒤, 역사 과목이 어떻게 편성·운영되고 있는지 살펴보자.

  1) 어느 지역의 어떤 학교를 선택했는가? 학교 정보를 살펴보고 어떤 역사 과목이 개설되어 있는지 조사해보자.

  2) 해당 과목은 몇 학년에, 몇 단위(학점)로 편성되었는가?

  3) 해당 과목의 진도 계획은 어떠한가? 역사과 국가 교육과정에 제시되어 있는 내용 체계 및 성취기준과 비교해보자.

  4) 해당 과목의 평가 계획은 어떠한가?

2. 동일한 학교급의 다른 학교를 하나 선택하여 학교 교육과정 및 교과별(학년별) 교과 진도 운영계획을 내려받은 뒤, 위의 학교와 비교해보자.

역사교육 첫걸음

'역사' 과목을 2학년에 주당 3시간, 3학년에 2시간 편성할 수도 있고, 1학년에 2시간, 2학년에 3시간 편성할 수도 있다.

3. 역사과 국가 교육과정과 교사 교육과정

1) 국가 교육과정의 역할

그렇다면 학교 역사교육에 있어 국가 교육과정은 어떠한 역할을 할까?

첫째, 국가 교육과정은 학교 역사교육의 전체적인 틀과 체계를 결정하여 제시한다. 즉 초등학교, 중학교, 고등학교 각 학교급에서 역사를 가르치기 위해 어떠한 과목을 편성할지, 각 과목에서는 어떠한 내용을 가르칠지, 각 과목을 필수과목으로 편성할지 선택과목으로 편성할지, 고등학교 선택과목으로는 어떠한 과목을 편성할지, 각 과목을 가르치는 데 있어 기준이 되는 시간은 얼마인지 등 학교에서 역사를 가르치는 데 있어 가장 기초적이고도 중요한 내용이 국가 교육과정을 통해 정해진다.

역사 과목의 편제는 국가 교육과정이 개정될 때마다 계속해서 변화해왔다.● 이를 3차 교육과정, 7차 교육과정, 2015 개정 교육과정 시기를 중심으로 비교해보자. 3차 교육과정 시기에는 국사과가 사회과와는 별도로 독립된 교과로 운영되었다. 중·고등학교 모두 '국사'는 필수 과목으로 편제되어 있었으며, 중학교에서는 2·3학년에 각각 주당 2시간

● 역사 과목의 편제는 국가교육과정정보센터(www.ncic.re.kr)의 교육과정 원문을 참고하라.

씩, 고등학교에서는 6단위*의 시간이 배당되었다. 한편 독립된 교과와 과목의 지위를 가진 '국사'와 달리 세계사는 중학교에서 '사회' 과목의 한 영역으로 포함되어 있었다. 고등학교 '세계사'는 사회과에 속한 선택과목 중 하나로 편제되어 있었다. 즉 3차 교육과정 시기 국가 교육과정 편제상 국사는 교과이자 과목이었고, 고등학교 세계사는 '과목', 중학교 세계사는 '사회' 과목의 한 영역이었던 것이다.

6차 교육과정 시기 국사과는 독립된 교과의 지위를 잃고 사회과에 통합되었다. 중학교에서는 '국사' 과목이 사라지고, 한국사 내용은 세계사 내용과 함께 '사회' 과목 안에 편제되었다. 다만 교과서의 경우, 한국사 영역은 별도의 '국사' 교과서로 개발되었다. 세계사 영역은 이전 교육과정 시기와 마찬가지로 일반사회, 지리와 함께 '사회' 교과서 안에 포함하여 개발했다. 이러한 체제는 7차 교육과정까지 계속되었다. 한편 7차 교육과정에서는 중학교 '국사' 영역에 배당된 주당 수업 시수가 4시수에서 3시수로 축소되었다. 7차 교육과정 시기 고등학교는 '국사'를 필수과목으로, '한국근·현대사'와 '세계사'를 선택과목으로 편제했다.

2007 개정 교육과정에서는 중학교 '역사'가 '사회' 과목에서 독립하여 별도의 과목으로 편제되었다. 이러한 편제는 2015 개정 교육과정까지 유지되고 있다. 2009 개정 교육과정 시기 교과군 개념이 도입된 이래 역사는 '사회(역사 포함)/도덕군'의 한 영역으로 편제되고 있다. 2015 개

● 1단위는 50분을 기준으로 하여 17회(3차 교육과정은 18회, 4차 교육과정 이후부터 2015 개정 교육과정까지는 17회)를 이수하는 수업량이다.

역사교육 첫걸음

〈표 1-1〉 역사과 교육과정 편제 비교(3차 교육과정, 7차 교육과정, 2015 개정 교육과정)

교육과정 시기	교과(군)	중학교				고등학교	
		과목명	학년별 내용 영역			필수 과목	선택 과목
			1학년	2학년	3학년		
3차 교육과정	사회과	사회	지리	세계사	공민	국사	세계사
	국사과	국사	국사				
7차 교육과정	사회과	사회	지리 세계사	세계사 일반사회	일반사회 지리	국사	한국근·현대사 세계사
			국사 (교과서 별도 개발)				
2015 개정 교육과정	사회(역사 포함)/ 도덕군	역사	세계사·한국사			한국사	동아시아사 세계사

* 출처: 정선영·김한종·양호환·이영효, 《역사교육의 이해》, 삼지원, 2001, 280쪽; 교육부, 《중학교 교육과정》, 교육부 고시 제2018-162호 [별책 3](교육부 고시 제2015-74호의 일부개정), 2018.

정 교육과정 시기 중학교 '역사' 과목은 한국사와 세계사 내용을 모두 포함하고 있으며, 고등학교의 경우 '한국사'가 필수과목으로, '동아시아사'와 '세계사'가 선택과목으로 편제되었다.

이 세 시기 중학교·고등학교 역사교육의 체계는 확연히 다른 모습을 보인다. 역사 영역이 독립된 교과 혹은 과목으로 존재하는가, 한국사와 세계사를 하나의 과목으로 통합하여 가르치는가 별도의 과목으로 가르치는가, 각 과목에 배당된 시수가 얼마인가, 고등학교 선택과목에 '세계사'만 있는가 혹은 '한국근·현대사'나 '동아시아사'가 있는가에 따라 학교 역사교육의 모습은 달라지게 된다. 이렇듯 국가 교육과정은 학교 역사교육의 전체적인 틀을 결정하며, 이러한 점에서 국가 교육과정은 학교 역사교육을 위한 "기본적인 설계도"[12]라 할 수 있다.

둘째, **국가 교육과정**은 법률에 의거하여 교육부장관이 고시한 것으로, **학교 역사교육을 통해 무엇을 가르치고 배울지를 규정하는 전국 공통의 기준으로서의 역할**을 한다.[13] 국가는 국가 교육과정을 통해 "학생의 학습권을 보장하고 교사의 책무성을 달성"하고자 한다.[14] 국가 교육과정에서는 각 과목에서 가르치고 배워야 할 내용이 무엇인지를 성취기준의 형태로 제시하고 있다. 성취기준은 "학생들이 교과를 통해 배워야 할 내용과 이를 통해 수업 후 할 수 있거나 할 수 있기를 기대하는 능력을 결합하여 나타낸 수업 활동의 기준"[15]이다. 이는 **국가 수준의 역사 교육과정***이 교사와 학생에게 무엇을 가르치고 배워야 할지에 대한 **'내용 기준(content standards)'으로 기능**하고 있음을 보여준다.[16]

셋째, **국가 수준의 역사 교육과정은 역사 교과서 집필의 토대**가 된다. 이는 국가 수준의 역사 교육과정이 '내용 기준'으로 기능하고 있다는 점과 관련이 있다. 현재 역사 과목은 초등학교에서 고등학교까지 모든 교과서가 검정제로 발행되고 있다. 검정제는 교육부가 교육과정 기준에 의거하여 검정기준을 미리 제시하고, 검정기준을 바탕으로 민간 출판사가 교과서를 제작한 뒤 교육부와 위탁기관이 이를 심사하여 통과 여부를 결정하는 제도이다. 현행 교과서 검정 체제하에서 국가 교육과정의 준수 여부는 교과서를 심사하는 가장 중요한 기준 중 하나이다. 따라서 검정 교과서를 집필할 때에는 교육과정에 제시된 성격과 목표, 내용 체계 및 성취기준, 교수·학습 방향, 평가를 충실히 반영해야 하며,

---

● 교육과정 고시문에는 '역사 교육과정'이 별도로 존재하지 않는다. 역사 교육과정은 '사회과 교육과정'에 포함되어 있다. 그러나 이 장에서는 편의상 '사회과 교육과정'에 포함된 역사 관련 내용을 '역사 교육과정'으로 지칭하도록 하겠다.

교육과정에 제시된 학습 내용을 중심으로 내용을 구성해야 한다.[17]

넷째, **국가 수준의 역사 교육과정은 성취기준을 통해 수업 이후 학생이 필수적으로 달성해야 할 지식, 기능, 가치, 태도 등을 규정하고 있다는 점에서, 학생의 학업성취를 평가하는 기준**(achievement standards)의 **역할**을 한다.[18] 즉 국가 교육과정에 제시된 성취기준은 교사가 가르쳐야 할 내용뿐만 아니라 학생의 성취를 평가하는 기준이 되는 것이다. 따라서 성취기준은 단위 학교의 정기고사 및 대학수학능력시험과 같은 국가 단위의 평가를 위한 출제 근거로서 기능한다. 교사는 평가활동을 함에 있어 "평소 학교에서 가르친 내용과 기능에 대하여 학생 개개인의 교과별 성취기준·평가기준에 따른 성취도와 학습 수행과정을 평가"해야 한다.[19] 여기서 평가기준은 "평가 활동에서 학생들이 어느 정도의 수준으로 성취기준에 도달했는지를 판단"하는 기준의 역할을 하는 것으로, "성취기준에 도달한 정도를 상/중/하 세 단계로 구분하고 각 단계에 속한 학생들이 무엇을 알고 있고, 할 수 있는지를 기술한 것"[20]이다. 평가기준은 학생이 성취기준에 도달한 정도를 판단하는 데 활용될 뿐만 아니라, 평가 문항을 만들고 이에 대한 채점 기준을 수립하는 근거로 활용되기도 한다.[21] 다음의 〈사례 1-2〉는 2015 개정 교육과정 중학교 '역사'의 성취기준을 토대로 개발된 평가기준의 사례이다.

다음의 〈사례 1-3〉은 2015 개정 교육과정 성취기준 및 평가기준을 토대로 평가 문항을 제작한 사례이다. 이 문항의 근거가 된 교육과정 성취기준은 "[10한사02-04] 일본의 국권 침탈 과정과 이에 맞선 국권 수호 운동의 내용을 파악한다"이다. 이 성취기준을 근거로 이 문항에서는 학생들이 을사늑약과 군대 해산에 맞선 국권 수호 운동의 내용을

교육과정 성취기준에 근거한 평가기준 사례(2015 개정 교육과정)

교육과정 성취기준	평가준거 성취기준*	평가기준	
[9역06-03] 20세기 후반의 탈권위주의 운동과 대중문화의 발달을 구체적인 사건들과 인물들을 사례로 탐구한다.	[9역06-03-00] 20세기 후반의 탈권위주의 운동과 대중문화의 발달을 구체적인 사건들과 인물들을 사례로 탐구한다.	상	20세기 후반의 탈권위주의 운동의 성격과 대중문화 발달의 특징을 자료를 활용하여 설명할 수 있다.
		중	20세기 후반의 탈권위주의 운동과 대중문화의 발달을 보여주는 사건과 인물의 활동을 제시할 수 있다.
		하	20세기 후반에 탈권위주의 운동과 대중문화가 발달하였음을 말할 수 있다.
[9역06-04] 오늘날 인류가 해결해야 할 문제를 구체적 사례를 중심으로 탐구하고 해결 방안에 대해 토론한다.	[9역06-04-00] 오늘날 인류가 해결해야 할 문제를 구체적 사례를 중심으로 탐구하고 해결 방안에 대해 토론한다.	상	오늘날 인류가 해결해야 할 문제가 발생한 배경과 내용을 자료를 활용하여 탐구하고, 그 해결 방안을 토론하여 발표할 수 있다.
		중	오늘날 인류가 해결해야 할 주요 문제의 사례와 그 해결 방안을 제시할 수 있다.
		하	오늘날 인류가 해결해야 할 주요 문제를 나열할 수 있다.

* 출처: 교육부, 《2015 개정 교과 교육과정(교육부 고시 제2018-162호)에 따른 평가기준─역사과》, 2018, 24쪽.

● 《2015 개정 교육과정에 따른 평가기준》에서는 국가 교육과정 문서에 제시된 성취기준과 "평가 상황에 활용하기 위해 교육과정의 성취기준을 재구성한 성취기준"을 구분하기 위해 '평가준거 성취기준'이라는 용어를 사용하고 있다. 평가준거 성취기준은 "학생들이 학습을 통해 성취해야 할 지식, 기능, 태도의 능력과 특성을 진술한 것으로서 평가 활동에서 판단의 기준이 될 수 있도록 교육과정 성취기준을 재구성한 것"이다. 국가 교육과정 문서에 제시되어 있는 성취기준은 구체적인 평가 활동을 위한 기준으로 삼기에는 다소 포괄적이거나 모호한 경우가 있다. 이러한 경우 교육과정의 성취기준을 실제의 평가 상황에서 준거로 사용할 수 있도록 재구성한 것이 평가준거 성취기준이다. 교육부, 《2015 개정 교육과정 평가기준─고등학교 사회과》, 2018, 7-10쪽.

학교급	고등학교	학년군	1~3	영역/단원	(2) 근대 국민 국가 수립 운동
교육과정 성취기준		[10한사02-04] 일본의 국권 침탈 과정과 이에 맞선 국권 수호 운동의 내용을 파악한다.
평가준거 성취기준		[10한사02-04-02] 일본의 국권 침탈에 맞선 국권 수호 운동의 내용을 파악한다.

평가 기준	상	일본의 국권 침탈에 맞서 일어난 다양한 국권 수호 운동의 내용을 이해하고, 각 운동의 특징을 비교할 수 있다.
	중	일본의 국권 침탈에 맞서 일어난 국권 수호 운동의 내용을 설명할 수 있다.
	하	일본의 국권 침탈에 맞서 국권 수호 운동이 일어났음을 말할 수 있다.

학습 요소	애국 계몽 운동
교과 역량	역사 사실 이해, 역사 자료 분석과 해석

평가 문항	(가), (나) 조약의 체결에 저항한 운동에 대한 설명으로 옳은 것을 〈보기〉에서 고른 것은? (가) 제2조 일본국 정부는 한국과 타국 간에 현존하는 조약의 실행을 완수하는 임무를 담당하고 한국 정부는 금후에 일본국 정부의 중개를 경유치 않고서 국제적 성실을 가진 하등의 조약이나 또는 약속을 하지 않기를 서로 약속함. (나) 제1조 한국 정부는 시정 개선에 관하여 통감의 지도를 받을 것. (중략) 〈부수 각서〉 제3 다음 방법에 의하여 군비를 정리함. 1. 육군 1대대를 존치하여 황궁 수위를 담당하게 하고 기타 부대는 해산한다. ────〈보기〉──── ㄱ. (가) - 관민 공동회에서 헌의 6조가 채택되었다. ㄴ. (가) - 황성신문에 시일야방성대곡이 게재되었다. ㄷ. (나) - 보안회가 일제의 황무지 개간권 요구를 철회시켰다. ㄹ. (나) - 13도 연합 의병 부대(13도 창의군)가 서울 진공 작전을 전개하였다. ① ㄱ, ㄴ ② ㄱ, ㄷ ③ ㄴ, ㄷ ④ ㄴ, ㄹ ⑤ ㄷ, ㄹ
정답	④

* 출처: 교육부, 《2015 개정 교과 교육과정(교육부 고시 제2018-162호)에 따른 평가기준-역사과》, 2018, 97-98쪽, 일부수정.

파악하고 있는지 평가하고자 했다. 또한 이 문항은 학생들이 평가기준 '상'에 도달했는지 평가하고자 하고 있다. 해당 성취기준의 평가기준 '상'은 "일본의 국권 침탈에 맞서 일어난 다양한 국권 수호 운동의 내용을 이해하고, 각 운동의 특징을 비교할 수 있다"이다. 이에 이 문항에서는 을사늑약과 군대 해산에 맞서 일어난 국권 수호 운동의 내용을 확인하고 시기별 국권 수호 운동의 특징을 비교할 수 있는지 평가하고자 하고 있다.[22]

2) 교사 교육과정의 의미

국가 교육과정은 계획된 교육과정으로서 문서의 형태로 존재한다. 따라서 국가 교육과정은 교실에서 교사에 의해 실행될 때에야 비로소 실질적인 의미를 갖게 된다고 할 수 있다. 교사는 국가 수준의 역사 교육과정, 때에 따라서는 교육과정에 따라 만들어진 역사 교과서를 토대로 해당 과목에서 가르칠 교육 내용을 선정하고 조직하며, 이를 수업으로 옮기고, 학생의 성취도를 평가한다. 이런 관점에서는 교사가 국가 교육과정을 직접적으로 실행하는 "국가 교육과정의 실행자"로 규정된다.[23]

국가 수준의 교육과정은 상당히 개괄적이고 추상적으로 서술되어 있으며, 개별 학교나 학생의 상황을 고려하지 못하고 있다.[24] 따라서 교사가 국가 수준의 교육과정을 실행하기 위해서는 국가 수준의 교육과정을 교실 상황에 맞게 변환하는 과정이 필요하다. 예를 들어 교육과정 문서에 제시된 각각의 성취기준을 어느 정도의 비중으로 가르칠 것인가, 각 성취기준에서 무엇을 강조할 것인가, 성취기준들을 어떤 순서로 조직하여 가르칠 것인가 등을 구체적인 수준에서 계획하고 결정해야 하는 것이다.

2015 개정 교육과정의 "[9역09-03] 원 간섭기 고려 사회의 변화를 파악하고, 개혁 정책의 특징과 신진 사대부의 성장을 이해한다"[25]라는 성취기준을 사례로 살펴보자. 역사과 성취기준은 상당히 대강화(大綱化, simplification)되어서 서술되어 있기 때문에, 하나의 성취기준에는 교과서의 중단원 정도 되는 광범위한 내용이 포함되어 있다. 따라서 교사는 해당 성취기준 및 그 학습 요소로 제시된 정동행성, 권문세족, 공민왕의 개혁, 신진 사대부의 내용을 수업으로 실행하기에 앞서, 이를 몇 차시로 구성할 것인지 결정해야 한다. 예를 들어 3차시로 구성할지 혹은 4차시로 구성할지, 무엇에 주안점을 두어 가르칠지, 해당 내용에 대한 평가는 어떻게 할지, 해당 성취기준을 바탕으로 하는 수행평가를 별도의 차시로 구성할지 등과 같은 구체적인 문제에 대해 고민하고 이를 바탕으로 수업 계획을 수립해야 한다.[26] 그리고 이러한 계획과 결정에는 교사가 처해 있는 교실의 구체적인 맥락, 예를 들어 지역의 특성이나 학교의 여건, 학생의 수준이나 특성 등이 고려된다. 이런 점에서 볼 때, **교사는 교실 수준에서 이루어지는 교육과정의 설계자이자 계획자**라 할 수 있다.[27]

이처럼 **교사가 지역의 특성, 학교의 여건이나 실정, 학생의 특성이나 수준, 요구 등을 고려하여 국가 수준의 교육과정, 때에 따라서는 교과서를 수정·보완·통합하여 교육 내용을 재구성하는 것은 통상적으로 '교육과정 재구성'이라는 용어로 표현**되어 왔다.[28] 그런데 최근에는 '교육과정 재구성'이라는 용어의 적절성에 대해 의문이 제기되고 있다. 이와 관련된 주요 쟁점을 정리하면 다음과 같다.

첫째, 교육과정 재구성의 대상과 관련된 문제이다. 연구자에 따라 교육과정 자체를 교육과정 재구성의 대상으로 보기도 하며, 국가 교육과정에 따라 제작된 교과서를 교육과정 재구성의 대상으로 보기도 한다. 그런데 교과서는 교육과정을 구현한 하나의 교육과정 자료로서 교육과정과 구분된다. 따라서 교과서를 재구성한 경우, 이를 '교육과정' 재구성이라 칭하기 어렵다는 주장이다.[29]

둘째, 재구성의 범위와 관련된 문제이다. 재구성의 대상을 '국가 교육과정'이라고 할 경우, 성취기준을 가르치는 순서와 비중, 방법 등을 조정하는 것을 넘어 교사가 임의로 특정 성취기준을 삭제하여 가르치지 않거나 새로운 성취기준을 추가하는 것이 가능한가의 문제이다.● 이는 국가 교육과정을 '재구성'하는 것이 실질적으로 가능한가와 관련된 문제제기로, 성취기준을 추가·삭제하는 것이 불가능하다면 이를 '교육과정 재구성'으로 보기 어렵다는 지적이다.[30]

셋째, 교육과정의 의미, 교사의 행위를 바라보는 관점과 관련된 문제이다. 교육과정 재구성이라는 용어는 교육과정을 "위에서 전해주는

● 2015 개정 교육과정 총론 문서에서는 교육과정 재구성과 관련하여 "지도 내용의 순서와 비중, 방법 등을 조정하여 운영할 수 있"다고 제시하고 있다. 또한 2021년의 학교생활기록부 작성 지침에는 성취기준의 재구조화 시 성취기준을 통합하거나 일부 내용을 압축할 수는 있어도 성취기준을 임의로 삭제할 수는 없으며, 성취기준에 제시되어 있지 않은 다른 내용 요소를 추가해야 할 때에는 "학생의 학습 및 평가 부담이 가중되지" 않도록 유의해야 한다고 하고 있다. 사실상 2021년 기준 교육부에서 제안하는 교육과정 재구성은 국가 교육과정의 성취기준을 대상으로 하는 것으로, 구체적으로는 내용의 순서, 비중, 방법 등을 조정하는 것이며, 그 범위는 순서 변경, 비중 조정, 압축, 통합에 한정되고, 성취기준의 추가나 삭제는 권장되지 않는다고 볼 수 있다. 교육부, 《2015 개정 교육과정 총론》, III. 학교 교육과정 편성·운영, 1. 기본 사항: 교육부, 《2021학년도 학교생활기록부 기재요령(중학교)》, 101쪽.

역사교육 첫걸음

고정된 '실체'"로 보는 것을 전제로 한다는 비판이다. 교육과정은 "교사가 교실에서 자주적이고 능동적으로 주어진 상황과 처한 맥락에 따라 새롭게 창조하는 '무엇'"[31]으로 볼 수도 있으며, "교사는 교실 안에서 자신만의 방식으로 자신만의 교육과정을 구현해나가는 역할"을 하고 있으므로, 교사는 모두 주체적인 교육과정 설계자이자 교육과정 개발자이며, 교육과정 조직자이자 실행자라는 주장이다.[32] 또한 교육과정 '재구성'이라는 용어는 교실 수준의 교육과정 개발을 국가 교육과정 개발에 후속해서 일어나는 것으로 인식하도록 함으로써, 교실 수준의 교육과정 개발 혹은 교사의 역할을 축소 혹은 왜곡시킬 우려가 있다는 비판도 있다. 이런 관점을 가진 연구자들은 '교육과정 재구성'이라는 용어를 '교사 교육과정 개발'이라는 용어로 대체해야 한다고 주장한다.[33]

이 장에서는 **"교실 상황(수준)에서 운영되는 실제적인 교육과정"**을 **'교사 교육과정'으로 지칭**할 것이다.[34] '교사 교육과정'이라는 용어는 다양한 형태로 이루어지는 교사의 가르치는 행위를 모두 포괄할 수 있을 뿐만 아니라, 교실 수준에서 이루어지는 교육과정 구성에 작용하는 교사의 전문성과 자율성을 더 잘 드러낼 수 있기 때문이다. 따라서 이 장에서 사용하는 '교사 교육과정의 구성'이라는 용어는 교과서의 재구성, 국가 성취기준을 토대로 한 내용 구성, 성취기준의 순서 변경 및 추가·삭제, 국가 교육과정의 틀에서 벗어난 독자적인 교육과정의 구성 등 실제 학교 현장에서 이루어지고 있는 다양한 형태의 교육과정 구상 및 실행을 모두 포괄한다.

교사 교육과정의 크기, 즉 교육과정이 지속되는 기간은 다양하다.[35]

특정한 주제를 중심으로 몇 차시로도, 중단원 혹은 대단원 정도의 단위로도, 한 학기 혹은 한 학년을 단위로 하는 연간 계획의 형태로도 교육과정이 구성된다. 일반적으로 새 학기를 시작하면 한 해 동안 가르칠 과목의 연간 계획을 세우게 된다. 해당 과목에 배정된 시수를 바탕으로 1년 동안 몇 차시를 가르칠 수 있는지 따져보고, 각각의 대주제나 소주제에 몇 차시를 배정할지 결정한다. 주제별 시수 배정은 해당 주제에서 가르칠 내용과 양, 각각의 내용을 가르칠 방법 등에 대한 대략적인 계획을 바탕으로 한다. 또한 연간 계획에서는 선정된 내용에 대한 조직, 즉 각 주제를 가르치는 순서도 정하게 된다. 다른 과목과 융합하여 가르칠 수 있는 내용이 있다면 해당 과목 교사와 협의하여 이에 대한 계획을 세우기도 한다. 또한 평가방식과 비중은 어느 정도로 할지, 수행평가는 몇 회 실시하며 어떤 내용으로 할지 등에 대해서도 계획한다.

학기 초에 수립한 이러한 계획은 수업이 진행됨에 따라 더욱 구체화된다. 특정 대주제나 소주제 혹은 매 차시 수업을 시작하기에 앞서 상세하고 구체적인 계획을 세우게 되는 것이다. 이러한 계획의 결과는 '배움책', '학습지', '활동지' 등의 형태로 나타나기도 한다. 최근 많은 교사들이 자신만의 '배움책', '학습지', '활동지' 등의 교재를 개발하여 사용하고 있다.[36] 이러한 교재를 만들 때 교사들은 나름의 기준에 따라 중요하게 다룰 내용, 보다 구체적이고 자세하게 다룰 내용, 교과서에는 없지만 추가적으로 다룰 내용, 간략하게 다룰 내용을 선택하고, 교과서 앞뒤로 흩어져 있는 내용을 통합하기도 하며, 가르칠 순서를 변경하기도 한다. 또한 교과서에 없는 사료나 자료들을 추가하고 학습

내용을 학생 활동과 연계시키기도 한다.[37]

이렇듯 교사는 개괄적인 수준에서든 구체적인 수준에서든 수업을 위한 계획을 수립하고 있으며, 이는 때로는 연간 계획표와 같은 형태로, 때로는 '배움책', '학습지', '활동지'와 같은 교재의 형태로 나타난다. 이는 모두 가르칠 내용을 선정하고 조직하여 내용 체계를 수립하는 행위라는 점에서 사실상 교사 수준의 교육과정 구성으로 볼 수 있다. 즉 **교사 교육과정을 구성한다는 것은 일정한 주제나 시기를 대상으로 학습 내용 체계와 평가 계획 등을 구상하는 것**이라 할 수 있다. 따라서 교사 교육과정은 특정한 주제를 중심으로 한 몇 차시의 수업으로도, 특정한 시기나 주제를 대상으로 하는 하나의 대단원으로도, 한 과목에 대한 연간 계획 속에서 한 학기 혹은 한 학년 전체를 대상으로도 구상되고 실행될 수 있다. 이렇게 교육과정을 계획하여 실행하고 그 결과를 반성적으로 성찰한 뒤 이를 토대로 다음의 교육과정을 수정하여 다시 실행하는 계속적인 과정을 통해 교사는 교육과정 전문성 혹은 교육과정 역량을 키워나갈 수 있다. 또한 중단원·대단원 수준의 교사 교육과정이 쌓이고 확장되면서 학기·학년 수준의 교육과정, 더 나아가 특정 과목에 대한 교사 교육과정이 더욱 체계화될 수 있다.

3) 국가 교육과정과 교과서, 교사 교육과정의 관계

교사들은 다양한 방식으로 교육과정을 구성하고 있다. 2009 개정 교육과정 시기 중학교 역사 교사를 대상으로 한 연구에 따르면, 교사들이 대단원 차시를 구성하는 방식, 각 단원에서 주안점을 두는 부분에는 상당한 차이가 있었다. 대단원 구성 방식의 경우, 한국사를 모두 가르치고 난 후 세계사를 가르치는 교사가 있는가 하면, 한국사 → 서양사 → 동양사의 순서로 가르치는 교사도 있었다. 한편 같은 시기의 세계사와 한국사 단원을 교차하여 가르치되 세계사를 먼저 가르치고 한국사를 나중에 가르치는 교사도 있었다. 또한 동일한 대단원 내에서의 차시 구성 방식에도 차이가 있었는데, 교사들은 1단원을 6차시부터 12차시까지 다양한 차시로 구성했다.[38] 차시 구성은 "무엇을 어느 정도로 가르칠 것인가"에 대한 판단의 결과라는 점에서, 이는 교사마다 어떤 내용이 얼마만큼 중요한가에 대해 서로 다르게 판단하고 있음을 보여준다.[39] 또한 단원의 주안점, 즉 대단원에 대한 학습을 통해 학생들에게 가르치고자 했던 핵심적인 아이디어에도 차이가 있었다. 1단원 학습을 통해, 어떤 교사는 인류 초기 인간의 삶에 나타난 변화를 이해시키고자 했으며, 어떤 교사는 학생들이 기존에 당연하게 여기던 것을 당연하게 여기지 않고 이에 질문을 던지거나 새로운 관점에서 바라보도록 했으면 했고, 또 어떤 교사는 중학교 역사의 첫 단원인 만큼 역사를 학습하는 즐거움을 알려주었으면 했다. 이러한 차이는 교사마다 다른 역사관, 교재관, 경험, 정체성 등을 갖고 있으며 이러한 요소들이 가르칠 내용과 상호작용하면서 나타난 결과로 볼 수 있다.[40]

역사 교사들이 교육과정을 구성하는 데 있어 교과서, 국가 교육과정을 활용하는 방식은 다양하게 나타난다. 어떤 교사들은 〈사례 1-4〉의 교사 A와 같이 교과서를 재구성하는 방식으로 교육과정을 구성한다. 교사 B와 같이 국가 교육과정이나 교과서의 틀에서 벗어나 교사 자신의 수업철학이나 역사이해를 중심으로 교육과정을 구성하는 경우도 있다. 또 교사 C와 같이 국가 교육과정을 토대로 교육과정을 구성하는

- **교사 A**: 저는 국가 교육과정 문서는 거의 보지 않아요. 교육과정에 있는 성취기준은 이원목적분류표의 평가 근거를 작성할 때만 봐요. 보통 교과서를 보고 가르칠 내용을 정해요. 학기 초 연간 계획을 세울 때에도 교과서의 단원을 기준으로 해요. 그런데 교과서 내용을 다 가르치려면 시간이 너무 부족해요. 그래서 교과서 그대로 가르치지는 않고 제가 생각하기에 중요한 내용, 간단하게 설명하고 넘어가도 될 내용 등에 대한 판단을 해요. 예를 들어, 저는 세계사 부분의 서아시아, 아프리카, 인도 등의 내용은 기말고사 이후에 아주 간단하게만 가르쳐요.

- **교사 B**: 저는 현대사에서 제일 중요한 주제는 '노동'이라고 생각해요. 그래서 '노동'을 중심으로 한 5차시 수업을 계획했어요. 수업은 '공순이'를 통해 본 1970년대의 여성 노동과 인권 문제, 전태일을 중심으로 한 한국 경제사와 노동 문제 등으로 구성했어요. 수업을 준비하고 학습지를 만들기 위해 국가 교육과정이나 교과서보다는 관련 논문이나 단행본들을 직접 찾아보았어요. 이렇게 '노동' 관련 내용에 5차시를 배정하다 보니 전체적으로 다른 내용들을 가르칠 시간이 부족해서 전근대사 내용 중 일부는 가르치지 않고 그냥 넘어갔어요. 아마 국가 교육과정에 제시된 학습요소들과 비교해보면 가르치지 않은 부분들도 꽤 있을 거예요. 그런데 국가 교육과정에 제시된 내용들을 제 마음대로 빼도 되나 하는 고민이 되긴 해요. 이런 고민을 하다 보면 국가 교육과정이 교사의 자율성을 제약하고 있는 건 아닌가 하는 생각도 들어요.[41]

- **교사 C**: 저는 수업 내용을 선정할 때 국가 교육과정에 있는 성취기준을 어떤 식으로든 반영할 필요가 있다고 생각해요. 예를 들어 고려시대를 가르친다고 하면 나름대로 성취기준을 분석해서 이 시기를 가르칠 때 꼭 가르쳐야 하는 학습요소들을 정하고, 이를 중심으로 차시를 구성해요. 만약 성취기준을 반영하지 않는다면 교사가 가르칠 내용을 자의적으로 혹은 편의적으로 선택했다는 오해를 받을 수도 있거든요. 또한 어떤 주제에 너무 힘을 쏟다 보면 다른 주제는 상대적으로 소홀하게 다룰 수도 있어요.[42]

경우도 있다.

많은 교사들이 교사 A와 같이 국가 수준의 교육과정보다는 교과서를 기초 자료로 활용하여 교육과정을 구성한다. 예를 들어 연간 계획표를 작성할 때 많은 교사들이 교과서에 제시되어 있는 대단원, 중단원 순서에 따라 혹은 이를 변경하여 가르칠 순서를 정한다. 또한 학습지나 배움책을 제작할 때에도 교과서의 내용을 보고 중요한 내용, 어려운 내용, 쉬운 내용 등을 판단하고, 이러한 판단에 기초하여 가르칠 것, 간단하게 설명하고 넘어갈 것, 가르치지 않을 것 등을 결정하는 경우가 많다.[43] 또한 많은 교사들이 교과서에 서술되어 있는 내용을 근거로 평가 문항을 출제한다. 교과서를 토대로 무엇을 얼마만큼 가르칠지 결정하고, 교과서를 평가의 내용과 기준으로 삼는 것이다. 이 경우 교과서가 국가 교육과정의 역할을 대신한다고도 볼 수 있다.[44] 국가 교육과정이 아닌 교과서를 바탕으로 교육 내용을 구성하거나 재구성하는 것은 소극적 형태의 교육과정 구성으로 여겨지기도 한다.[45]

그런데 교과서와 국가 교육과정은 구분해서 볼 필요가 있다. **역사 교과서는, 추상적이고 개괄적인 수준에서 진술된 계획으로서의 국가 교육과정을 수업에서 실행할 수 있도록 교수·학습이 가능한 자료 수준으로 구체화한 교육과정 자료(curriculum materials) 중 하나이며,**[46] 교사가 사용할 수 있는 다양한 교재 중 하나이다. 물론 검정제를 통해 발행되고 있다는 점에서 역사 교과서가 국가 교육과정의 규정력이 가장 크게 미치는 교재라는 점은 분명하다. 그렇지만 모든 역사 교과서가 동일하다거나 획일적인 것은 아니다. 역사 교과서에는 집필자의 국가 교육과정에 대한 해석 및 역사 해석이 반영될 수밖에 없기 때문이다. 그 결과 출판사에 따라 중단원의 순서, 특정한 사건에 대한 해석이나 기술 여부, 해당 사건에 대한 서술 분량이나 배치, 자료의 활용 등에서 차이가 나타난다.[47]

2015 개정 교육과정의 "[9역09-03] 원 간섭기 고려 사회의 변화를 파악하고, 개혁 정책의 특징과 신진 사대부의 성장을 이해한다"[48]라는 성취기준을 예로 들어 살펴보자. 모든 교과서가 국가 교육과정에 명시된 학습 요소, 즉 정동행성, 권문세족, 공민왕의 개혁, 신진 사대부에 대해 서술하고 있다. 그런데 공민왕의 개혁에 대한 서술로 범위를 좁혀서 살펴보면, 기철의 제거, 정방의 폐지에 대한 서술 여부나 신진 사대부의 성장에 대한 서술의 분량은 교과서마다 차이가 있다. 또한 공민왕의 개혁의 성격에 대해서도 교과서에 따라 다르게 서술하고 있다. 일반적으로 교과서에서는 공민왕의 개혁에 대해 '반원 자주'의 성격을 지닌 것으로 서술해왔으나, 최근 고려시대 연구자들 가운데는 1356년에 이루어진 공민왕의 개혁을 공민왕의 군주권 확립 시도로 해석하는 경우도 있다.[49] 이러한 역사학계의 연구 성과를 반영하여 교과서 서술도 공민왕의 개혁을 반원 개혁 정치로 서술하는 경우,[50] 고려의 자주성 회복을 위한 개혁으로 서술하는 경우,[51] 자주성 회복과 왕권 강화를 위한 개혁으로 서술하는 경우[52] 등 다양하게 나타나고 있다. 이런 점을 고려한다면, 교사 교육과정을 구성할 때에는 교과서가 교육과정에 의거해 집필된 것이라는 점을 인식하고, 교과서를 참고하되 국가 교육과정과 성취기준을 직접 읽고 분석하는 과정이 필요하다.

한편 〈사례 1-4〉의 교사 B처럼 국가 교육과정이나 교과서의 틀에서 벗어나 교사 자신의 수업철학이나 신념, 혹은 역사 교과에 대한 인식 등을 바탕으로 교사 나름대로의 독자적인 교육과정을 구성하는 교사들도 있다. 이러한 교사들은 국가 교육과정이 교사의 자유로운 교육과정 구성을 제약하고 구속한다고 여기는 경우가 많다. 이들은 국가 교육과정이 대강화되기는 했지만 여전히 내용 지식을 중심으로 구성되어 있으며, 이를 학생들에게 전달하고 이해시켜야 하는 구조 자체는 변하지 않았다고 비판한다. 이러한 구조 속에서 교사와 학생의 관심이나 필요, 상황 등의 차이는 무시되고 있으며, 교사의 자율성은 억압받고 있다고 여긴다.[53] 교사 교육과정 및 국가 교육과정에 대한 이러한 인식은, 교사 교육과정을 구성한다는 것은 주관적인 판단하에 자의적으로 혹은 편의적으로 내용을 선택하여 자기 하고 싶은 대로 하는 것을 의미하지 않으며, 국가 교육과정은 교사 교육과정을 구성하는 데 있어 "최소한의 기준점"[54]이 되어야 한다는 〈사례 1-4〉의 교사 C의 주장과 상반된다.

이러한 상반된 인식은 교사 교육과정 구성에 있어서 국가 교육과정의 역할과 기능에 대해 재검토할 필요성을 제기한다. **국가 교육과정에 대해 부정적으로 인식하는 교사들은 국가 교육과정이 교사의 자율권을 제한하며 역사교육을 획일화한다고 비판**한다.[55] 이러한 문제제기는 일차적으로 모든 교사들이 국가 교육과정의 내용 선정 기준에 동의하는 것은 아니라는 점에서 발생한다. 즉 교사마다 무엇을 가르쳐야 하는가, 혹은 역사 교수·학습에서 중요한 것은 무엇인가에 대한 생각이 다를 수 있다. 예를 들어 구체적인 역사적 사실을 아는 것이 중요하다고 생각하는 교사가 있는 반면, 역사학의 연구 방법이나 역사적 사고 기능을 가르치는 것이 더 중요하다고 생각하는 교사도 있다. 이렇게 방법적 지식* 혹은 기능을 가르쳐야 한다고 생각하는 교사의 경우, 역사적 사

역사교육 첫걸음

실이나 개념만으로 성취기준을 제시하고 있는 2015 개정 교육과정이 지나치게 내용에 초점을 맞추고 있다고 보면서 이를 '문제'라고 여기기도 한다.[56] 또한 역사적 사실을 중시하는 교사라 하더라도 어떠한 사실, 어떠한 내용 요소가 가르칠 가치가 있는가에 대해서는 서로 다른 기준을 가질 수 있다.

한편 국가 교육과정에 내재된 역사 서사, 역사적 사건에 대한 해석에 동의하지 않거나 이와 다른 관점을 가질 때에도 국가 교육과정이 억압적이라고 느낄 수 있다. 국가 교육과정은 단일한 역사 내러티브를 제시하고 이에 대한 교육을 강제함으로써 역사 해석을 하나로 '통제'하는 역할을 해왔다는 생각과 이로 인한 국가 교육과정에 대한 불신은 이러한 인식을 강화한 측면이 있다.[57] 3차 교육과정부터 7차 교육과정까지 국정 '국사' 교과서 체제가 지속되면서 국정 '국사' 교과서가 교사와 학생에게 단일한 역사인식과 역사관, 특히 지배 이데올로기를 강요하고 있다는 비판이 제기되었고,[58] 이러한 문제의식 속에서 일부 교사들은 '국사' 교과서와는 다른 역사인식에 기초한 대안 교과서를 서술하기도 했다.[59] 한편 박근혜 정부 시기 발생했던 역사 교과서 국정화 사태 이후 역사과에서 교육과정 재구성 시도가 활발해졌다는 점도 국가가 부과하는 단일한 역사를 가르치는 것에 대한 문제제기라는 측면에

- '방법적 지식(knowing how)'은 "역사적 사실을 아는 방법"을 의미하며, 역사적 사실을 의미하는 '명제적 지식(knowing that)'과 구분된다. 연구자에 따라 절차적 지식(procedural knowledge), 구문론적 지식(syntactic knowledge), 전략적 지식(strategic knowledge) 등으로도 불린다. Bruce A. VanSledright, *The Challenge of Rethinking History Education: on Practices, Theories, and Policy*, Routledge, 2011, pp. 49-50; 최상훈·이영효·김한종·강선주, 《역사교육의 내용과 방법》, 책과함께, 2007, 57쪽.

서 볼 수 있다. 역사 교과서 국정화 사태 당시 많은 역사 교사들은 국정 교과서가 "국가가 올바르다고 판단하는 역사"를 학생들에게 일방적으로 주입하고자 하며 다양한 형태의 역사교육을 불가능하게 할 것이라고 보았다. 이는 교사의 자율성을 훼손하는 것으로 여겨졌고 이에 교육과정과 수업에 있어 교사의 자율성이라는 의제가 부상하게 되었던 것이다.[60]

반면에 **가르쳐야 할 것에 대한 공통된 기준 없이 모든 교사들이 각자가 중요하다거나 옳다고 생각하는 것을 자유롭게 가르치는 것이 과연 교육적인가 혹은 바람직한가 하는 문제에 대한 비판적인 시각**도 있다. 공통된 기준의 부재는 자의적이고 편향적인 교육과정 구성으로 이어질 가능성이 있으며, 교육 수준의 질을 저하시킬 수도 있다.* 또한 무한정의 다양성은 학생들을 상대주의에 빠지게 할 수도, 특정한 역사적 현실을 외면하게 할 수도 있다. 분권적으로 교육과정을 운영해오다 2017년 이후 국가 교육과정을 개발하기 시작한 벨기에의 사례는 이러한 문제를 잘 보여준다. 벨기에의 경우, 일부 역사 수업에서 신화와 역사를 구별하지 않고 가르친다거나, 유럽 중심적 혹은 인종차별적 시각과 내용으로 가르친다거나, 사회의 변화 혹은 역사 연구 성과의 축적에 관계없이 관행적으로 가르친다는 비판이 제기되었고, 이에 국가 교

● 이와는 반대로, 교사의 교육과정 구성과 실행은 동료 교사, 학교 관리자, 학생, 학부모 등의 요구와 주장을 수용하거나, 타협하거나, 때로는 저항하는 과정을 거치면서 이루어진다는 점에서 "교사를 둘러싼 사회적 관계망"이 교사의 교육과정을 제어하고 있으며, 따라서 국가 교육과정이 없어진다 할지라도 교사가 자의적이고 편향적으로 교육과정을 구성할 가능성은 매우 낮다는 주장도 있다. 박찬교, 〈행위주체로서 역사교사들의 교육과정 인식〉, 《역사교육연구》 40, 2021, 276쪽.

육과정 개발을 통해 교육의 질 관리에 나섰다.[61]

이러한 입장에서는 교사가 교육과정을 구성할 때 준거가 되는 기준으로서의 국가 교육과정의 역할을 중시한다. 즉 **국가 교육과정은 교사들의 다양한 교수·학습과 평가를 가능하게 하는 동시에 역사교육의 질을 일정 수준 이상으로 관리할 수 있는 '기준'으로서의 역할**을 해야 한다는 것이다. 물론 이 '기준'은 일정 수준의 질을 관리하면서도 교사 수준의 다양성을 보장할 수 있도록 해야 하며, 이것이 가능하도록 현행 국가 교육과정의 체제와 형식을 변화시킬 필요가 있음은 이들도 인정한다.[62] 이러한 방향에서 국가 교육과정은 학습 내용을 상세하게 제시하기보다는 역사 과목의 "교육적 가치와 철학적 지향"을 토대로 해당 과목이 추구해야 할 방향과 교육과정을 운영하는 데 필요한 기본 방침을 안내하는 것에 그쳐야 한다는 제안이 제기되기도 했다.[63]

4. 역사과 교사 교육과정의 구성

역사 교사가 교사 수준의 교육과정을 구성해나가는 방식과 절차는 모두 다를 수 있으나 일반적으로 교사 교육과정을 구성할 때 고려해야 할 것들을 정리하면 다음과 같다. 먼저 교사 교육과정을 구성하기 위해서는 교사 자신의 수업철학을 명료하게 정리하는 과정이 필요하다. 교사의 역사교육관, 역사관, 교육관, 학생관 등은 교사 교육과정의 방향과 전체적인 틀을 구성하는 데 있어 기본적인 토대가 되기 때문이다. 또한 국가 교육과정과 교과서에 대한 분석도 필요하다. 국가 교육과정에 제시된 과목 목표, 대주제 개관, 성취기준을 확인하고 이에 대한 비판적인 분석과 학생의 특성에 대한 고려를 바탕으로 학습 목표, 가르칠 내용, 중점을 둘 내용 등을 결정하고 이를 어떠한 순서로 어떠한 비중을 두어 가르칠지, 학생들의 학습 결과 혹은 이해 수준을 어떻게 평가할지 계획한다. 차시별 교수·학습 계획에서는 교수·학습 방법, 교재 (읽기자료 혹은 학습자료), 학생 활동 등에 대해 구상한다.[64] 이때 가르칠 주제나 시기에 대한 역사학계의 연구 성과를 정리하는 것은 교육과정의 성취기준이나 교과서를 분석하고 향후의 수업 방향을 설정하는 데 도움이 된다. 수업 후에는 수업을 통해 얻게 된 학생의 역사 이해 혹은 경험의 특징에 대해 성찰하고 이를 차후의 교육과정 구성에 반영하는 성찰과 환류의 과정이 필요하다.[65] 〈그림 1-1〉은 교육과정을 계획하고 실행하며 성찰하는 각 단계에서 이루어져야 할 것들을 정리한 것이다. 다만 각각의 과정들은 순서대로, 한 방향으로 진행되는 것이 아니라 서로 영향을 주고받으며 계속적으로 수정될 수 있으며, 수정되어야 한다는 점에 유념할 필요가 있다.

1) 교사의 역사관 및 역사교육관의 명료화

교사의 역사관(역사학에 대한 인식), 역사교육관(역사 교과에 대한 인식), 역사인식, 개별 과목에 대한 인식, 학생관, 수업관 등은 역사 교사의 교육과정을 구성하는 토대가 된다. 이들이 다양한 방식으로 결합하고 변주되면서 각양각색의 교육과정이 만들어진다. 이러한 교사의 수업철학은 가르치는 행위 속에서 은연중에 나타날 수도 있고, 반대로 의식적이고 명확하게 표명될 수도 있다.[66] **교사의 수업철학은 교사의 교육과**

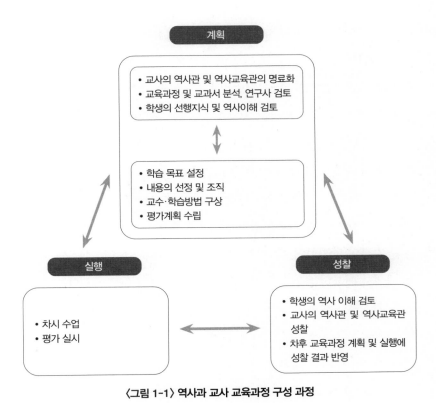

<〈그림 1-1〉 역사과 교사 교육과정 구성 과정

정 구성 과정에서 발생하는 다양한 형태의 의사결정의 준거가 된다는 점
에서, 교사가 자신의 수업철학을 명료화하는 것은 이후 교사 교육과정을
구성하는 데 도움이 될 수 있다.[67]

특히 **교사의 역사학에 대한 인식과 역사 교과에 대한 인식은 교사가
구성하는 교육과정의 방향 및 전체적인 얼개에 영향**을 미친다. 교사의
역사학에 대한 인식이란 역사학의 본질이 무엇인가에 대한 교사의 이
해 방식을 의미하며, 대표적인 사례로 다음의 세 가지를 제시할 수 있
다. 첫째, 역사는 과거에 있었던 사실이며, 역사가는 남아 있는 증거에

입각하여 사실로서의 역사를 서술한다는 입장이다. 둘째, 포스트모던적 역사인식으로, 역사는 과거를 해석한 것이며, 어떤 해석이 더 정확한지를 판단할 수 있는 객관적인 기준은 존재하지 않는다는 입장이다. 셋째, 역사는 과거를 해석한 것으로, 시대와 상황에 따라 해석이 바뀌기는 하지만 더 설득력 있는 해석이 존재한다는 입장이다.[68] 그런데 교사의 역사학에 대한 인식과 교사가 구성하는 수업의 방향이 항상 일치하지는 않는다는 연구도 존재한다. 역사학의 본질이 해석적 성격에 있다고 생각함에도 학생들에게 이를 가르치지 않는 경우도 있는 것이다. 이는 교사의 역사학에 대한 인식과 역사 교과에 대한 인식이 불일치하는 데에서 발생하는 것으로 볼 수 있다.[69]

교사의 역사 교과에 대한 인식은 학문으로서의 역사가 아니라 학교에서 가르치는 교과로서의 역사에 대한 인식으로, "학생들이 '알아야 할 역사'가 무엇인지에 대한 교사의 관점",[70] "역사에서 교육적으로 가르쳐야 할 가치가 있는 학습 내용은 무엇인가"[71]에 대한 교사의 관점을 의미하며, "역사학과 학생에 대한 이해가 종합되어 나타나는 인식"[72]으로 볼 수 있다. 이는 연구자에 따라 "역사교육관",• "역사교육의 효용성",[73] "역사교육의 목적"••이라는 용어로 쓰이기도 한다. 교사의 역사 교과

• 김한종은 "역사교육관"을 상당히 폭넓게 정의하고 있다. 그는 역사교육관을 "역사교과의 성격이나 목적에 대한 관점"("역사를 왜 가르치고 배워야 하는가에 대한 생각")으로 정의하고, 교사의 역사교육관에는 "역사학에 대한 관점", "역사적 사고방식", "역사적 사실에 대한 인식"("역사를 안다'는 의미를 무엇으로 생각하는가"), "역사적 사실의 객관성에 대한 견해", "역사 전반 외에 정치, 경제, 사회, 문화와 같은 역사의 한 분야에 대한 관점"이 영향을 미친다고 보았다. 김한종, 〈역사교사의 인지적 특성이 역사 수업에 미치는 영향〉, 《역사교육》 89, 2004, 6–11쪽.

에 대한 인식은 저마다 다를 수 있겠지만, 여기에서는 세 가지 입장을 다루고자 한다. 첫째, **역사의 전체적인 흐름과 내용에 대한 이해를 중요하게 여기는 입장**, 둘째, **역사학이라는 학문의 지식이 구성되는 방식 또는 역사 지식의 구성적·해석적 성격을 강조하는 입장**, 셋째, **민주 시민으로서의 소양을 함양하는 것을 중요하게 여기는 입장**이다. 첫 번째 입장에 서 있는 교사들은 주로 역사 교육과정 구성에서 내용 지식의 습득이나 정체성의 고취를 강조하는 경향이 있다. 두 번째 입장의 교사들은 학생들이 역사가의 연구 과정이나 역사적 사고를 경험할 수 있도록 교육과정을 구성해야 한다고 생각한다. 세 번째 입장의 교사들은 역사 수업과 학생의 삶의 연관성을 강조하며 현재 사회의 문제 해결을 중시하는 경향이 있다.[74]

이처럼 **교사의 역사 교과에 대한 인식에 따라 교사가 구성하는 교육과정의 모습은 달라지게 된다.** 예를 들어, '배움의 공동체' 수업철학을 적용하여 수업을 실행한 두 명의 중학교 교사의 수업 사례를 분석한 연구에 따르면, 두 교사는 학생의 학습을 중시한다는 공통의 지향을 갖고 협력적으로 수업을 구성했음에도 불구하고, 교사의 역사인식과 '역사적 효용성'에 따라 학습량과 수준, 학생활동, 핵심질문, 교수·학습 방법, 수업에서의 강조점 등에서 차이가 나타났다. 한번쯤은 역사적 사실과 흐름을 제대로 배울 필요가 있다고 생각하는 교사는 사실과

●● 백은진은 "역사교육의 목적"을 역사 교사가 "자신의 역사 수업을 통해 학생들에게 어떠한 변화를 기대하는가"라는 물음에 대한 역사 교사의 답으로, 역사 교사가 학교에서 "역사 과목을 가르칠 때 가지는 교육적 의도"로 개념화했다. 백은진, 〈역사교사의 역사교육 목적에 관한 사례 연구─심층 면담과 수업 관찰을 중심으로〉, 《역사교육》 131, 2014, 201쪽.

개념에 대해 명료하게 설명할 수 있는 방식을 선호했다. 반면 현실과 관련된 문제에 대해 생각해보도록 하는 것이 학생의 삶에 보다 중요하다고 생각하는 교사는 역사 지식의 양 자체보다는 다른 사람들과 소통하고 공유할 수 있는 능력을 키워줄 수 있는 방식으로 수업을 구성했다. 역사 교과에 대한 인식의 차이는 무엇을 가르칠 것인가 하는 내용 선정의 문제에도 영향을 미쳤다. 중학교 '역사'에서 가르칠 세계사 내용을 선정하는 과정에서 역사적 사실을 중시하는 교사는 고등학교에서는 '세계사'를 선택하지 않을 가능성이 높은 만큼 중학교에서 기본적으로 가르쳐야 할 것은 다 가르쳐야 한다는 입장을 견지했다. 반면 현재 사회 문제의 해결을 중시하는 교사의 경우, 어차피 '세계사' 교과서의 모든 내용을 가르칠 수는 없는 만큼 뺄 것은 과감히 빼야 한다고 주장했다.[75]

그런데 이러한 **각각의 역사 교과에 대한 인식은 나름의 한계를 갖고 있기도 하다.** 역사의 전체적인 흐름과 내용을 강조하는 입장에 대해서는, 지식 위주의 암기 수업으로 이어질 가능성이 있으며 검색만 하면 원하는 정보를 쉽게 찾을 수 있는 21세기 사회에는 적합하지 않다는 비판이 제기되고 있다. 반면에 "역사의 해석적 성격을 이해하고", "역사가처럼 역사적으로 사고하는 것을 목적"으로 삼는 역사 수업의 경우, 사고를 '기능화'할 수 있으며, "학생들의 실제 삶과 연결되지" 못하는 경우가 많고, 학생들에게 어렵거나 흥미를 주지 못한다는 비판이 제기된다.[76] 한편 민주시민으로서의 소양 함양을 강조하는 경우, 역사적 사실을 평화, 인권, 다문화, 공존과 같은 민주적 덕목을 기르기 위한 수단으로 활용함으로써 결과적으로 역사교육이 시민교육을 위한 도구

가 될 위험성이 있고, 시민교육의 목적에 맞춰 역사적 사실을 기계적
으로 해석함으로써 목적론적 역사해석으로 변질될 가능성이 있으며,
현재의 관점으로 역사적 사실을 보는 현재주의에 빠질 수 있다는 비판
이 제기되고 있다.[77] 따라서 **자신이 지향하고 있는 역사 교과에 대한 인
식에 기초해 교육과정을 구성할 때 어떠한 문제점이 나타날 수 있는지
살피고 이를 경계하는 자세가 필요**하다.

2) 역사과 국가 교육과정 및 교과서 분석

슐먼(Shulman, L.)은 교사가 수업을 구상하고 실행할 때 필요한 지식
으로 내용지식(content knowledge), 교수내용지식(pedagogical content
knowledge)과 함께 교육과정지식(curricular knowledge)을 제시했다. 그
중 교육과정지식은 "일정한 단계에서 어떤 주제나 교과를 가르치기 위
하여 고안된 일련의 프로그램 및 그와 관련된 교육과정 자료를 이용할
수 있는 지식"을 의미한다. 현재 교사에게 주어진 상황과 단계에서 유
용하게 사용될 수 있는 교육과정 자료에는 어떠한 것이 있는지, 그 가
운데 어떠한 자료를 선택할지, 이전 학년에서 배웠거나 다음 학년에서
배울 내용들은 무엇인지, 다른 교과에서는 무엇을 학습하는지에 대해
파악하는 것 등이 교육과정지식에 포함된다.[78] 국가 교육과정 체제를
취하고 있는 한국에서는 국가 교육과정 문서를 통해 슐먼이 말하는 교
육과정지식에 비교적 쉽게 접근할 수 있다. **국가 교육과정 문서에 대한
검토, 학생의 학년별 학습 경험, 다른 교과에서의 학습 경험 등을 종합하
여 교육과정지식을 축적하는 것은 교사의 교육과정 구성에 필수적**이다.
　　국가 교육과정에 제시되어 있는 역사 과목의 목표, 내용 체계와 성취

기준에 대한 분석은 가르치는 과목에 적절한 내용과 주제를 선정하고 이에 적합한 수업 방식을 구상하는 기본적인 틀이 된다.[79] 국가 교육과정에 대한 분석은 크게 세 수준에서 이루어질 수 있다. 첫째, 초·중·고등학교에서 이루어지는 역사교육의 전체적인 틀을 파악하는 것이다. 둘째, 교사 자신이 가르치는 과목의 목표와 내용 체계를 분석하여 해당 과목을 가르치기 위한 기본적인 방향을 결정하는 것이다. 셋째, 성취기준에 대한 분석을 통해 가르칠 내용을 구체화하는 것이다. 물론 이 세 수준에서의 분석은 상호 연계되며, 각 수준에서의 분석은 다른 수준에서의 분석에 영향을 준다. 이에 대해 좀 더 구체적으로 살펴보자.

먼저 **국가 교육과정 문서를 통해 초등학교, 중학교, 고등학교에 편성된 역사 과목들의 내용 체계를 파악함으로써 학교 역사교육의 전체적인 틀을 이해**하는 것이 필요하다. 초·중·고 각 학교급에 어떤 과목이 배치되었는지, 각 과목에서 다루는 내용의 범위는 어떠한지 살펴봄으로써 각 학교급에서 어떤 내용을, 어느 정도로 배우는지 파악하는 것이다. 예를 들어 2015 개정 교육과정 중학교 '역사' 과목의 경우, 역사 1은 세계사, 역사 2는 한국사로 구성되어 있으며, 역사 2의 경우 전근대사가 5개의 대주제, 근현대사가 1개의 대주제로 편성되었다는 점[80]에서 중학교에서는 학생들이 처음으로 세계사를 배우게 되며, 한국사의 경우 전근대사를 중심으로 배우게 됨을 파악하는 것이다.

또한 **현행 교육과정의 특징도 검토**해보아야 한다. 국가 교육과정에는 교육과정을 개정할 당시의 사회, 역사학계, 역사교육계, 교육계의 변화와 요구들이 반영된다.[81] 따라서 이전 교육과정과 비교했을 때 달라진 점은 무엇인지, 현행 교육과정에서 새롭게 강조하고 있는 점은 무엇인지 등에 대해 면밀히 살펴보는 작업이 필요하다. 예를 들어 2015 개정 교육과정에서는 '역량'이라는 개념이 새롭게 도입되었고, 이에 따라 역사과에서도 5개의 역사 교과 역량을 설정했다.[82] 국가 교육과정에서 '역량'을 도입한 배경은 무엇인지, 역사 교과 역량에는 무엇이 있는지, 이를 자신의 교육과정에 어떻게 반영해야 할지 등에 대해 생각해보는 것이다.

이어 **교사가 가르칠 과목의 목표와 내용 체계에 대한 구체적인 분석**이 필요하다. 이는 학년 단위 혹은 학기 단위의 연간 계획 수립과 같이 자신이 가르칠 과목의 목표가 무엇인지, 이를 위해 어떤 내용을 어떠한 순서로 가르칠지에 대한 밑그림을 그리는 데 도움이 된다. 예를 들어 2015 중학교 '역사' 교육과정에서는 ① 역사의 주요 사건과 개념 이해, ② 다양한 역사 자료를 비교·분석하고 증거에 기초하여 다양한 방식으로 역사적 설명을 구현하는 능력 함양, ③ 오늘날 세계가 직면한 문제를 역사적으로 파악하고 문제를 해결하려는 태도 배양, ④ 민주와 평화의 정신을 존중하는 자세 함양 등이 목표로 제시되어 있다.[83] 여기에는 앞서 제시한 '역사 교과에 대한 교사의 인식'의 세 가지 형태가 모두 담겨 있다. ①은 역사의 전체적인 흐름과 내용에 대한 이해를 중요하게 여기는 입장, ②는 역사학이라는 학문의 지식이 구성되는 방식 또는 역사 지식의 구성적·해석적 성격을 강조하는 입장, ③과 ④는 민주 시민으로서의 소양 함양을 중요하게 여기는 입장과 관련된다. 따라서 국가 교육과정에 제시된 과목의 목표와 자신이 생각하는 역사교육의 목적을 토대로 어떻게 각각의 목표를 달성할지, 특정한 목표를 달성하기 위해 어떠한 내용을 어떠한 방향에서 다룰지, 여러 목표 중에서 어떤 목표에 좀 더 초점을 맞출지 생각해보면서 가르칠 과목의 전체적인 방향을 구상하는 것이 필요하다.

또한 **해당 과목의 내용 체계는 어떠한 조직 원리에 입각한 것인지 파악**할 필요가 있다. 예를 들어 연대기적 통사의 형태로 조직되었는지, 주제를 중심으로 조직되었는지, 문화권을 중심으로 조직되었는지 등에 대해 살펴보는 것이다. 만약 고등학교 세계사를 가르치는 교사라면, 2015 개정 교육과정 고등학교 '세계사'의 내용 체계는 간지역적 (inter-regional) 접근을 강조하던 이전 교육과정과 달리 전근대의 역사를 동아시아, 서아시아·인도, 유럽·아메리카 세 지역으로 구분하여 지역별로 대주제를 구성하고 있음을 파악해야 한다.[84] 그리고 이러한 조직 방식을 취하게 된 취지 혹은 이론적 근거는 무엇인지, 이러한 조직 방식의 장단점은 무엇인지, 이러한 방식이 자신이 가르치는 학생들에게 적절한지, 이러한 내용 체계에 따라 내용을 조직할지 아니면 다른 내용 조직 방식을 취할지에 대해 검토해보아야 한다.

다음의 〈사례 1-5〉는 연간 계획표를 작성하는 과정에서 국가 교육과정의 내용 체계를 분석한 뒤 이를 재구성하는 교사의 사례이다.

사례 1-5 **국가 교육과정 분석에 기초한 교사 교육과정 구성**

중학교 2학년 '역사' 과목을 맡게 된 교사 D는 새 학기를 준비하면서 연간 지도 계획표를 작성하고 있다. 먼저 2015 중학교 '역사' 교육과정의 내용 체계를 살펴보던 교사 D는 '역사' 교육과정은 2009 개정 교육과정과 달리 세계사 영역과 한국사 영역을 분리했으며 한국사 영역보다 세계사 영역을 먼저 학습하도록 구성되어

있음을 파악했다. 또한 세계사 영역의 경우 지역 간의 상호 관련성을 강조하면서 하나의 대주제 아래 여러 지역의 역사를 다루고 있다는 점도 알 수 있었다. 예를 들어, '지역 세계의 교류와 변화'라는 대주제는 '몽골 제국과 문화 교류', '동아시아 지역 질서의 변화', '서아시아와 북아프리카 지역 질서의 변화', '신항로 개척과 유럽 지역 질서의 변화'라는 4개의 소주제를 포함하고 있다. 즉 같은 시대 여러 지역 (동아시아, 서아시아와 북아프리카, 유럽)의 역사를 하나의 대주제 아래에서 다루면서 아프리카, 유럽, 아시아를 연결하는 교류의 확대 과정과 지역 질서의 변화 과정을 설명하도록 되어 있는 것이다. 특히 몽골 제국이 교류 확대에 미친 영향, 신항로 개척 이후 무역의 확대가 세계 여러 지역에 가져온 변화가 강조되고 있었다. 여러 지역이 서로 관련을 맺으면서 발전해왔음을 이해하도록 한 구성인 것이다. 다음으로 교사 D는 고등학교 '세계사'의 내용 체계를 살펴보았다. 그 결과 고등학교 '세계사'는 전근대의 역사를 동아시아, 서아시아·인도, 유럽·아메리카 세 지역으로 구분하여 지역별로 대주제를 구성하고 있음을 알게 되었다.

교사 D는 각 지역의 위치나 각 나라의 역사에 대한 이해가 부족한 중학생들이 동시대에 전개된 여러 지역의 역사를 학습하고 지역 간 상호작용까지 학습하는 것은 무리라고 판단했다. 하나의 대단원에서 여러 지역을 돌아가면서 배우게 되면, 지역이 바뀔 때마다 학생들은 현재 배우게 되는 지역이 어디인지 확인하고 현재 배우게 되는 시기 이전에 이 지역에서 있었던 일을 상기할 수 있어야 하는데, 중학생들에게는 이러한 것이 쉽지 않다고 생각한 것이다. 이에 교사 D는 현행 교육과정의 고등학교 '세계사'의 내용 체계가 중학생에게 더 적합하며, 중학교 '역사' 세계사 영역의 내용체계는 고등학생에게 적합하다고 생각했다. 이러한 분석에 기초하여 교사 D는 전근대 세계사 영역을 지역별로 재조직하는 방식으로 대단원을 구성하고 이를 바탕으로 연간 계획표를 작성했다. 이는 세계사 교육의 목적에 대한 교사 D의 인식이 반영된 결과이기도 하다. 교사 D는 세계사를 "상식을 늘려주는" 과목이라고 인식하고 있었다. 세계사 교육의 목표를 비교사적 이해나 교류사적 이해보다는 교양이나 상식을 갖추도록 돕는 데에 두고 있었기 때문에, 교류사적 이해에 적합한 방식으로 구성되어 있는 대단원 체제를 해체하고 지역별로 대단원을 재구성했던 것이다.[85]

이 사례에서 교사 D는 연간 계획표를 작성하기 위해 먼저 국가 교육 과정의 내용 체계의 특징을 분석했다. 그러나 이 교사는 이를 그대로 수용하지 않고, 자신이 판단한 학생의 역사 이해 수준과 자신이 생각하는 세계사 교육의 목표에 기초하여 국가 교육과정의 내용 체계를 재조직했다.

대단원 혹은 중단원 수준에서 단원별 교육 목표나 학습의 방향을 설정하고 차시 수업에서 다루어야 할 주제와 기본 개념을 정하기 위해서는 성취기준에 대한 검토가 필요하다.[86] 성취기준은 가르칠 내용에 대한 구체적인 방향을 안내하기 때문이다. 이때 현재 가르치고 있는 과목의 성취기준뿐 아니라 가르치고자 하는 주제와 관련된 다른 역사 과목의 성취기준을 검토하여 다른 학교급에서는 해당 주제에 대한 학습이 어떻게 이루어지는지 파악할 필요가 있다. 예를 들어 중학교의 경우라면 해당 주제와 관련하여 초등학교에서 학습했던 내용과 추후 고등학교에서 학습할 내용을 살피는 것은 해당 주제에 대한 학생의 선행지식을 확인하고, 현재 수업에서 가르칠 내용의 범위와 수준을 정하는 데 도움이 된다. 또한 역사 이외의 다른 과목에서 해당 주제에 대한 학습이 이루어지지는 않는지, 만약 그렇다면 언제 학습하게 되는지, 어떠한 방향과 관점에서 어떻게 배우는지에 대해서 해당 성취기준을 찾아 살펴보는 것도 도움이 된다. 더 나아가 해당 과목과 연계 혹은 통합하여 교육과정을 구성하는 것을 고려해볼 수도 있다.

또한 성취기준을 분석할 때에는 이전 교육과정과의 비교 검토도 필요하다. 성취기준에는 역사학계에서 이루어진 새로운 연구 성과에 기초하여 새로운 내용이 추가되기도 하며, 새로운 학설이 자리잡게 됨에 따라 역사 해석에 변화가 나타나기도 한다. 또한 학습량 감축을 위해 혹은 새로운 연구 성과에 기초하여 지금까지 중요하게 다루어왔던 주제나 사건이 성취기준에서 삭제되거나 비중이 축소되기도 한다. 따라서 새롭게 추가된 내용을 단지 낯설고 어렵다는 이유로 교수·학습에서 배제하거나 기존에 중요하게 가르치던 내용을 관성적으로 그대로 가르치기보다는 성취기준 진술에서 나타난 변화는 무엇인지, 이러한 변화의 배경은 무엇인지 파악하고 이를 자신의 수업에 어떻게 반영할지 생각해보아야 한다.[87]

성취기준을 바탕으로 대단원 혹은 중단원 수준의 교육과정을 구성할 때에는 교과서에 대한 검토도 함께 이루어져야 한다. 이때 **해당 시기 혹은 주제와 관련하여 역사학계에서 이루어진 연구 성과에 대한 검토를 병행**하는 것은 성취기준 및 교과서 분석에 도움이 될 수 있다. 이처럼 교사 자신의 역사관이나 역사교육관, 해당 주제에 대한 검토 결과를 바탕으로 성취기준 및 교과서의 역사 해석 혹은 역사 서사를 비판적으로 분석하는 것은 해당 단원 혹은 주제를 어떻게 가르칠지 구체적인 방향을 수립하는 데 기초적인 자료가 된다.[88]

다음의 〈사례 1-6〉은 역사학이라는 학문의 지식 구성 방식을 가르치는 것이 중요하다고 생각하는 교사가 이러한 자신의 수업철학을 실현할 수 있는 방식으로 교육과정을 구성한 사례이다.

이 〈사례 1-6〉에서 교사는 자신이 생각하는 역사 학습의 목적을 달성하기 위해 학생들이 직접 사료를 읽고 해석하며 중심 질문에 대한 답을 찾아가는 방식으로 교육과정을 구성하고 있다. 가르칠 주제를 선정하고 학생들이 탐구하기에 적절한 중심 질문을 만들기 위해, 교사는 교사 E는 서로 다른 역사 해석이 존재할 수 있다는 것을 이해하고, 학생들 스스로 사료의 역사적 의미를 추론하여 역사의 담론을 재구성하는 것을 역사 학습의 목표로 삼고 있다. 이러한 목표를 달성하기 위해서는 교사가 특정한 시대와 주제에 대해 완결적인 형태의 설명을 제시하기보다는 학생들이 사료를 바탕으로 해당 시대의 사회상이나 시대적 특징을 직접 해석하도록 하는 학습 경험이 필요하다고 보았다. 이에 교사 E는 학기 초부터 각 차시마다 중심 질문을 설정하고 사료에 대한 탐구를 바탕으로 중심 질문에 대한 답을 찾아가는 방식으로 수업을 구성하고 있다.

각 차시별 중심 질문을 만들기 위해 교사 E는 해당 시기 및 주제와 관련된 연구사를 정리하고 교과서 서사를 비판적으로 분석했다. 고려시대 학습을 앞둔 지금, 교사 E는 교과서의 고려시대사 서사에는 다음과 같은 특징이 나타난다고 보았다. 첫째, '광종은 왕권 강화, 공민왕은 반원자주와 왕권 강화'와 같이 고려시대를 지나치게 단순화한다. 둘째, 조선시대에 비추어 고려를 이해하려 한다. 셋째, 민족주의와 영웅주의, 국난 극복과 자주성이라는 강력한 서사를 바탕으로 구성되었다. 교사 E는 이에 대한 대안적 서사를 모색하면서 국가 교육과정(2015 개정 교육과정)에 제시된 성취기준을 중심으로 차시를 구분하여 각 차시의 중심 질문을 구성하고 중심 질문에 답하기 위해 필요한 사료를 선정했다.[89]

교사 E의 고려시대 단원 계획

성취기준	차시	소주제	중심 질문	수업 의도	내용 요소	자료
(중략)						
[9역09-02] 고려와 송, 거란, 여진의 관계를 중심으로 대외 관계를 이해한다.	5	고려의 대요 항쟁	고려와 요는 서로 무엇을 주고받았나?	민족주의와 영웅주의 탈피	고려와 요의 세 차례 전쟁	서희 담판 사료, 귀주 대첩 관련 지도
	6	대몽 항쟁	내가 당시 충주성의 백성이었다면 어떤 선택을 할 것인가?	대몽 항쟁의 주체와 활약상 파악	강화 천도, 백성의 대몽 항쟁, 충주성 전투	처인부곡·충주성 전투 사료, 몽골에 끌려가는 참상을 보여주는 자료, 황룡사 터 사진

[9역09−03] 원 간섭기 고려 사회의 변화를 파악 하고, 개혁 정책의 특징 과 신진 사대부의 성장을 이해 한다.	7	공민왕의 개혁	공민왕의 개혁을 어떻게 볼 것인가?	공민왕이 실시한 개 혁의 배경 과 실상 파악	권문세족 의 횡포, 공민왕의 개혁	공민왕의 개혁 관련 사료
	8	신진 사대부의 선택	고려를 어떻게 바꿀 것인가?	고려 말 사대부의 입장과 노 선 이해	사대부의 성장, 신흥 무인 세력 의 등장	당시의 외교관 계 지도, 사대 부의 활동과 입 장을 보여주는 자료
(하략)						

현행 교육과정과 교과서를 분석하고, 교사 자신 및 학생이 고려시대를 이해하는 방식에 대해 성찰하며, 교과서 서사를 비판적으로 분석하고, 해당 주제와 관련된 연구 성과를 검토했다. 그리고 이러한 분석을 기초로 하여 기존의 교과서 서사를 해체하는 방식으로 중심 질문을 구성했다.

3) 학생의 역사 이해에 대한 고려

교사 교육과정이 필요한 이유 중 하나는 교사 교육과정은 국가 교육과정과 달리 학생의 특성, 수준, 흥미 등을 고려하여 교육과정을 구성할 수 있다는 점이다. **교사들은 학생의 선행지식, 역사 교과에 대한 태도, 특정 내용을 이해하는 방식, 특정 활동을 했을 때 나타나는 학생들의 반응 등을 고려하여, 학생의 역사 이해를 진전시킬 수 있는 방식으로 교육과정을 구상하고 이를 실행**해나간다.[90] 교사들이 교육과정을 구성하면서 학생을 고려하는 방식은 다양한 형태로 나타난다. 다음 〈사례 1-7〉

은 학생의 이해 수준을 고려하며 교사 교육과정을 구성한 사례이다.

〈사례 1-7〉의 두 사례는 **특정 주제에 대한 학생들의 이해 수준을 고려하여 교육과정을 구성**하는 모습을 보여준다. 사례 (가)의 교사 F는

사례 1-7 **학생의 이해 수준을 고려한 교사 교육과정 구성**

(가) 중학교 역사 교사인 교사 F는 학기 초 연간 계획을 세우면서 동남아시아사 부분은 가르치지 않기로 결정했다. 동남아시아사가 중요하기는 하지만, 그 내용이 학생들에게 너무 낯설 뿐만 아니라 어려운 용어들로 가득차 있어서 학생들이 너무 어려워했기 때문이다. 또한 해당 부분의 교과서 내용은 왕조 교체를 중심으로 서술되어 있어서 학생들의 흥미를 이끌어내기도 어려웠다.[91]

(나) 교사 G는 중학교 '역사' 과목의 "신라 사회의 동요와 후삼국의 성립"이라는 주제를 가르치기 위해 3차시로 수업을 구성했다. 1차시는 신라 하대의 상황과 문제점, 2차시는 호족의 등장과 6두품의 성장에 초점을 두었다. 3차시는 "나도 역사가! 신라 사회를 개혁할 개혁안 만들기"라는 주제로 신라 하대 사회 개혁안을 작성하는 모둠 활동으로 구성했다. 교사 G는 "각 계층의 입장에서 당시 사회의 모습과 문제점을 상상"하는 것을 이번 수업의 목표로 삼았다. 이에 교사 G는 교과서에 수록된 신당서 사료 외에 다른 사료(손순 설화 요약, 삼국사기 진성여왕 3년 기사, 삼국사기 헌덕왕 13년 기사)도 수업 자료로 활용했다. 교사 G는 귀족과 농민의 생활을 비교하고 농민 봉기의 원인을 분석하기 위한 자료로 사료를 활용했다. 교사 G는 평소 사료에 대해 면밀하게 분석하고 이에 기초하여 역사 지식의 구성 방식을 경험하도록 하는 것이 중요하다고 생각하고 있었다. 그럼에도 불구하고 교사 G는 사료의 출처나 사료 작성의 맥락 등을 면밀하게 비판하거나 분석하는 활동은 이번 수업에 넣지 않았다. 왜냐하면 중학교 학생들에게 사료의 특성을 이해하고 이를 치밀하게 분석하는 활동은 너무 어려울 것이라고 생각했기 때문이다.[92]

학생들이 어려워하는 내용을 빼고 교육과정을 구성했다. 사례 (나)의 교사 G는 사료에 대해 면밀하게 분석하고 이에 기초하여 역사 지식의 구성 방식을 경험하도록 하는 것은 학생들에게 지나치게 어렵다고 생각하여, 사료를 통해 당시 사람들의 삶의 모습을 이해하고 비교하는 활동으로 수업을 구성했다. 이처럼 교사들은 학생의 이해 수준을 반영하여 특정한 내용 혹은 활동을 삭제하거나 그 비중을 축소하며, 때로는 학생들의 이해를 돕기 위해 새로운 내용을 추가하기도 한다.[93]

또한 **학생들이 이해하기 쉽도록 내용을 조직하고 학습 순서를 정하기도 한다.** 앞서 제시한 〈사례 1-5〉의 교사가 중학교 역사 교육과정에 제시된 세계사 내용 체계를 조정하여 지역별로 재구성하여 가르친 것은 중학생들은 각 지역의 지리적 위치 및 역사에 대한 이해가 부족하다는 교사의 판단에 근거한 것이었다. 학생들이 아시아 및 한국 근대사를 쉽게 이해하도록 위해서는 서양 근대사를 통해 형성된 '근대성'이나 '근대화'에 대한 기본적 이해가 필요하다는 판단하에 근현대사 부분을 세계사와 한국사로 통합하여 가르치되 서양 근대사를 먼저 가르치고 이어 한국 근대사를 가르치는 방식으로 내용을 조직하는 것[94]도 학생들의 역사 이해를 고려한 교육과정 구성이라 할 수 있다.

그런데 **학생들이 어려워하기 때문에 혹은 좋아하지 않기 때문에 해당 내용을 가르치지 않는다는 결정을 할 때에는 보다 깊이 있는 고민이 필요**하다. 예를 들어 〈사례 1-7〉의 (가) 사례에서 학생들이 동남아시아사를 어려워한다고 했을 때 그 판단의 근거는 무엇이었는지, 학생들이 어려워하는 것이 동남아시아의 역사 자체가 아니라 교과서의 서술 방식 때문은 아닌지, 교과서 서술에서 벗어나 국가 교육과정의 성취기준을 바탕으로 교사가 동남아시아사 학습의 방향을 다시 설정하고 이에 맞추어 가르칠 내용을 선정한다면 학생들이 이를 보다 쉽게 이해할 수 있지는 않을지에 대해 생각해보는 것이다.[95] 더 나아가 〈사례 1-7〉의 (나) 사례처럼 역사적으로 혹은 교육적으로 의미가 있는 내용임에도 불구하고 학생들이 어려워하기 때문에 가르치지 않는다면 그러한 선택이 과연 교육적인가에 대해서도 고민해볼 필요가 있다.

또한 **이전 학교급에서의 학습을 통해, 혹은 교실 밖에서 이루어지는 다양한 경험을 통해 얻게 된 학생들의 선행 역사 지식, 역사인식에 대해 검토**하고 이를 바탕으로 수업 구성의 기본 방향을 설계하는 것도 가능하다. 다음 〈사례 1-8〉의 교사는 학생들이 역사 인물에 대해 갖고 있는 인식을 조사한 뒤, 학생들의 역사인식에 균열을 일으키고 지적 갈등을 겪게 함으로써 학생들이 각 인물의 행위를 역사적 맥락에서 파악하고 나아가 자신이 갖고 있던 역사인식에 대해 비판적으로 사고할 수 있도록 수업을 구성하는 모습을 보여준다.

이렇게 학생의 선행지식 혹은 역사인식을 검토할 때에는, 학생들은 교실 밖에서 다양한 경로를 통해 역사에 접하고 있으며, 이 과정에서 얻게 된 역사 지식, 역사인식을 갖고 교실에 들어오며, 이렇게 형성된 인식은 쉽게 변화하지 않는다는 점을 적극 고려해야 한다. 고등학생들이 역사인물에 대해 갖고 있는 이미지 형성에 영향을 미치는 요인을 분석한 연구에 따르면, 학생들의 이미지는 공식적 역사 수업, 즉 학교 역사 수업이나 교과서보다는 언론이나 대중매체로부터 비롯되는 경우가 더 많았다.[96] 또한 이러한 이미지에 균열을 가할 수 있도록 설계된 수업 직후에는 기존 이미지와 다른 이미지를 형성하기도 했으나, 수업 후 몇 고등학교 '한국사'를 가르치는 교사 H는 다음 달부터 "근대 국민 국가 수립 운동"이라는 주제를 가르칠 예정이다. 교사 H는 해당 주제로 수업을 구성하기에 앞서 이 시기 역사 전개에 커다란 영향을 미친 흥선대원군과 명성황후에 대해 학생들이 어떠한 인식을 갖고 있는지 알고 싶었다. 이에 교사 H는 학생들에게 "흥선대원군과 명성황후를 어떻게 생각하나요?"라는 질문을 주고 이에 대해 자신의 생각을 쓰도록 했다. 학생들이 쓴 글을 분석해본 결과, 학생들은 "보수적이고 고집 센 흥선대원군", "똑똑하고 지혜로운 명성황후"와 같이 정형화된 이미지를 갖고 있음을 알게 되었다. 또한 학생들은 문명개화, 자주성, 개혁성이라는 준거를 통해 이들 인물을 평가했는데, 대체적으로 흥선대원군에 대해서는 부정적으로, 명성황후에 대해서는 긍정적으로 평가했다. 이러한 결과를 바탕으로 교사 H는 역사인물의 행위를 시대적인 조건을 고려하여 합리적으로 설명하는 것을 수업의 목표로 삼고, 19세기 농민 봉기, 흥선대원군의 개혁, 임오군란과 갑신정변, 동학농민운동, 갑오·을미개혁을 5차시로 구성했다. 교사 H는 인물에 대한 이미지에 균열을 가하기 위해 학생들이 갖고 있는 이미지와 어긋나는 자료들을 각 차시마다 제공했다. 또한 흥선대원군의 개혁을 다루는 2차시 수업에서는 "내가 조선의 최고 집권자라면 어떠한 정책을 펼칠까?"를 주제로 하는 글쓰기 활동을, 5차시 수업에서는 흥선대원군과 명성황후에 대한 수업 전과 수업 후의 생각을 비교하는 글쓰기 활동을 넣고 이를 수행평가 과제로 제시하기로 했다.[98]

년이 흐르자 다시 원래의 이미지로 회귀하는 현상이 나타나기도 했다.[97]

그런데 학생이 무엇을 어렵게 생각하고 무엇을 쉽게 생각하는지, 무엇에 흥미 있어하는지, 특정 내용에 대한 학생의 이해 방식이나 역사인식은 어떠한지에 대한 교사의 지식은 교사의 "직관적 경험"에 의존하는 경우가 많다.[99] 경력이 늘어남에 따라 학생에 대한 이해도가 증가하고, 이러한 이해도 향상이 교사의 수업 방식에 영향을 미친다는 연구가 이를 뒷받침한다.[100] 물론 수업 경험이 많아질수록 자연스럽게 학생의 역사 이해에 대한 교사의 지식이 축적되어갈 것이다. 그런데 교사가 교육과정 구성과 실행의 주체이고 이를 위한 전문성을 갖고 있다고 한다면, 학생에 대한 이해가 자연스럽게 축적되어가길 기다리기보다는 조금 더 **의식적이고 적극적인 방식으로 학생의 역사 이해에 대한 지식을 쌓으려는 노력이 필요**하다. 수업 구성 전 설문조사나 간략한 글쓰기를 통해 해당 주제와 관련된 학생들의 이해 정도나 선행지식, 역사인식 등을 점검하고 학습 활동, 학습 과제, 수행평가 결과 등을 자료로 삼아 해당 내용을 학습할 때 나타나는 학생의 이해 양상은 어떠했는지, 어떠한 변화가 나타났는지, 학생이 의미 있게 여기는 내용은 무엇인지 등에 대해 실증적으로 분석하고 연구하는 태도가 필요하다. 이는 다음에서 논의할 교사 교육과정에 대한 성찰과 이어지는 것이기도 하다.

4) 교사 교육과정에 대한 성찰

교사 교육과정을 구성하고 실행한 뒤 자신의 교육과정에 대해 반성적으로 성찰하는 것은 매우 중요하다. **자신이 구상하고 실행한 교육과정에 대한 성찰, 이를 바탕으로 한 교육과정의 개선은 교사의 전문성을 향상시킬 수 있는 토대**가 된다. 전문성은 자신의 행위에 대해 의문을 제기하고 이를 비판적인 관점에서 바라볼 수 있을 때 향상될 수 있다. 교사가 국가 교육과정의 단순한 실행자 혹은 사용자가 아니라 교사 수준의 교육과정을 구성하고 실행하는 주체라고 할 때, **교육과정을 구성하면서 의도하거나 계획했던 것을 반추하고, 실행 과정에서 나타난 문제점**

들을 돌아보고, 교육과정의 결과 학생들이 얻게 된 교육적 경험과 학습 결과를 평가하고, 이를 토대로 교육과정의 개선 방안을 강구하는 과정은 필수적이다. 이러한 경험이 축적되고 체계화되는 과정 속에서 교육과정이 개선될 수 있으며 교사의 전문성 또한 향상될 수 있다.[101]

교사 교육과정에 대한 성찰에서 가장 중요한 것은 **해당 교육과정을 통해 학생들이 어떤 경험을 했으며, 어떤 역사 이해에 이르게 되었는가에 대한 검토**일 것이다. 이때 교육과정 실행을 통해 학생들이 얻게 된 경험과 역사 이해는 경험된·학습된 교육과정에 해당한다. 학생의 역사 이해의 양상을 살펴볼 수 있는 통로는 학생의 행동 및 학습 양상에 대한 관찰 및 기록, 학생이 작성한 학습지, 학생의 발표, 모둠 활동 기록, 수행평가 과제, 서술형 답안지, 설문조사나 면담 등 다양하다.[102] 다음 〈사례 1-9〉는 앞에서 제시했던 〈사례 1-8〉의 교사가 5차시의 수업이 끝난 후 학생들이 제출한 글쓰기 과제를 평가하면서 학생의 역사 이해를 분석하는 과정을 보여준다.

〈사례 1-9〉의 교사는 교육과정을 실행하고 난 뒤, 학생들이 자료를 어떻게 활용하고 있는지, 역사 인물을 어떠한 방식으로 이해하고 있는지 연구자적인 관점에서 면밀히 분석했다. 그리고 다음 수업을 계획하는 데 있어 이러한 분석 결과를 활용하고 있다. 해당 교육과정에 대한 분석과 성찰이 다음 교육과정 구성을 위한 토대로 작용하고 있는 것이다.

교육과정의 실행 결과를 평가하고 이를 반성적으로 성찰한다고 할 때 일반적으로 검토하게 되는 것은 **교육과정에서 의도했던 바를 학생들이 경험하고 성취했는가의 여부**이다. 역사 교육과정에서는 주로 교

글쓰기 과제 분석을 통한 학생의 역사 이해 양상 분석

수행평가로 제시한 글쓰기 과제를 평가하던 교사 H는 학생들의 인물 이해 양상이 몇 가지로 나뉘는 것을 알게 되었다. 이에 과제 내용을 더 구체적으로 분석하여, 학생들이 자료를 이해하고 수용하는 방식과 인물을 이해하는 방식을 몇 가지 유형으로 구분했다. 그 결과 많은 학생들이 교사가 제시한 자료를 제대로 이해하지 못한 상태에서 정보들을 피상적으로 수용하고 있다는 점을 알게 되었다. 또한 주어진 정보를 바탕으로 과거를 재구성하고자 하지만, 단순히 정보를 나열하거나 고정관념에 의거해 인물을 평가하는 학생이 대다수이며, 인물의 행위를 과거의 상황과 맥락을 고려해 종합적으로 이해한 학생은 매우 드물다는 점을 확인할 수 있었다. 이에 교사 H는 다음 수업을 준비하면서, 학생들의 역사 정보에 대한 비판적 이해 능력이 매우 떨어진다는 점을 고려하여, 학습지에 자료의 의미를 정확하게 이해하고 자료에서 제시된 주장과 자신의 생각을 비교 검토하는 활동을 포함시켜야겠다고 생각했다. 또한 내년에 같은 주제를 가르칠 때에는 역사를 맥락적으로 이해하고 과거의 상황이나 조건을 고려하여 인물의 행위를 이해시킬 수 있는 방법이 무엇일지 더 고민해봐야겠다고 생각했다.[103]

사가 의도했던 역사 이해에 학생이 도달했는가에 초점을 맞추게 된다. 그리고 교육과정의 어떠한 점들이 학생의 역사 이해에 어떠한 방식으로 영향을 미쳤는지에 대해 검토해보게 된다. 예를 들어 내용의 선정, 내용의 조직, 학습 순서와 분량, 학생 활동이나 과제, 학생의 특성 및 이해 수준에 대한 고려 등이 적절했는가에 대해 살펴보게 되는 것이다. 또한 교사의 교육과정 실행 이외에 학생의 역사 이해에 영향을 미칠 수 있는 다양한 요인들, 예를 들어 해당 주제를 이전 학교급이나 다른 교과목에서 어떻게 다루었는지, 영상매체나 인터넷 등에서는 해당 주제가 어떻게 재현되고 있는지, 학생이 살고 있는 지역적 특성이 해당 주제에 대한 학생의 역사인식에 미치는 영향은 어떠한지 등[104]에 대해서 살펴보는 것도 필요하다. 이러한 성찰 혹은 분석의 결과는 차후의 교육과정 구성을 위한 밑거름이 될 수 있다.

그런데 교육과정에 대해 반성적으로 성찰한다는 것은 단순히 교사가 교육과정을 구성하면서 의도하거나 목표로 삼은 것을 학생들이 달성했는가, 그렇지 못했다면 왜 그러했는가에 대해 살펴보는 것 이상을 의미하며, **교사의 의도와 목표 그 자체, 혹은 교육과정 구성 이면에 깔려 있는 교사의 가정 혹은 역사인식 자체에 대한 문제 제기를 필요**로 한다.[105] 예를 들어 〈사례 1-4〉의 교사 A와 같이 서아시아사, 아프리카사, 인도사 관련 내용을 기말고사 이후에 아주 간단하게만 가르치도록 교사 교육과정을 구성한 경우, 국가 교육과정에 비해 해당 내용의 비중이 상당히 축소될 뿐만 아니라 사실상 학습이 잘 이루어지지 않는 기말고사 이후에 학습하도록 한다는 점에서, 은연중에 서구 중심주의적인 역사인식이 반영된 것은 아닌가에 대한 자문이 필요하다. 즉 단순히 교사의 교육과정 의도가 학생들에게 왜 구현되지 않았는가에 대한 관심에서 더 나아가, 교사 자신의 역사 이해 방식은 타당한가, 혹은 교사 자신의 역사인식을 학생들에게 전달하고자 하는 수업 방식이 과연 역사적이라고 할 수 있는가, 교사는 '학생들의 다양한 역사인식'에 대해 어떠한 입장을 취하고 있는가, 혹시 학생들이 갖고 있는 역사 이해를 부적절한 것이며 극복해야 할 대상으로만 보고 있는 것은 아닌가와 같은 문제에 대한 진지한 고민이 있어야 한다.

이는 앞서 언급한 **교사의 수업철학에 대한 비판적 성찰**로 이어진다. 앞에서 살펴보았듯이 교사는 자신의 교과에 대한 인식, 과목에 대한 인식, 자신의 역사관 및 역사인식, 학생관, 수업관을 토대로 교육과정을 구성한다. 그런데 학생은 자신이 배워야 할 교육과정을 선택하기 어렵다는 점에 주목할 필요가 있다. 한국의 교육 현실에서 학생은 자신의 의사와 무관하게 교사가 교사 자신의 신념을 토대로 구성한 교육과정을 수용해야 하는 처지에 있다.•

중요한 것은 학생은 교사가 구성한 교육과정 이외의 다른 교육과정을 접해볼 기회가 거의 없다는 점이다. 〈사례 1-5〉에서처럼 '상식을 늘려주는 세계사'라는 과목 인식을 바탕으로 교육과정을 구성한 교사에게서 수업을 들은 학생은 교류사적·비교사적 이해에 기반한 세계사 교육, 혹은 민주주의·인권·평화를 중심으로 구성한 세계사 교육을 경험할 기회가 거의 없다. 또한 역사의 흐름을 이해하는 것을 목표로 하는 교사에게서 배운 학생들은 역사가 구성되는 방식에 대해 알 기회가 차단된다. 이러한 점을 고려하면, 교사는 자신의 인식과 신념을 토대로 구성한 교육과정으로 인해 학생들이 상실할 수 있는 경험이나 역사 이해는 무엇인지 진지하게 생각해보아야 한다. 이는 **교사 교육과정 구성의 토대가 되는 교사 자신의 인식과 신념의 타당성, 자신이 추구하는 가치와 의미에 대해 끊임없이 질문을 던지고, 대안적 행위와 가치를 모색하는 과정**이기도 하다.[106]

• 물론 학생은 교사의 수업과 상관없이 자신이 갖고 있던 기존의 역사 이해, 역사인식을 유지하기도 한다. 백은진, 〈역사학습의 목적과 역사교사의 역사교육 목적에 대한 중고등학생들의 인식〉, 《역사교육》 133, 2015, 37쪽.

5. 나가며

지금까지 교육과정에 대한 논의는 주로 국가 교육과정을 중심으로 이루어져왔다. 이러한 논의 구도 속에서 교사의 역할은 부각되지 않았다. 국가 교육과정의 실행자라는 측면에서 인식되어왔을 뿐이다. 그러나 최근에는 국가나 지역 교육과정보다는 교사가 구성하는 교육과정의 의미를 강조하는 경향이 강해지고 있다. 이에 이 장에서는 교육과정을 국가 교육과정과 교사 교육과정으로 구분하고, 역사교육에 있어서 국가 교육과정의 기능 및 역할, 교사 교육과정의 의미와 역사과에서 교사 교육과정을 구성할 때 고려해야 할 점을 살펴보았다.

국가 교육과정은 학교 역사교육의 전체적인 틀과 체계, 교사와 학생이 가르치고 배워야 할 내용, 역사 수업을 통해 학생들이 성취한 것을 평가할 기준을 제시하는 역할을 해왔다. 그러나 교사 교육과정의 의미와 역할이 점차 강조되고 있는 상황을 고려할 때, 국가 교육과정의 역할과 기능은 무엇이어야 하는지, 국가 교육과정에 담아야 할 내용의 성격과 정도는 어떠해야 하는지에 대한 보다 심도 있는 논의가 필요하다.

역사 교사가 교실에서 만들어나가는 교육과정, 즉 교사 교육과정의 양상은 매우 다양하다. 교과서를 중심으로 하되 그 비중이나 순서를 조정하기도 하며, 국가 교육과정 및 성취기준을 토대로 하되 이에 대한 분석과 자신의 수업철학을 바탕으로 이를 재구성하기도 하며, 국가 교육과정에서 벗어나 자신의 수업철학과 신념에 기초하여 완전히 새로운 형태의 교육과정을 만들기도 한다. 또한 역사 교사들은 저마다 다른 절차와 방식으로 교사 교육과정을 구성한다. 그러나 교사의 역사관 및 역사교육관을 명료화하고 역사과 국가 교육과정 및 교과서를 분석하는 것은 교사 교육과정을 구성하는 데 도움이 될 수 있다. 또한 학생의 역사 이해를 고려하여 교육과정을 구성하고 교육과정 실행 후 그에 대해 반성적으로 성찰하는 것은 교사 교육과정 구성에 있어 필수적인 과정이라 할 수 있다.

사실 학교 현장에서는 '교사 교육과정'이라는 용어가 사용되기 전부터 이미 교사 교육과정을 구성하고 실행하고 있었다. 같은 학교에서 같은 교과서로 같은 과목을 가르치고 있는 교사라 할지라도 가르치는 모습은 저마다 달랐다. 그런데 여기서 우리가 생각해보아야 할 점은 각양각색으로 존재하는 교사 교육과정이 모두 타당한가 하는 문제이다. 만약 그렇지 않다면 그것을 판단하는 기준은 무엇이어야 하며, 어떻게 그러한 교육과정을 구성할 수 있는가? 교육과정이 학생들의 역사 이해에 의미 있는 결과를 이끌어냈는가는 교사 교육과정의 타당성을 판단할 수 있는 하나의 기준이 될 수 있을 것이다. 따라서 교사가 계획하고 실행한 교육과정이 학생들에게 의미 있는 학습 결과를 이끌어냈는지 지속적으로 연구하며, 이를 바탕으로 '경험적 지혜'를 체계적으로 축적해나가는 것이 필요하다. 이처럼 계획적인 교육과정의 구성과 이에 대한 반성적 성찰, 그리고 이를 바탕으로 한 교육과정의 수정 과정이 지속적으로 반복된다면 교사의 교육과정 역량, 교육과정 전문성도 향상될 수 있을 것이다.

역사교육 첫걸음

※ 중학교 '역사' 교육과정의 대주제 하나를 선택한 뒤, 〈그림 1-1〉(47쪽)의 역사과 교사 교육과정 구성 과정을 참고하여 교육과정을 작성해보자.

1. 중학교 '역사' 교육과정 중 관심 있는 대주제를 하나 선택하여 대주제 개관과 성취기준을 읽어보자. 해당 대주제에서 목표로 삼고 있는 것은 무엇인지, 어떠한 내용을 가르치도록 요구하고 있는지 분석해보자.

2. 서로 다른 저자가 쓴 〈역사〉 교과서를 2종 이상 선택하여 해당 대주제의 교과서 서술에 나타나는 특징(단원 구성, 학습 요소, 서술 분량, 역사 해석 등)을 비교하고 분석해보자.

3. 해당 주제와 관련하여 중학생은 무엇을 어떻게 알고 있을지 생각해보자.

4. 자신의 역사관과 역사교육관을 써보자. 이를 바탕으로 해당 주제의 목표를 어떻게 설정할지 혹은 학습의 주안점은 어디에 둘지 써보자.

역사관	
역사교육관	
학습 목표 또는 학습의 주안점	

5. 자신이 설정한 목표를 달성하기 위해 필요한 학습 내용은 무엇인지 써보자. 성취기준 및 교과서에 제시되어 있는 내용에 대한 수정이 필요한지 생각해보고, 수정이 필요하다면 어떠한 방향에서 수정할지 써보자. 각 내용 요소의 비중과 학습 순서는 어떻게 할지 계획해보자.

6. 이 주제와 관련하여 수행평가를 실시한다면 어떠한 과제를 제시할지 써보자.

7. 학습 목표를 달성하기 위해 적절한 차시별 교수·학습 방법은 무엇인지 간략하게 써보자.

8. 위의 1~7을 바탕으로 다음 계획표를 작성해보자. (〈사례 1-6〉(58쪽)의 단원 계획표를 참고하시오.)

차시	성취기준	주제	수업 의도	내용 요소	교수·학습 방법
1					
2					
3					
4					
5					

9. 각자가 작성한 계획표를 동료와 비교해보고, 차이가 나타난 부분과 이러한 차이가 나타나는 이유를 토의해보자.

10. 자신이 구성한 교사 교육과정을 통해 학생들은 무엇을 배우게 될지 써보자.

2장

역사적 사고

역사적으로 사고하도록
가르치는 것은 왜 중요한가?

1. 들어가며

다음 〈사례 2-1〉과 〈사례 2-2〉는 미국 민권 운동의 대표적 인물인 로자 파크스(Parks, R.)를 주제로 한 두 편의 학습 활동 사례이다. 각 사례별로 로자 파크스 이야기를 어떻게 다루고 있는지 비교하며 읽어보자.

〈사례 2-1〉은 학생들이 로자 파크스에 대한 글을 읽고 가상 인터뷰 활동을 하도록 설계되었다. 먼저 로자 파크스와의 가상 인터뷰를 위해 질문을 준비하는 모둠과 인터뷰에 답하는 모둠으로 역할을 나누어 학습 활동에 참여했다. 이 활동은 학생들이 법과 제도가 민주주의를 지향하는 공동체가 소통과 합의를 거쳐 만든 결과물이라는 점을 이해하도록 하는 것을 목적으로 했다. 만약 법과 제도가 시민의 자유와 권리를 억압하고 인권을 침해한다면 시민들은 개혁을 요구할 수 있다는 점을 보여주는 사례로서 로자 파크스를 제시한 것이다.

같은 인물을 다룬 〈사례 2-2〉와 비교해보자. 이 사례는 교사가 로자 파크스에 대해 들려주는 이야기를 듣고, 어떻게 민권 운동을 대표하는

1950년대 중반, 앨라배마 주 몽고메리에서는 버스 승객 대다수가 흑인이었다. 그러나 당시의 인종 분리법에 따라 흑인들은 버스비를 지불한 후 뒤쪽으로 가서 앉거나, 백인이 한 명이라도 있으면 좌석 한 줄을 전부 비워두어야 하는 부당한 대우를 받고 있었다. 로자 파크스는 몽고메리의 흑인 단체 회원으로서 이 인종 분리법을 위반했고 이에 자극받은 흑인들이 버스 보이콧(승차거부)을 결행했는데, 이 사건은 흑인 인권 운동의 기폭제로 작용했다.

〈버스 승차거부 운동에 동참하여 걸어서 출근 중인 로자 파크스와의 긴급 인터뷰〉

• 백인이 앉고자 하면 흑인이 일어서야 한다는 법을 알고 계셨나요?

• 그럼에도 본인은 왜 자리에서 일어서지 않으셨나요?

• 법을 어기면 처벌을 받게 되는데, 두렵지는 않으셨나요?

• 당신이 한 행동을 대다수 흑인들이 지지할 것이라고 예상하셨나요?

• 우리 청소년에게 하고 싶으신 말씀이 있나요?

인물이 되었는지 그 과정을 학생들이 고찰하는 데 중점을 두고 있다.

　〈사례 2-1〉은 '준법과 저항 사이'라는 주제 중심의 사회과 수업이다.[1] 학생들은 "모든 법은 지켜야 할까?"라는 질문에서 출발하여 인종 분리법을 위반한 로자 파크스를 인터뷰하며 비민주적인 제도나 규칙이 있다면 부당함을 비판할 줄 알아야 한다는 시사점을 얻는다. 이후 "꼭 지켜야 하는 우리 학교 교칙 찾아보기 – 받아들이기 어려운 교칙 분석하기 – 대안 교칙 만들기 – 부당한 법에 대처하는 자세 익히기"와 같은 학습 활동에 참여하여, 시민교육에서 익힌 바를 학급이나 학교에서의 삶에 적용해보게 한다. 이에 비해 〈사례 2-2〉는 학생에게 친숙한 로자 파크스에 대한 이야기를 증거에 기초하여 다시 읽

"로자 파크스는 무더운 여름 오후 버스를 기다리고 있다."

미국 역사에서 가장 유명한 여성으로 기억되는 로자 파크스에 대한 이야기는 이렇게 시작된다. 수도 없이 반복되어온 이야기 속에서, 로자 파크스의 용기 있는 행동을 더욱 극적으로 만드는 이 날씨에 대한 묘사는 안타깝게도 사실과 다르다. 버스 보이콧이 일어난 날은 12월 1일이었기 때문이다. 그리고 로자 파크스가 버스 어느 자리에 앉았는지 물어보면, 대다수 학생들은 백인들이 앉아야 하는 자리에 앉아 있었기 때문에 자리를 비워줘야만 했고, 이를 거부한 것이 사건의 시초라고 말할 것이다. 이처럼 많은 사람들이 기억하는 이 유명한 사건의 배경과 발단에 대해 다음 몇 가지 질문을 유념하며 다시 살펴보도록 하자.

- 로자 파크스는 버스 어느 자리에 앉았는가?
- 당시 버스 안에는 빈자리가 있었는가? 로자 파크스가 일어나 자리를 양보하지 않은 것은 어떤 법을 위반한 것인가?
- 로자 파크스가 목요일 저녁에 체포되었는데, 어떻게 그다음 주 월요일에 4만 2천 명의 흑인들이 조직적으로 버스 보이콧에 참여할 수 있었는가?

으면서, 사실관계를 논증하도록 설계되었다.[2] 학생들이 "로자 파크스는 버스 어느 자리에 앉았는가?"라는 질문에서 출발하여 몽고메리 버스 보이콧이 로자 파크스의 버스 좌석 거부에서 촉발되었는지, 다른 계기가 있었거나 주도한 사람들이 따로 있었는지 살펴보도록 했다. 로자 파크스를 체포한 후 경찰이 작성한 두 개의 조사 보고서에서 좌석 위치 표시가 일치하지 않는다면 어떤 문서를 믿을 수 있는지, 혹은 좌석 위치에 따라 로자 파크스가 위반한 법이 달라질 수도 있다면● 몽고메리 버스 보이콧은 어떤 목적에서 일어난 것인지, 로자 파크스가 체포된 나흘 뒤인 그다음 주 월요일에 몽고메리 시의 흑인들은 어떻게 일제히 버스 거부 운동에 동참할 수 있었는지,** 로자 파크스가 체포된 후 1년 넘게 지속된 버스 보이콧과 이후 이어진 민권 운동의 성과가 과연 로자 파크스의 버스 자리 양보를 거부한 행동에서 비롯되었다고 볼 수 있는지, 학생들은 꼬리를 문 질문을 쫓아 새로운 시각에서 친숙한 이야기를 되짚어본다.

두 활동 모두 동일한 인물과 사건을 다루고 있지만, 현대 사회의 문제를 이해하기 위해 역사 사례를 수단으로 동원하는 첫 번째 사례와, 역사적 인물과 사건의 의미를 자료 속에서 찾아보도록 하는 두 번째 사례는 분명한 차이가 있다. 첫 번째 사례와 같이, 기본권 침해와 저항권 행사의 사례로서 로자 파크스를, 시민불복종에 대한 사례로서 간디와 마틴 루터 킹 목사를 살펴보는 학습 활동은 학생들이 학습해야 하는 보편적 가치와 개념을 설명하기 위해 역사적 인물과 사건을 일화로

- 당시 몽고메리 시 조례에 따르면 버스 기사는 이용 가능한 빈자리가 있는 경우에만 흑인 승객에게 자리를 포기할 것을 명령할 수 있었다. 만약에 뒷자리에 빈자리가 없다면, 흑인 승객은 자신의 좌석을 포기해야 한다는 의무를 지고 있지 않기 때문에, 버스의 빈자리 유무는 중요한 쟁점이 된다. 하지만 시 조례와 달리 주 법은 백인 승객을 위해서 흑인 승객의 좌석을 뺏을 수 있는 권한을 버스 기사에게 주었다. 이처럼 주 법과 시 법에 차이가 있을 경우, 당시 로자 파크스가 다른 좌석을 이용할 수 있는 상황에 있었는지에 따라 문제는 다르게 논해질 수 있다. 만약 이용 가능한 좌석이 없었다면 버스 기사는 몽고메리 시 조례를 어긴 것이다.
- 로자 파크스가 자리를 비키지 않은 용기도 대단하지만, 팸플릿을 만들어 4만 2천 명에게 배포하여 이 단발성의 사건을 지속적이고 대규모의 정치 운동으로 전환시킨 조 앤 로빈슨(Robinson, J.) 교수의 행동도 주목해야 한다. 동시대에 똑같이 주목할 만한 행동을 한 두 사람이 역사에서 전혀 다르게 기억되는 방식을 검토하면서 학생들은 역사적 이해의 핵심 이슈를 생각해볼 수 있다. 즉 누구를, 어떤 행동을, 어떤 사건을 더 기억할 가치가 있는 것으로 만드는 게 무엇인지를 생각해볼 수 있다.

활용하는 방식으로, 역사 속 인물을 다루지만 역사적 이해를 추구하지 않기에 필요에 따라 다른 역사 사례로 치환될 수 있다. 이러한 접근은 통합 사회과 수업에서 취하는 방식으로, 진정한 의미의 역사 수업이라고 볼 수 없다. **역사 수업은** 다루는 과거의 인물이나 사건과 같은 역사적 소재로 결정되는 것이 아니라, **역사적 사실에 대한 이해와 역사적 사고를 추구**해야 하기 때문이다. 따라서 민권 운동이라는 당시 사회의 움직임을 역사적으로 이해하기 위해서는 당대의 맥락과 조건 속에서 사건과 인물을 파악할 필요가 있다.

통합 사회과를 표방하는 첫 번째 접근과 구별되는 역사 수업은 **역사학의 독특한 인식 기반과 절차에 따라 자료에 근거하여 과거를 해석하고 의미를 부여하는 것을 지향**한다. 따라서 학생들이 민권 운동에 대해 주어진 이야기 속 인물이나 사건에 대해 단순히 기억하거나 주어진 의미를 수용하는 것이 아니라, 과거에 대해 알고자 하는 질문을 생성하고, 자료를 분석하고 해석하면서 역사적 의미를 만들어가는 것을 목표로 한다.[3] 이러한 관점에서 이 장에서는 '역사적 사고'의 의미와 역사적 사고를 키우는 수업에 대해서 살펴보기로 한다.

2. 역사적 사고의 의미

1) 목표로서 역사적 사고

역사적 사고는 과거 인물이나 사건에 대한 사실과 의미를 기억하거나 수용하는 것에 그치지 않고, 자료에 입각하여 역사가처럼 사고한다는 의미이다. 좀 더 구체적으로 말하자면, 과거에 대해 탐구하고자 하는 질문에 답하기 위해 사료 비판과 같은 접근방식을 취하며 1·2차 사료를 분석적이고 비판적으로 읽고, 상충되는 사실이나 견해가 발생하는 이유를 저자 및 작성 의도와 목적 등에 비추어 파악하고, 더 필요한 자료를 찾아서 해당 주제를 현재와 다른 과거라는 낯선 시공간 속에 위치시켜 당대의 맥락, 관점, 인식체계 속에서 이해함으로써 사실관계나 의미를 파악하는 인지적 사고와 판단 과정이라고 할 수 있다. 이는 역사가처럼 사료를 다루고 관점을 형성하며 해석하는 일련의 연구 과정에 참여하고 훈련함으로써 키워지는 생각의 근육이다.

연구자에 따라, 역사적 사고가 자료를 분석하고 주장과 해석의 근거를 찾아 역사에 대한 자기의 생각을 말하는 것을 의미한다는 점에서 역사 리터러시(문해력), 역사 탐구, 역사가처럼 읽기, 역사 이해, 역사인식, 역사의식 등과 혼용하거나 서로 다른 의미를 지닌 것으로 구별하여 쓰기도 한다.[4] 하지만 이 개념들은 역사가처럼 사고하는 과정을 모델로 과거에 대해 문제의식을 지니고 자료에 근거하여 설명하고 의견을 만들어가고 해석하는 과정에서 발현되는 정신적 활동이라는 공통점을 지닌다고 할 수 있다.

한국에서 역사교육의 목적으로 '역사적 사고력'을 국가 교육과정에 구체적으로 명시하기 시작한 것은 1990년대 이후이다. 이전의 교육과정에서는 역사적으로 사고할 필요성을 언급하는 데 그쳤다면,[5] 제7차 교육과정에서는 "역사 자료를 분석, 비판, 종합하는 능력을 길러 문제를 해결하는 능력을 키운다"와 같이 목표를 설정하고, "역사적 사실의 의미를 그 시대와 전체 역사와의 연계하에서 파악하는 가운데 분석적

접근 방법을 시도하여 심화된 역사적 사고력을 가지도록 지도"할 것을
교수·학습 방법으로 제시했다.[6] 사료를 활용한 수업 및 탐구학습과 같
은 다양한 교수·학습 방안을 통해 역사적 사고력을 신장해야 한다는
주장은 연구 성과와 수업 실천 사례 속에서 보편화되었고, 이후 2007
개정 교육과정에서 역사과 목표로 체계화되었다(〈자료 2-1〉 참조).[7]

자료 2-1   **2007 중학교 '역사' 교육과정**

(※ 역사적 사고 개념에 해당하는 부분을 강조 표시했다.)

2. 목표
'역사' 과목에서는 우리나라와 세계의 역사를 종합적이고 체계적으로 이해하는 것
을 지향한다. **과거 사실에 대한 폭넓은 지식을 바탕으로 비판적 사고력과 합리적
판단력을 향상시킨다. 학생 스스로 다양한 역사적 자료를 활용하여 학습할 수 있
도록 함으로써 과거에 대한 서로 다른 해석과 시각이 존재할 수 있음을 인식하고
이를 통하여 역사에 대한 통찰력을 기르도록 한다.**

'역사' 과목의 세부적인 목표는 다음과 같다.

(가) 우리나라와 세계 역사를 체계적이고 종합적으로 파악한다.
(나) 현대와 가까운 과거에 대한 이해를 심화함으로써 현대 세계와 우리 국가와
     사회에 대한 통찰력을 확대한다.
(다) **다양한 역사적 자료를 탐구하고 해석하는 과정을 통해 스스로 문제의식을 가
     지고 비판적으로 사고하는 능력을 기른다.**
(라) **현대 사회가 직면한 문제들에 대한 역사적 배경과 상호관련성을 파악하여 그
     의미와 가치를 평가할 수 있도록 한다.**
(마) 다양한 삶의 방식에 대한 이해를 기초로 다른 문화와 전통을 존중하는 태도
     를 기른다.

지난 수십 년간 꾸준히 지속되어온 교육 개혁의 전 세계적인 추세는 학문 중심 교육과정 추구와 기준 기반 개혁(standards-based reform) 담론이 그 중심에 있다고 할 수 있다. 역사 교과에서 학문 중심 교육과정을 추구하는 것은 역사학의 연구 방법과 연구성과에 기초하여 역사의식, 역사적 사고 등을 연구한 결과를 교육과정에 반영하려는 시도를 일컫는다. 기준 기반 개혁 담론에 따라 학생들이 성취해야 할 학습 목표를 중시하게 되면서 교육과정 문서를 성취기준 형식으로 진술하는 것이 일반화되었다. 국가 교육과정에서 제시하듯이, 역사적 사고는 역사적 비판력, 판단력, 탐구력, 문제해결 능력 등과 유사하게 사용되거나 이를 포괄하는 상위개념으로 간주되기도 한다. 최근 국가 교육과정에서 명시하는 역사과의 교과 역량은 역사교육계에서 논의한 역사적 사고의 범주에 토대를 두고 설정된 것이라고 할 수 있다. 2015 개정 역사 교육과정에서는 역사 사실 이해, 역사 자료 분석과 해석, 역사 정보 활용 및 의사소통, 역사적 판단력과 문제해결 능력, 정체성과 상호 존중을 중요한 역량으로 삼고 있다.*

역사과 교육과정에서 천명할뿐더러 연구자와 교사들이 역사적 사고의 중요성에 대해 동의하고 있음에도 불구하고, 역사적 사고를 향상시키는 수업은 널리 이루어지지 못하고 있다. 그 이유는 두 가지 측면에서

● 역사 자료 분석과 해석은 역사 자료를 읽고 이를 비판적으로 검토하여 역사 지식을 구성하는 능력을 의미한다. 역사 정보 활용 및 의사소통은 다양한 매체를 통해 얻은 역사 정보를 분석, 토론, 종합, 평가하는 능력을 의미한다. 역사적 판단력과 문제해결 능력은 과거 사례에 비추어 오늘날의 문제를 해결하는 능력을 의미한다. 정체성과 상호 존중은 우리 역사와 세계 역사에 대한 이해를 바탕으로, 우리의 관점에서 오늘날 요구되는 역사의식을 함양하고 타인을 이해하고 존중하는 태도를 갖는 능력을 의미한다.

조명해볼 수 있다. 먼저 통합 사회과로 인해 도전받던 역사과의 존립과 정당성을 지지하기 위한 교과 목표 및 학습 절차로서 역사적 사고력이 절대적 지위를 지니게 되면서,[8] 역사적 사고력이 역사교육을 구별 짓는 특징으로 자리매김했으나 후속 논의로 구체화되지는 못했다.[9] 또한 역사적 사고를 세부 기능으로 상세화하여 역사 수업에 적용·평가하는 기준으로 삼는 것과 같이, 역사 학습 내용과 분리된 채 실용적이고 기능 중심적 접근에 치중한 점을 지적할 수 있다.

먼저 1990년대 한국의 역사교육계에서는 사회과 통합에 반대하여, 역사 교과의 차별화 근거로서 역사적 사고를 부각시키면서 역사적 사고의 개념 및 구성 요소를 규명하려는 시도가 활발히 이루어졌다. 특히 사고력 일반으로부터 역사적 사고를 분리하여 교과에 특정적인 앎의 방식으로서 강조했고, 인지적 차원뿐 아니라 감정이입적 이해를 포함한 역사적 이해의 의미로 확장되었다.[10] 이처럼 역사교육의 목적과 목표 논의에서 적극적으로 다루면서 역사적 사고는 역사 교과의 독자적 지위를 갖추는 데 기여할 뿐 아니라,[•] 역사교육의 내재적 가치로서 학생들의 지적인 안목을 높여 세계를 올바르게 보는 데 도움이 되기 때문에 역사교육의 궁극적 목표로 삼을 수 있다고 보았다.[11]

하지만 역사적 사고는 당연히 중요하다는 주장이 역사교육계에서 통용되는 현실은 역설적으로 약점이 되기도 한다. 즉 역사적 사고를 기르기 위해 역사교육의 주요 학습 요소와 핵심 아이디어를 제시하고,

---

• 역사교육의 궁극적 목표로 현재의 이해, 현재 문제의 해결, 민족 문화 전통의 이해, 역사적 자료의 처리 능력 신장, 역사의식과 역사적 사고력의 신장, 역사적 판단력과 통찰력 등을 들 수 있다. 앞의 세 가지는 외재적 목표, 뒤의 세 가지는 내재적 목표에 해당한다.

교수·학습 논의를 조직할 수 있는 주요 개념들을 설정하는 방식에 대한 요구는 원론적으로 지지되었을 뿐, 역사교육의 내용과 방법에 대한 논의로 구체화되지 못하고 있다. 예를 들어 조선 시대 정치, 사회, 문화를 관통하는 주요 아이디어로서 '성리학의 특징'을 선정했다면 이를 탐구할 수 있는 적절한 사고 과정을 함께 결합하여 학습 목표로 제시할 필요가 있다. 즉 '성리학의 특징을 안다'와 같이 학습 목표를 제시하는 것이 아니라 "성리학에 대한 지식과 이해를 바탕으로, 조선 사회가 지닌 고유의 특징과 사회 구조가 성리학적 질서와 어떻게 조화를 이루었는지 탐색할 수 있다"와 같이 제시할 필요가 있다.[12] 후자의 학습 목표는 성리학의 특징과 같은 역사 사실과 지식에 대한 이해를 기초로 하여 조선 사회가 성리학적 질서 속에서 움직이는 특수한 성격을 탐색하도록 한다는 점에서 학습 내용과 결합하여 역사적 사고 과정을 제시한 것이라고 볼 수 있다.

두 번째 문제는 역사적 사고가 사고의 형식 및 방법 측면에서 고유하다는 입장을 견지하면서, 역사적 사고력을 역사적 탐구기능과 역사적 상상력의 조합으로 설명하거나, 구체적인 하위 사고 기능으로 범주화하려는 시도와 관련이 있다. 이 같은 접근에서는 역사적 사고력을 '역사적 문제를 해결하기 위해 취하는 정신작용'의 의미로 보고, 이 정신작용의 하위 요소를 규명하는 데 방점을 두었다.[13] 이전의 역사교육 주요 개설서에 따르면, 역사적 사고력의 요소를 규명하려고 노력한 결과 역사적 탐구기능과 역사적 상상력으로 나누어 제시하고, 전자는 역사 문제의 파악 능력, 자료의 수집 능력, 결과의 적용 능력을, 후자는 역사적 판단력, 감정이입 등의 사고능력을 포함하고 있다고 구분했다.[14]

이후 역사적 사고력을 연대기 파악력, 역사적 탐구력, 역사적 상상력, 역사적 판단력이라는 네 하위 요소로 정리하여 제시한 세부 범주는 역사 학습의 목표 설정을 위한 준거로 광범위하게 활용되었다.[15]

하지만 역사적 사고를 인지적 능력에 초점을 둔 사고 기술로 보는 관점에서도 개념적으로 세부 요소를 나누되 지나치게 기능적인 범주로 치우쳐서는 안 된다고 강조한다. 역사적 사고는 총체적인 정신 활동이기 때문에 개별 사고 기술을 통해 육성하기보다 종합적인 통찰 능력으로서 개발할 필요가 있다고 보기 때문이다. 역사적 문제를 인지하고 탐구하는 과정에서는 이러한 세부 사고 능력을 종합적으로 활용하기 때문에 판단력, 의사결정능력, 문제해결능력, 메타 인지와 같은 종합적인 정신 활동을 수행하는 의미로 보기도 한다.[*] 구체적으로 역사 교사의 통찰력이 발휘되는 장면을 전범(典範)으로 삼아 학생 스스로 역사를 구성함으로써 통찰력을 개발할 수 있다고 제안했다.[16] 한편, 역사적 사고력의 하위 범주 설정의 필요성을 지지하는 입장에서는 역사적 사고력의 육성을 위한 역사 학습목표 제시 및 그에 따른 학습과 평가 방안을 모색할 때는 적절한 수준에서 하위 범주를 설정할 필요가 있다고 본다.[17]

역사적 사고가 정해진 발달 단계나 발달 모델을 전제하지는 않지만, 최상훈과 정선영은 역사 연구와 역사 학습의 궁극적인 목표로 각각 역사적 판단력과 역사적 통찰력을 제시했다. 역사적 판단력은 사료의 비

• 이 장에서는 세부적인 사고 기능으로 범주화하는 것을 지양하는 의미에서 '역사적 사고력'이 아니라 '역사적 사고'로 칭하고 있다.

판과 해석 과정에 필수적이고, 역사적 통찰력은 역사적 사건의 핵심을 꿰뚫어보는 능력이다. 이런 능력을 역사적 사고 중에서 상위의 사고 능력으로 간주하고, 이를 기름으로써 자신의 당면 문제에 대해 제대로 대처할 수 있을 것으로 기대했다. 즉 역사적 판단력이나 통찰력은 역사적 사고력의 하위 범주 중에서 고차원적인 수준으로 이해되거나 여타 범주들을 넘어서는 정신 활동으로 간주되는, 역사적 사고의 과정을 통해 획득되는 높은 수준의 사고 능력이라고 볼 수 있다.

2) '역사적 사고력 함양' 수업에 대한 비판적 성찰의 관점

역사적 사고는 **역사가처럼 사고하는 방식과 같이 역사 연구 과정에서 활성화되는 사고**를 모델로 한다. 역사가가 지닌 문제의식이나 사고 능력을 지니고 역사 수업에 들어오는 학생이 많지 않으므로, 역사 수업에서 역사적으로 사고하는 역량을 적극적으로 키워야 하고, 이를 위해 수업이 정교하게 구상되어야 한다. 앞서 살펴본 바와 같이 역사적 사고가 사회과 통합에 맞선 역사 교과의 독자적이고 차별화된 영역 고유의 인식 방법으로 강조되어오면서, 세부적인 사고 기능으로 범주화하는 데 그치는 문제가 발생했고, 역사 학습의 내용과 결합한 역사적 사고 논의로 발전되지 못했다. 이러한 경향은 역사적 사고력 함양을 표방한 수업 실행에서도 나타나고 있다. 이와 같이 역사적 사고를 기르려는 수업에서 발견되는 문제를 2000년대 이후의 **학습자 중심 담론, 학생의 현재 삶과의 관련성을 강조한 현재주의적 시각, 국가주의 서사에 맞서 대안 서사를 추구하는 접근**을 중심으로 비판적으로 성찰하고자 한다.

첫째, 학습자 중심 담론에서 역사적 사고 함양을 목표로 수업을 설계하는 경우, 역사 교과의 특성은 배제된 채 역사 교과와 무관한 활동 참여만 남을 수 있다. 학습자 중심의 역사 수업은 그간의 역사 사실의 전달 및 암기를 강조하는 수업의 폐해를 비판하는 가운데 그 중요성이 제기되었다. 구성주의와 포스트모더니즘에 따라 역사와 교육에 대한 관점이 변화하고, '배움의 공동체' 수업 방법과 이를 적용한 혁신학교 정책에 따라 학습 주체로서 학생을 강조한 수업은 역사가의 해석을 그대로 수용하기보다 학생 자신의 관점에 따라 의미를 생성하고, 판단하고, 소통하도록 가르치는 데 방점을 둔다.

학습자 중심 수업이 학생 활동 중심 수업을 의미하는 것으로 치환되면서, 이러한 맥락 속에서 나온 역사적 사고 수업은 과거인에게 감정이입해보고, 당시 상황에서 어떻게 대응해야 했을지 상상해보는 교수·학습 방법이 주종을 이룬다. 반면 과거에 대한 기록에 근거하여 해석이 만들어지는 과정을 분석하고, 이에 따른 상반된 해석을 어떻게 볼 것인가와 같이, 역사가처럼 사료를 다루는 학습 활동은 주변부에 머물고 있다.[18] 학생들의 능동적인 학습을 유도하려는 의도로 흥미를 유발하는 방식이나 학습 활동에 참여하는 것과 같은 교수·학습 방법에 치중하게 되기 때문이다. 학생의 흥미에만 기대고, 스스로 사료를 다뤄보는 인지적인 과정에 참여하도록 하지 않는다면, 사료를 다룰 때 일어나는 역사적 사고를 기대하기는 어렵다. 특히 과거 인물들의 생각을 파악하고, 행위와 의사결정에 대한 가치 판단 및 감정이입을 통해 자신의 의견을 제시하는 활동에서 사료를 다루지 않는다면 학생의 '역사하기'라고 보기 어렵다.

따라서 학습자 중심의 역사적 사고 함양 수업이 학생의 능동적 학습 참여를 진작하는 방식으로 전개될 때, 학생들이 역사가처럼 사료를 다루고, 근거를 가지고 자신의 의견을 만들어가는 것이 관건이 된다. 학습자 중심의 '역사하기'를 표방한 활동에서는 무엇보다 다음과 같은 '사료 다루기'의 기본 검토 과정이 전제되어야 한다: 사료와 사실의 관계, 사료의 불완전성과 신뢰성, 저자의 의도와 시대적 의미, 사료 간의 모순과 일관성의 문제, 사료를 보는 관점의 문제 등.[19] 역사 수업에서 사료를 다루는 양상은 사료의 성격 이해, 사료 분석 및 비판, 증거로서 사료를 바탕으로 의미를 부여하는 역사 지식 구성의 과정, 과거에 대해 설명하기 위해 설정한 인식틀의 성찰, 다른 해석의 가능성 고찰 등 어떤 점을 중시하고 어느 정도로 포괄할 것인가를 기준으로 학습 목표와 교수·학습 활동의 설계 및 실행이 다르게 나타날 수 있다. 학생들이 역사를 행한다는 의미가 학습자 중심의 역사적 사고 학습이라고 볼 때, 사료의 성격 및 사료와 사실과의 관계를 이해하고, 관점에 따른 사료 해석의 차이와 사료에 근거한 역사 서술 과정을 살펴보는 것과 같이 **사료 다루기 및 관점에 따라 역사를 해석해보기**로 '역사하기'를 재정의하는 것이 필요하다.

　둘째, 현재주의의 관점에서 과거에 접근하는 학습 활동을 구상하고, 과거를 현재의 감각에서 바라볼 때 파생되는 문제이다. 역사를 나와 상관없는 과거 사람들의 일이자 남은 기록에만 존재하는 일로 치부하지 않고, 현재를 살아가는 학습자의 삶과 긴밀히 관련시키는 것은 역사교육의 의미 있는 목적 중 하나이다. 하지만 현재의 의미체계 속에서 과거를 소환하며 현재와의 관련성을 강조할 때에는 현재와 과거의 차이를 인지하고, 현재의 인식틀로 과거의 문제를 볼 때 생겨나는 문제에 대해 충분히 유의해야 한다는 점 또한 부각되어야 한다. 현재 중시되는 가치와 교훈을 과거로부터 끌어내고, 현재와의 관련성 속에서만 과거의 가치와 효용이 조망되는 것은 경계의 대상이 되어야 한다. 현대의 감각과 관심사에 의해 과거를 바라보는 접근은 역사가로서도 불가피한 측면이 없지 않으나, 이러한 접근에 대해 충분히 경각심을 지니고 유의하지 않으면 지나친 현재주의로 흐르게 된다. 현재의 관심사가 과거를 설명하고 역사가 현재 우리의 문제를 설명해준다는 측면에서 현재주의가 일정한 역할을 하고 있다고 보는 입장에서도, 현재가 과거와 맺는 관계에 대해 끊임없이 문제제기하고 비역사적이고 탈맥락적인 접근을 지양함으로써 올바른 판단을 할 수 있다는 점을 주지시키고 있다.[20]

당대의 맥락을 걷어내고 현재의 관심과 의도로 과거를 연구하는 접근 방식에 대한 대표적인 비판은 텍스트의 의미를 역사적으로 이해하려고 한 지성사 연구자들에 의해 이루어졌다.[21] 지성사 연구자들이 비판했던 오류들을 역사교육에서도 확인할 수 있다.[22] '근대화' 등 거대한 역사 도식을 전제하고 이 도식에 맞춰 특정 인물·사상·사건에 자의적인 의미를 부여하는 설명, 민족주의·민주주의·평화·인권 등 거대한 중심 주제를 설정하고 특정 인물·사건·사상의 역사를 그러한 거대한 흐름이 만들어지고 발전하는 과정으로 설명하려는 시도, 사상과 개념을 '당대 현실'의 반영물이라고 간주하고 전자에서 후자를 읽어낼 것을 주문하는 구도,* 역사적 맥락을 고려하지 않고 과거 인물의 사상·저술·주장 등에서 오늘날 유행하는 관심사와 관련된 내용만을 읽어내는 접근으로 평등·자유·인권·여성·평화·다문화 등의 주제어에 따라 과거를 검색하는 양상 등이 적지 않게 확인된다.

역사적으로 사고하도록 가르치면서, 우리는 현재주의적 접근의 문제를 얼마나 유의하는가? 현재와의 관련성을 강조하며 현재의 렌즈로 과거를 보도록 하는 방식은 학습자의 능동적 학습 참여를 불러일으키는 차원과 역사학의 도구적 유용성 및 가치를 강조하는 입장에서 불가피하게 파생되고는 한다. 현대 사회의 문제를 인지하고 해결 방안을 모색하려는 문제의식은 과거를 보는 적극적인 시각과 능동적인 전망을 주는 측면에서 충분히 의미가 있다. 하지만 현재 중시되는 가치와 교훈을 과거 사건에서 끌어내고, 과거를 현재와의 관련성 속에서만 조망하는 것은 역사적인 접근이라 볼 수 없다. 과거 사건이 과거 그 자체의 시공간적 맥락 속에서 해석되지 않고, 현재와 단절되거나 연속된 지점을 고려하지 않으며, 차이와 변화가 전제되지 않은 채 현대의 감각 속에서 과거를 조망하도록 한다면, 역사적 사고 과정을 수반하거나 역사적 사고 활동을 거치는 학습이 이루어진다고 보기 어렵다.

역사 인물과 사건이 현재와 다른 시공간 속에 위치해 있기 때문에, 시대와 지역에 따른 차이를 비교하고 당대의 맥락 속에서 이해하고

● "사상과 개념"이 후대에 만들어진 것이라는 점에서, 그를 바탕으로 "당대의 현실"을 읽어내도록 하는 것은 지나친 비약과 일반화를 수반한다. 예컨대 '실학'이라 부를 만한 사회적·사상적 변화가 있는 시기라고 하더라도, 당시의 모든 제도를 비롯한 사회문화적 현상과 이를 기록한 텍스트가 그 변화를 반영한다고 볼 수는 없다. 즉, '실학'이라는 개념이 당시에 특정한 영역에만 존재한 경향일 수 있다는 점에 유의해서 이해하지 않고 다른 영역에도 필연적으로 나타났을 것으로 전제하고 접근하는 것은 정당화될 수 없다는 시각이다. 관련하여 리처드 왓모어, 이우창 옮김, 《지성사란 무엇인가?: 역사가가 텍스트를 읽는 방법》, 오월의봄, 2020, 273-276쪽 참조.

해석할 필요가 있다는 점을 비롯해 역사적 사고에서 공통적으로 중시되는 기본적인 전제를 주지하고 실행할 필요가 있다. 나아가 현대 사회와 현재의 생활에서 오는 문제의식이 과거를 보는 시각과 미래에 대한 전망을 제공하는 의의를 고려하더라도, **교사와 학생 모두 자신이 투영한 가치와 인식체계가 지닌 특징 및 한계를 인지하는 것**이 중요하다.

마지막으로, 학습자의 능동적 이해와 비판적 사고를 진작한다고 하면서 역설적으로 **닫힌 서사 속에서 목적론적 역사 이해를 추구하는 접근**이다. 즉 국가주의적 서사에 대항하는 대안 서사를 교수·학습하는 접근의 문제점이다. 국정 교과서 서술로 대표되는 국가주의 서사는 권위주의 정부와 국정 교과서 담론에 의해 특정한 역사인식을 전달한다는 비판을 받았다. 이에 따라 국가나 외부의 힘에 의해 규정된 역사의 교훈·가치·메시지를 학생들이 수용하도록 하는 구조는 거부되어 마땅하다고 주장하며, 역사 교과서 서술과는 다른 대안적인 관점과 내용을 제시하고 대체하려는 노력이 지속되어왔다.

이와 같이 거대 서사에 대한 비판과 대안 서사를 모색하는 과정은 학생들이 역사를 자기문제화하여 역사적으로 사고할 수 있을 것이라는 기대를 불러일으킨다. 하지만 역사적으로 사고하는 힘은 주어진 대안 서사의 인식틀 내에서 기존 서사를 비판하고 쟁점을 파악하면 저절로 생기는 것이 아니라, 학생들이 대립하는 관점과 선택지 속에서 스스로 답을 찾으려 의식적으로 노력하는 가운데 신장된다. 대안 서사를 발전시키고 도출하는 과정에도 문제가 있을 수 있다는 반성적 성찰이 없을 경우 역사적 사고 과정을 학생들에게 기대하기 어렵다.●

대안적인 역사교육의 내용과 방법의 모색은 교사의 역사교육관과 결합하여 일종의 신념화된 역사교육의 목표로 설정될 수 있다. 한국의 역사 수업에서 교사의 역사교육관의 영향력이 우세하게 나타난다는 것은 다양한 연구를 통해 밝혀졌다. 많은 역사 교사들이 '학생 스스로 사고할 줄 아는 인간으로의 성장'을 교육목표로 설정하고, 역사적 사실과 지식을 수용하는 교육의 객체가 아니라 역사적 사건과 인물에 대한 판단을 내릴 수 있는 교육의 주체로서 학생을 바라보는 관점을 지지하고 있다. 앞서 학습자 중심 담론이나 학생의 삶과의 관련성을 중시하는 관점과 일맥상통하는 측면에서, 학생이 비판적이고 논쟁적으로 역사를 다루도록 하는 교육 경험을 제공하는 것을 교사의 역할이라고 보는 것이다.

이와 같은 역사교육관을 토대로 역사적 사고력 증진을 학습 목표로 설정하고 있지만 구체적인 교수·학습 과정이 사고력의 함양과는 유리되는 상황을 초래하기도 한다. 학생들은 역사 사건에 대한 토의 중심의 학습 활동에 참여하고, 직접 자료를 읽고 자신의 생각을 글로 표현하고, 다른 사람의 의견을 공유해보는 기회를 가질 수도 있다. 타인이 어떻게 이해했는지를 경청함으로써, 다원적 시각이 존재한다는 사실을 인지하고, 이 모든 내용을 종합하여 학생 자신의 견해로 정리할 수

● 현재의 관점과 가치에 부합하고, 통념적으로 역사 사실 간의 관계를 연관지어 설명하는 완결적이고 닫힌 성격의 설명틀을 '교과서 서사'로 정의한다. 이는 교육과정과 교과서 서술 변화에 적응하고 진화하며 지속되는 성격을 지니므로, 학생들이 이를 수용하기보다 주어진 문제와 설명틀에 대한 문제의식을 지니고 사료 해석과 서사 구성에 참여하는 해체적 읽기를 통해 역사적 사고 과정에 참여할 수 있다고 본다. 김민정·최종석, 〈고려시대 '교과서 서사'의 해체적 읽기와 역사적 사고 과정의 구현〉, 《역사교육》 143, 2017.

도 있다. 하지만 사고력이 특정한 정답을 유도하는 것이 아니기 때문에 교사에게 인정받을 것 같은 의견을 만드는 것이 아니라 동료를 설득할 수 있는 역사적 견해를 만드는 자세가 중요하다.

우리의 역사적 사고 수업이 '대안 서사'의 틀 안에서 역사를 이해하도록 한다면, 특히 교사가 자신의 비판적·대안적 견해를 제시한다면, 학생들은 교사가 자신보다 잘 알고 있을 것이라는 생각에서 스스로 역사적으로 사고하려는 의욕과 가능성이 줄어들게 되고, 학습자가 중심이 되는 역사하기는 길을 잃게 된다. 교사의 사고방식과 견해도 하나의 의견이고, 교사가 어떤 사실을 중시하는가에 따라 판단이 나뉘는 것은 당연하다. 학생의 의견이 교사의 의견에 얼마나 가까운지가 아니라, **학생이 얼마나 자신의 머리로 생각하는지가 역사적 사고 과정에서 가장 중요하다**는 점이 재차 강조되어야 한다.[23]

예를 들어 '위로부터 역사'를 부정하고 '아래로부터 역사'를 지향하며 역사 기록에서 배제되고 교과서에 담기지 않은 인물의 생각과 목소리를 상상하게 하는 학습 활동을 제시한 수업 장면을 살펴보자. 만약 이 수업에서 학생이 만나는 역사가 하나의 단일한 역사적 흐름으로 정해져 있고, 단일하고 닫힌 상태의 대안 서사 형태로 받아들이게 된다면 역사적 사고 수업이라고 부를 수 없다.[24] 교과서 서술 혹은 교사의 설명에 따라 하나의 견해로 역사에 접근하는 것은 이른바 '답정너'식, 즉 '정해진 답을 묻는' 활동이 될 수밖에 없다.* 교사에 의한 대안 서사

---

* 국립국어원 우리말샘 개방사전에 정의된바, '답정너'는 "답은 정해져 있고 너는 대답만 하면 돼"라는 뜻으로, "주로 자신이 듣고 싶은 대답을 미리 정하여 놓고 상대방에게 질문을 하여 자신이 원하는 답을 하게 하는" 행위이다.

를 학생들이 수용하고, 그 가치와 의미에 합치되는 사고를 전개하는 수업 목표 설정과 학습 활동의 수행은, 앞서 살펴본 '저항의 아이콘으로서 로자 파크스'와 다를 바 없는 사회과 수업이 되고 만다. 역사적 사고를 목표로 할 때, **역사적 사고의 의미에 부합하는 사고 경험을 할 수 있는 과정**이 정교하게 마련되어야 한다. 따라서 우리는 내용과 유리된 목표를 설정하기보다는 과정과 결과로서 역사적 사고를 하도록 가르치기 위해 무엇이 논의되고 실천되어야 하는지 고심해야 한다.

3) '역사적 사고력 함양'을 위한 동학농민운동 수업 사례 분석

동학농민운동은 조선 후기 삼정의 문란과 지방 수령의 횡포에 맞선 농민들의 저항 운동으로, 반봉건·반외세적 성격을 띤 사회개혁 운동으로 다뤄진다. 중등 역사 수업에서 동학농민운동 수업 사례는 역사의 주체인 농민의 입장에서 당시의 문제를 인식하고, 감정이입적 이해를 거쳐 개혁 방안을 모색하고 의견을 제시하는 학습목표를 설정한 경우가 많다. 동학농민운동을 주제로 삼아 역사적 사고를 목표로 하는 다수의 수업에서 확인되는 교수·학습의 흐름이라고 볼 수 있다.[25]

당시의 상황에 대한 배경 지식을 지니고 있을 때 농민운동 발발의 원인을 맥락적으로 파악하고, 농민군의 행동을 감정이입적으로 이해할 수 있기 때문에,[26] 동학농민운동 수업은 해당 시기 역사 사건이 일어나게 된 배경, 발발과 전개과정을 생생한 이야기로 구성하여 전달하거나, 이야기식 설명 중간에 영상자료와 읽기 자료를 추가하여 학생들의 이해를 돕는다. 동학농민운동에 참여한 농민의 입장을 파악하고, 그들의 심정을 느낄 수 있도록 하려는 교사의 문제의식은 〈사례 2-3〉과 같

은 구체적인 학습 활동으로 표면화된다.[27]

동학농민운동에 참여한 농민의 입장과 관점을 취하는 학습 방법은 학습자 중심 수업의 취지와 통한다. 역사적인 사안을 자기와 동떨어진 것이 아니라 자기 문제로 인식하도록 하고, 농민들처럼 평범한 사람들의 결정과 참여가 역사적 변화를 이끌어냈다는 점을 인식하는 것이 필요하다고 보고 있다. 농민군에 대한 3인칭의 이해는 추체험과 공감을 통해 1인칭의 이해로 전환되고, 문제 해결 방법을 선택하고 판단하는 과정으로 이어진다.[28]

사례 2-3 〈학습지: 동학농민운동〉 저요! 저요!

1. 다음 용어의 뜻을 정리해보자.

   보국안민: 사발통문:

   고부민란: 전주화약:

   집강소:

2. 고부민란이 예전처럼 한 고을의 민란으로 끝나지 않고 전국적인 농민 항쟁으로 발전할 수 있었던 이유는?

3. 농민군에 가담한 사람들은 평상시에 '농사나 짓던' 사람들이다. 그런 그들이 전투에 임하는 심정은 어떤 것이었을까? 장성 황룡촌에서 정부의 최정예부대인 경군과 전투를 앞둔 시점의 한 농민이 되어 그의 심정을 상상해서 써보자.

4. 농민군을 진압하고자 조정이 청군의 출병을 요청한 것은 옳았을까?

5. '폐정개혁안'과 집강소 활동을 볼 때 농민들이 꿈꾸었던 나라는 어떤 나라일까?

동학농민운동에 참여한 농민들의 입장을 이해하고, 그들의 선택을 인간적으로 공감하는 것을 학습목표로 설정하면서, 학생들에게 농민군의 처지를 보여주는 자료를 제시한다. 농민들의 분노가 모여 항쟁을 일으키는 장면을 묘사하며, 당시 노래인 '새야 새야 파랑새야'를 소개하고, 〈격문〉이나 〈창의문〉을 자료로 제시하여 당대 목소리를 생생하게 들려주었다. 전주성 전투를 전후하여 농민전쟁이 전개되는 과정은 삽화와 지도, 황현의 《오하기문》과 《근대중국외교사자료집》 자료를 발췌하여 생생하고 풍부하게 전달했다. 오지영의 《동학사》에 나온 '폐정개혁 12개조'는 "노비들 중에서 농민군을 따르는 자는 물론이고 비록 농민군을 따르지 않는 자들도 모두 농민군의 힘을 믿고 주인을 협박하여 노비문서를 받아내 불사르고 강제로 양인이 되었으며"라는 기록과 함께, 신분 차별을 폐지하고 부패 관리를 척결하려는 농민들의 의지를 강조하기 위해 활용되었다.[29]

이 수업에서 학습 활동은 농민의 입장에서 서술하는 설득적 글쓰기가 초점이 되었다.[30] 상상적 글쓰기, 설득적 글쓰기를 통해 농민군으로서 전투에 임하는 마음을 그려보기도 하는데, 이는 날짜별로 일기를 쓰거나, 봉기에 반대하는 아내와 가족을 설득하는 글쓰기 형식으로 변주되기도 했다. 공통적으로 학생들로 하여금 농민군이 느끼는 어려움과 그들의 분노가 정당한 이유를 찾아 공감적 글쓰기를 하도록 했다.

이처럼 농민군의 입장에 서보는 추체험적 단계를 설정한 이유는 학생들이 농민들의 상황을 자기문제화하고, 농민군으로 참여하게 된 행위를 역사적 상황 속에서 적극적으로 알고자 하는 동기유발이 가능하기 때문이다.[31] 하지만 농민군을 매개로 학생들이 역사와 연결될 수 있다는 장점에도 불구하고, 그들을 바라보는 관점이 역사적으로 사고하는 데 한계를 지닐 수 있다는 우려도 존재한다. 학생들이 당시 농민의 심정을 상상해볼 때, 피지배층 농민은 성실히 자신의 삶을 살지만 수령으로 대표되는 지배층으로 인해 피폐한 삶을 살아간다고 상상해서 글쓰기를 하게 된다.[32] 당시 농민들을 모두 단일한 조건과 상황 속에서 살아가는 균질적인 역사 존재로 범주화하여 이해할 우려가 있는 것이다. 또한 국가의 가혹한 부세 수취 운영으로 인해 어려움을 겪는 농민들이 봉기를 일으킨다는 서사 구조로 글쓰기를 하는 경향이 생긴다. 결과적으로 다른 시대와 다른 지역에서 일어난 농민 봉기 및 그 주체와 구별되지 않은 채 '과도한 부세 수취의 문제 - 농민 봉기'로 도식화하여 이해하게 되는 문제를 야기할 수 있다. 농민과 농민 봉기에 대해 보편적인 정서에 기반을 둔 반응과 현재적인 가치를 적용한 결과 도덕적 반응을 보이게 되는 것이다.

농민군에 대한 공감적 이해는 교사가 구성한 이야기 구도와 함께 학생들의 역사 이해 방식을 형성한다. 농민군이 중심이 된 이야기는 학생들이 당시 상황과 맥락을 쉽게 이해하도록 돕는다. 농민군의 심정을 이해하는 것을 목표로 한 이야기 속에서 사료는 이야기를 그럴듯하게 보이는 근거로 배치된다. 개별 사실관계보다는 가치 있는 역사인식을 추구하는 교사의 경우 학생들에게 흐름과 맥락이 제거된 사실을 제시하여 암기를 강요하기보다 이야기를 통해 중심 메시지를 전달하는 데 주력한다. 따라서 학생들은 반봉건·반외세를 중심 메시지로 전달하는 이야기 구조 속에서 동학농민운동을 이해하게 된다.

이야기 구조에 긴밀하게 결합되어 정해진 맥락 속에서 독해되는 사료, 각기 다른 시공간에서 존재하는 민인들과 구별되지 않는 동학농민군, 교사가 교과서를 재구조화한 후 전달하는 대안 서사 속에서의 일관된 메시지가 강조되면서, 학생들이 해당 시기 인물들을 맥락적으로 이해하거나 교사와 다르게 접근하고 해석하는 것은 불가능할 수도 있다. 동학농민운동의 성격이나 의의가 반봉건·반외세라고 정리된 바를 반복해서 접하다 보면, 고정불변의 일반적인 사실로 받아들이게 된다.[33] 이는 비단 동학농민운동의 의의와 같은 주제를 다루는 수업 사례에만 해당하는 것이 아니다. 역사적 판단과 평가가 필요한 주제에 대해, 수업에서 단순화하고 통설적으로 접근하는 방식이 일상화되면서 특정한 역사 해석과 의의가 일반적인 사실이자 암기해야 할 대상으로 굳어지게 된다. 역사가의 관점이나 가치가 개입되었다고 간주하여 교과서 서술을 넘어서 자료에 대한 학생들 각자의 생각을 쓰도록 하는 활동에서도, 대안적 평가로 제시된 내용이 숙지해야 할 대상으로 고착되는 역설적 상황이 발생한다. 주어진 자료나 학습 활동을 통해서도 교사가 원하는 답을 추출할 수 없는 경우가 생기면 학생들은 다시 교과서로 돌아가서 교과서에 나와 있는 역사적 의의를 그대로 옮겨 적기도 한다.[34] 역사 교육과정과 교과서가 제시한 동학농민운동의 "의의"와 교사에 의해 부여된 "대안적 의의", 학교 역사 수업과 평가 맥락에 의해 지지되는 "의의" 등이 서로 경쟁하고 충돌하고 파편화되는 가운데 역사적으로 사고할 가능성은 희박해진다.

학생들이 반봉건·반외세의 의미를 교사가 가르쳐준 대로 도식화하여 파악하게 되면 교사가 평가하고자 한 학습 요소를 정답대로 쓸 수 있겠지만, 정작 역사적으로 사고하는 과정에는 도달하지 못하게 된다.[35] 또한 '봉건'에 대한 설명을 한정하고 단순화함으로써 학생들은 '봉건적인 것'이 왜 타도의 대상이었고 개혁이 불가피한 것이었는지에 대해 스스로 가치판단을 할 기회를 갖지 못하고 그 자체를 부정하고 전복해야 하는 역사적 대상으로서만 기억하게 된다. 학생들이 농민군을 감정이입적으로 이해하고 공감적인 역사하기에 참여했지만, 동학농민운동에 대한 교사의 관점이 그대로 투영된 역사 이해로 귀결되었다고 반성하게 되는 학습 결과이다.

활동 2-1 | **배우는 입장에서** | **역사적으로 사고해보자.**

※ 다음은 《고려사》에 나온, 공민왕이 여러 개혁 조치를 취한 이후 원 황제에게 보낸 서신 내용이다.

A: 1356년 7월
원의 황제에게 표문(表文)을 보내 아뢰었다. "어리석은 자〔공민왕〕가 목숨만을 보전하려 하니 황제께서 사정을 헤아리고 또한 용서해주지 않으시겠습니까? (…) 이제까지 기철 등은 황실과 인척관계를 맺어 원의 위엄을 빌려 권세를 떨치면서 임금을 협박했고, 남의 인민을 끝없이 빼앗으며, 남의 토지를 탈취하지 않은 것이 없었습니다. 그러나 신은 원을 두려워한 나머지 한 번도 감히 문책하지 못했으니, 백성들의 원한이 어찌 밝게 드러날 수 있었겠습니까? 기철 등은 죄악이 쌓이면 마침내 사람들로부터 용납되지 못할 것을 스스로 알아차렸으며, 또한 천하가 소란하고 전쟁이 치열한 지금 자신들이 하루아침에 제거되어 목숨을 보전하지 못할 상황이 닥칠 것을 우려하여, (…) 장차 임금과 신하들을 몰살시킴으로써 자신의 욕심을 채우려 하니, 국가의 안위와 저희들의 생사가 순식간에 갈릴 지경에 이르렀습니다. 그러나 황제 폐하의 성덕 덕분에 겨우 임기응변의 조치를 취해 역적들을 체포했으며, 또 다른 변란이 일어날 것을 우려하여 미처 보고드릴 겨를도 없이 법에 따라 그 모두를 처단했으니 진실로 황공하여 몸 둘 곳이 없습니다. 엎드려 바라건대 부디 진노를 거두시어 바다같이 넓은 은혜를 내려 불쌍하기 짝이 없는 미미한 목숨을 보전하게 해주십시오."

B: 1356년 10월

(원 황제가 고려의 잘못을 용서한다는 조서를 보냈다.) 그러자 공민왕은 원에 아뢰기를, "근래에 역신 등이 병란을 모의하여 사직을 위태롭게 하려 했지만, 다행히 폐하의 성덕에 기대어 그 화를 면할 수 있었습니다. 불끄기에 급급하여 미처 보고를 드리지 못했는데, 경솔하게 병사를 일으킨 저를 다행히 죽음을 면하게 해주시니 너무나 황공하여 드릴 말씀이 없습니다. 이미 천지나 부모와 같이 재조(再造)의 은혜를 베풀어주셨으니, 한 가지 청을 더 드리고자 합니다.

과거 원의 세조 황제께서 일본을 정벌하면서 고려 국왕을 승상으로 임명하고 정동행성의 모든 관리들의 인사권을 국왕에게 위임했습니다. 근래 정동행성의 관리들이 국왕이 행사해야 할 권한을 멋대로 침범하고, 그 가운데는 역적과 반란을 모의한 자도 있습니다. (…) 지금부터는 정동행성 관리들에 대한 인사권을 저에게 주시어 이전의 폐단을 되풀이하지 않게 하시고 정동행성 내 이문소 등의 관청은 모두 폐지하시길 바랍니다."

C: 1356년 10월

공민왕이 원에 아뢰기를, "쌍성(雙城)·삼살(三撒) 지역은 원래 고려 영토였는데, 반역자들이 여진을 꾀어 우리가 살피지 못하고 있는 틈을 타서 관리들을 죽이고 남녀 백성들을 모두 노비로 삼았습니다. (…) 최근 역신의 잔당들이 쌍성 지역 등으로 도망갔기에 수색하도록 명령했습니다. 쌍성 지역 등에 있는 세력들이 오히려 군사를 동원하여 역적을 도우니, 어쩔 수 없이 군사행동을 하게 되었습니다. 생각해보면 온 천하가 모두 왕토가 아닌 곳이 없는데, 한 뼘에 불과한 황폐한 땅을 가지고 어찌하여 내 것이니 네 것이니 하고 따지겠습니까? 엎드려 바라건대 우리의 옛 영토(쌍성 지역)를 돌려주십시오."

1. 각 자료에 나타난 공민왕의 개혁 조치는 무엇인가? 자료를 바탕으로 볼 때, 이 러한 조치는 무엇을 목적으로 한 결정인가?

	조치	목적
A		
B		
C		

2. 위 자료를 천천히 소리내어 읽으면서, 공민왕의 조치나 그 목적에 대해 알고 있던 바와 다른 부분이 있다면 밑줄을 그어보자.
   다른 사람이 표시한 부분과 비교해서 서로 토의해보자.

3. 1번 질문의 표를 작성하면서 새롭게 알게 된 사실이나, 의문이 드는 점이 있는가? 자료를 읽고 동료와 토의한 후에도 혼란스럽거나 이해하기 어려운 점이 있는가? 그 부분을 어떻게 이해할 수 있는가?

4. 공민왕 5년(1356년) 6월에 원의 연호 사용을 폐지했다. A는 1356년 7월 원의 황제에게 보낸 표문으로 원의 연호를 사용했다. 표문은 '신하가 황제에게 올리는 글'로서 엄격한 의례적 서식을 따라야 했고 해당 황제의 연호를 사용하는 것은 그 서식 가운데 하나였기 때문이다. 이러한 점에 비추어볼 때 공민왕의 '원의 연호 폐지' 조치는 지속성이 있는 결정이라고 볼 수 있는가? 공민왕의 '원의 연호 폐지' 조치의 성격과 목적에 대해 생각해보자.

5. 공민왕의 개혁 정책을 전후하여 원과 고려의 관계에서 변화된 것과 지속된 것을 찾아보자. 공민왕의 여러 개혁 조치는 어떤 성격을 지닌다고 생각하는가?
   연구자들의 평가 중에서 상반된 해석이 있는지 찾아보자.

6. 다음의 교과서는 공민왕의 개혁이 지닌 성격을 각각 어떻게 서술하고 있는가?

> 교과서 ①: 몽골식 복장·변발 금지, 정치제도와 왕실의 호칭 복구, 정동행
>   성 이문소 폐지, 친원 세력 숙청, 쌍성총관부 공격과 철령 이
>   북 땅 회복 등 자주성 회복을 우선적으로 추구하였다.
> 교과서 ②: 원의 간섭에서 벗어나기 위한 반원자주화 노력의 일환이었다.

7. 위 역사 교과서에서 공민왕의 개혁을 '반원자주화' 노력으로 서술한 이유를 생
   각해보자.
   앞선 1~5번 질문에서 탐구한 내용과 비교해볼 때, 위 교과서 서술을 그대로
   가르쳐도 좋은가?

8. '역사적으로 사고'하는 과정의 절차와 특징에 대해 다른 사람과 토의해보고, 자
   신의 생각과 공통점이 있다면 적어보자.
   ①

   ②

   ③

3. 역사적 사고를 어떻게 가르칠 것인가: 선행 연구

그렇다면 역사적 사고는 어떻게 향상시킬 수 있을까? 역사적 사고를
향상시키기 위한 노력은 한국뿐 아니라 여러 다른 나라에서도 진행되
었다. 이 절에서는 영국, 독일, 캐나다, 미국에서 논의된 역사적 사고의
개념과 교수·학습을 위한 요점을 짚어보기로 한다.[36] 여기서는 역사적

사고 기능이 아니라 역사적 사고의 핵심 개념으로 설정한 내용과 이를 키우기 위한 구체적인 교수·학습 방안에 주목했다.

1) 영국: 피터 리의 '역사 이해'

영국의 대표적인 역사교육 연구자인 리(Lee, P.)의 연구는 역사교과에 특정적인 앎의 방식으로서 역사적 사고를 규명하려는 특징을 지닌다.[37] 리는 '역사를 안다'는 의미를 세 가지로 정리했다.[38] 첫째, 역사를 이해하는 것이 세계를 보는 방법으로서 의미를 지니는 것으로, 학문으로서 역사가 지닌 특징을 이해하고 새로운 지식을 만들 때 이를 활용하는 것과 관련이 있다. 둘째 의미는 다양한 역사적 주장을 받아들일 때 비판적으로 판단하면서 그 주장의 타당성을 고려하고 자신이 가질 수 있는 편견에 대해 열린 태도를 지니는 것이다. 셋째는 과거에 대한 상을 그려 학생들이 시간 속에서 방향 설정을 할 수 있도록 도와줄 수 있다는 의미이다. 단순히 역사적 지식을 많이 아는 것이 아니라, 역사라는 학문의 특성에 따른 앎의 방식을 적용하여 역사적으로 이해하고, 이를 자신의 삶과 연관 지어 새로운 의미로 구성하는 것을 말한다.

1970년대부터 영국에서 시작된 CHATA(Concepts of History and Teaching Approaches 7-14) 프로젝트는 7~14세 학생이 역사를 어떻게 생각하는지 살펴보는 연구이다.[39] CHATA 프로젝트는 3단계로 나누어 연구 목적을 명시했다. 1단계에서는 '증거'와 '설명'에 대한 학생들의 이해가 어떻게 변화하는지 알아보는 것을 목표로 삼고, 2단계에서는 역사를 가르치는 특정한 교수법을 개발하는 것을 목표로 삼았다. 마지막 3단계에서는 교수 전략과 교육과정 맥락이 지닌 관련성을 연구하는 한편, 역사의 2차 개념*에 대한 학생들의 이해를 탐색하는 것을 목표로 삼았다.[40] 이 연구는 학생들이 증거, 설명, 원인, 합리적 이해 등을 포함한 2차 개념을 이해하는 방식과 특징을 지필 설문과 추가 면담을 통해 살펴보았다. 이러한 연구 성과를 토대로 역사 교육과정이 조직되었다. 예를 들어 1991년 영국의 역사 교육과정에서는 역사의 핵심 개념으로 연속성과 변화, 원인과 결과, 유사성과 차이점, 당대 태도를 든다.

리는 역사적 이해란 '이야기(story)'에 대해 아는 문제라고 정의한다. 이때 이야기란 상식이나 현실 세계 경험에서 얻을 수 있는 것과는 다른 차원으로, 과거에 대해서 하나의 진실된 이야기는 존재할 수 없고, 보완적이고 경쟁적이며 충돌하는 이야기들의 다층성이라는 특징을 지닌다. 따라서 과거에 대한 어떤 단일한 버전의 이야기를 배우는 것은 생생하고 타당한 역사교육을 제공하지 못한다는 점을 강조했다. CHATA 프로젝트의 전제는 '학문으로서의 역사'와 관련된 2차 개념을 통해 학생들이 역사 내용에 진지하게 접근하는 것이 가능하다는 것이다. 따라서 역사적 현상의 배후에서 작용하는 역사의 기본 원리나 역사의 핵심 개념 혹은 아이디어와 관련된 요소를 이해하는 능력이 어린 학생들에게서 진전되는 방식과, 이에 영향을 미치는 요인에 집중한 연구를 수행했다.

'과거에 대한 이야기'를 학생들이 어떻게 생각하는지 연구한 결과를

---

* 리의 '2차 개념'은 역사학의 성격 및 역사학을 연구하는 방법을 이해하는 데 필요한 개념을 지칭한다.

구체적으로 살펴보자. 이 연구는 학생들에게 "만약 두 역사가가 같은 사료를 읽고, 둘 다 거짓말을 하지 않는다면, 두 사람이 쓴 글에는 어떤 중대한 차이도 없을 것이다'라는 주장에 동의하는가, 동의하지 않는가? 왜 그렇게 생각하는가?", "'로마 제국의 종말은 476년인가, 1453년인가?' 이렇게 서로 다른 시점을 주장하는 글에 대해서 어떻게 생각하는가?"와 같은 질문을 던졌다. 학생들이 두 가지 다른 이야기가 가능하다고 말한 이유는 각기 그 기저에서 각기 다른 '차이'를 인지하고 있기 때문이었다. 그 차이는 다음 다섯 가지 차원으로 구분된다.

첫째, 단어 선택이나 조합과 같이 이야기 방식에 차이가 있을 뿐 두 가지 다른 이야기가 사실은 같은 이야기이라고 간주하는 접근이다. 둘째, 지식의 차이에 주목하여, 서로 다른 이야기는 과거에 대한 지식을 얻는 데 차이가 있기 때문이라고 본다. 셋째, '진짜 과거'가 다르기 때문이라고 보는 것으로, 서로마가 종말을 맞은 시기와 동로마의 종말 시기가 다르기 때문이라고 설명한다. 넷째, 저자의 차이에 주목하여, 저자의 실수 혹은 저자가 가진 잘못된 지식을 서로 다른 이야기의 이유로 든다. 마지막으로 다섯째는 이야기의 본질적인 속성으로, 이야기는 '서로 다를 수밖에 없다'는 점을 들어 서로 다른 이야기가 가능하다고 설명한다.[41]

이야기에 대한 이와 같은 학생들의 아이디어는 과거와 맺는 관계 역시 차이가 있음을 보여준다. 즉 이야기와 과거의 관계에 대해 학생들은 과거는 주어지는 것, 과거는 닿을 수 없는 것, 과거는 결정되는 임의의 이야기, 과거는 다소간 편향되게 보고될 수밖에 없는 것, 과거는 관점에 따라 선택·조직되는 것, 과거는 어떤 기준에 따른 질문에 답하는 과정에서 재구성되는 것 등으로 다층적으로 이해하고 있음이 확인되었다.

이처럼 과거와 역사에 대한 학생들의 이해 양상이 다양하게, 그리고 차이가 있게 나타난다는 연구 결과는 역사 수업에 어떤 시사점을 주는가? 학교 교육 없이도 학생들은 생활세계에서 다양한 이야기와 역사의식을 접하고, 특정 이야기가 무엇에 대한 내용인지 암묵적으로 이해할 수 있다는 지적에도 불구하고, 리는 역사 수업이라는 정규 교육을 통해서만 과거를 역사적으로 다루기 위해 자신이 지닌 암묵적 역사 이해를 성찰하고, 긴 시간 발전해온 역사적 연구 성과들과 대면해보는 기회를 가질 수 있다고 강조한다. 과거에 대한 '하나의 올바른 역사'를 배워야 한다는 정치인들의 주장은 영국에서도 예외가 아니었다. 이에 대해 리는 역사적 이야기가 과거를 있는 그대로 보여주지 않는다는 사실을 학생들이 이미 알고 있다는 점과, 아무런 준비 없이 경쟁하는 역사 이야기와 대면하는 경우에 나타날 수 있는 문제점을 고려해볼 때, 학생들이 **서로 다른 종류의 과거와 대면할 때 필요한 지적인 도구를 학교 역사교육이 제공**해야 한다고 주장한다.[42] 따라서 앞으로 역사교육을 통해 학생들이 자신이 살고 있는 세계를 보는 방법을 변화시킬 수 있는지, 변화시킬 수 있다면 얼마나, 또 어떤 방식으로 가능한지 탐색하는 연구가 필요하다고 보았다.[43]

2) 독일: 외른 뤼젠의 '역사의식'

과거 청산을 둘러싼 기억의 문제가 사회적·국제적 쟁점이 되면서 집단기억과 학문적 역사의 교차점에서 역사의식의 문제를 다루고 역사

교육 분야에서 본격적으로 실현 방안을 모색할 필요성이 제기되었다. 독일에서 뤼젠(Rüsen, J.)의 역사의식 논의를 바탕으로 한 역사의식 학습에 대한 연구가 대표적인 시도라고 할 수 있다.

독일의 역사이론가이자 역사교육 이론가인 뤼젠은 시간과 이야기의 관계에 주목하여 역사의식을 "기억으로 매개된 시간 경험을 실제 생활에서의 방향 설정으로 이끄는, 감정적이고 인지적이며 무의식적이고 의식적이기도 한 정신작용의 총체"라고 정의했다.[44] 역사의식을 시간 경험에 대한 개인의 서사 행위로 간주하면서, 이러한 역사 내러티브 역량에 대한 학습에 관심의 초점이 모아졌다. 뤼젠은 **역사의식의 활동을 역사 학습 차원에 적용하여 경험, 해석, 방향 설정이라는 세 차원으로 구분하여 제시하고, 역사 학습 목표로서 내러티브 역량을 설정했다.**[45]

먼저 역사 학습에서 '경험의 성장'은 과거에 대한 역사적 지식을 습득하고, 역사 지식에 대한 관심에 따라 학습하며, 습득되는 경험을 늘려가는 것을 의미한다. '해석의 성장'은 관점에 대한 것으로, 해석 관점이 역동적이고 유연하게 확장되면서 더욱 성찰적이고 논쟁적으로 변화하는 것을 의미한다. 즉 학생들이 자기중심적 관점에서 벗어나 다원적인 관점을 취하며, 관점 자체를 논증적으로 변화시킬 수 있다고 본다. '방향 설정의 성장'은 역사적 경험을 해석한 바를 지금의 자신의 실생활에 적용하는 능력이 커진다는 것을 의미한다. 역사 학습에서 경험, 해석, 방향 설정은 조화로운 균형 상태를 유지할 필요가 있다.

뤼젠에 따르면, 과거를 이야기하고 해석해서 삶의 방향 설정으로 적용하는 능력은 저절로 길러지는 것이 아니다. 이야기와 해석이 경험에 근거해야 한다는 점에서 논증과 같은 역사적 방법론에 대한 이해가 수반되어야 한다. '학습자의 주관적 관심에서 나온 역사적 견해나 해석이 어떠한 역사적 경험과 사실에 근거하는지를 점검'하는 과정이 필요하다. 이러한 전 과정은 본질적으로 학생의 해석과 해석을 통한 실천으로서 방향 설정을 중심에 두고 바라볼 필요가 있다.

이러한 관점에서 사료학습도 재조명된다. **사료학습을 할 때 학습자가 어떤 사료를 어떻게 만나는지가 역사의식 학습에서 중요한 관건**이 된다. 교과서나 학습 자료를 통해 교사가 미리 선정된 사료나 자료를 학생들에게 제시할 경우, 중요한 역사 정보를 얻는 과제를 수행할 수는 있지만 자기 스스로 역사 이야기를 만드는 방법을 학습하기는 어렵다. 학생들이 전문 역사가와 같은 엄격한 사료 비판 방법을 훈련할 필요는 없으나, 자신의 견해를 스스로 논증해보는 과정은 중요하다.[46] 학생들이 자기 견해의 근거가 되는 사료나 자료를 직접 찾아보면서 해석이 지닌 논증력을 키우는 과정에서 내러티브 역량이 신장될 수 있기 때문이다.

뤼젠은 역사의식 학습의 네 가지 형태를 전통적(traditional), 전형적(exemplary),* 비판적(critical), 발생적(genetic) 역사의식으로 범주화했다.[47] 전통적 형태에서의 역사 학습은 고정되고 불변하는 전통을 습득하는 것이다. 전형적 형태에서는 과거를 현재를 위한 교훈을 가진 것으로 보고 보편적인 원리에 따른 판단능력을 배운다. 비판적 형태에서는 현재의 가치체계를 문제화하여 과거를 단절적인 것으로 간주함으

---

* '예증적 역사의식'으로 번역하기도 한다.

로써 기존의 시간방향과 삶의 질서를 무력화시키는 시간 경험의 해석을 습득한다. 발생적 형태에서는 과거의 변화와 미래의 기대를 고려하고 종합하여, 새로워진 환경 속 변화와 발전의 개념으로 역사에 의미를 부여하는 능력을 배운다.

뤼젠은 이 네 가지 역사의식의 발달을 학습의 순서로 설명하려고 했다. 즉, 전통적 유형의 역사의식은 생활세계에서 쉽게 학습할 수 있고, 전형적 유형은 역사 교육과정을 통해 학생들에게 길러주고자 하는 대표적인 유형의 역사의식이며, 비판적·발생적 유형은 교사나 학생에게 의식적인 노력을 요구한다고 볼 수 있다. 하지만 이 네 가지 역사의식은 분명히 구분되는 고정된 유형이라기보다 서로 밀접하게 연결되고, 혼재되어 나타나며, 상황에 따라 어느 한 유형이 더 강하게 드러나기도 한다. 각각의 역사의식 유형에 따른 내러티브가 이전의 내러티브를 전제로 하여 발전하는 발전단계를 따른다는 뤼젠의 주장은 경험적 연구로 뒷받침된 것은 아니다. 오히려 이러한 내러티브 역량의 발전도식을 밝혀내는 것을 독일 역사교육의 과제로 간주한다.[48]

역사의식을 합리적인 역사서사 행위로 이해했던 뤼젠의 이론을 바탕으로, 역사의식은 학생의 생활세계에서도 전이 가능하고 적용 가능한 '역사적 사고의 과정'으로 치환되어 교육과정에 반영되었다.[49] 독일의 역사교육계가 제시한 역사적 사고 지향의 역량 모델 중 대표적인 사례로서 FUER 모델을 들 수 있다.[50] 이 모델에서는 학생들이 과거와 역사에 대해 스스로 질문을 제기하고, 자료를 토대로 과거를 재구성한 후 이를 비판적·성찰적 과정으로 해체하고, 다시 자신의 삶에 적용하는 '사고의 과정'을 제시했다.

FUER 모델에서는 구체적으로 키우고자 하는 역량을 역사적 질문 역량, 역사적 방법 역량, 역사적 방향설정 역량, 역사적 사실 역량으로 범주화했다.[51] 역사적 질문 역량은 역사적인 질문을 제기할 수 있는 역량을 의미한다. 역사적 방법 역량은 기존 해석을 분석하고 해체하면서 판단하고 (사료를 이용하면서) 과거를 재구성하는 역량을, 역사적 방향 설정 역량은 해체와 재구성의 과정을 통해 얻은 인식과 통찰을 자신과 생활세계에 적용하는 역량을 말한다.[*] 역사적 사실 역량은 역사적 사고과정에서 중요하게 이해해야 하는 원리, 개념, 범주 등에 대한 지식 역량으로, 역사 개념을 체계화하고 역사적 구조화를 가능하게 하는 능력을 아우르는 메타 역량을 의미한다.[**]

FUER 모델은 학생들이 "학교뿐 아니라 생활세계에서 마주하게 될 역사적 문제를 스스로 해결하고 방향을 잡아가기 위해서 언제라도 적용 가능한 역사적 사고의 과정"을 핵심 구조로 잡고 있다. 따라서 **역사를 학습한다는 것은 역사적으로 사고하는 과정이나 능력을 학습한다는 의미**이기도 하다.[52]

3) 캐나다: 피터 세이셔스의 '역사적 사고의 6가지 주요 개념'

캐나다 학자인 세이셔스(Seixas, P.)는 동료 모튼(Morton, T.)과 함께 역사적 사고의 6가지 주요 개념(The Big Six Historical Thinking Concepts)을 교사들에게 제안했다. 세이셔스는 브리티시컬럼비아 대학에 〈역사의식

• '역사적 지향 역량'으로 번역되기도 한다.

•• '역사적 사실 역량'이라는 번역어 때문에 단순히 역사적 사실을 아는 것으로 오해할 수 있으나, 메타 역량을 의미한다는 점에 유의해야 한다.

연구 센터)를 설립하고, '역사적 사고 프로젝트(The Historical Thinking Project)'를 주도하여 캐나다의 역사 교육과정에 상당한 영향을 끼친 연구자이다.

역사란 "우리가 과거에 대해 말하는 이야기들"이라는 정의에서 출발하는 세이셔스는 역사가와 그들이 다루는 과거의 관계에 내재한 문제에서 역사적 사고의 개념을 도출했다. 즉 역사가가 살고 있는 현재와 더이상 존재하지 않는 과거 사이의 "거리", 무한대의 무질서한 과거에 일관성과 의미를 부여하기 위해 역사가가 해야만 하는 "선택", 자신의 정체성에 수반되는 역사가의 "해석적 렌즈"라는 문제가 역사라는 학문에 내재해 있기 때문에, 역사가는 창의적인 한편 과거의 분절적인 기록들 사이를 긴장한 채 지나게 된다. **역사적 사고란 바로 역사가들이 과거의 기록을 해석하고, 역사에 대한 이야기를 만드는 창의적 과정**을 의미한다고 볼 수 있다.[53]

전 세기에 걸쳐 서로 다른 문화 배경을 지닌 모든 공동체에 통용되는 보편적인 역사적 사고의 구조는 있을 수 없다. 세이셔스는 이 점을 명료히 하면서도, 역사가 당면한 여러 문제들을 다루는 전문가로서 역사가가 역사 이야기라는 연극을 무대 위에 올리는 사람이라면, 학생들이 적어도 이 연극의 무대 뒤 밧줄과 도르래의 작동법을 이해할 필요가 있다는 점에 주목했다. 학생들은 역사적 사고의 6가지 주요 개념이라는 밧줄과 도르래가 움직이는 방식을 이해함으로써, 역사가가 과거를 역사로 바꾸고, 역사 자체를 만들어가는 과정을 이해할 수 있다.[54]

역사적 사고의 주요 개념 중 역사적 중요성은 "역사에서 배워야 할 중요한 것을 어떻게 결정하는가?"라는 문제를 다룬다. 증거는 "과거에 대해 알고 있는 바를 어떻게 알게 되는가?"라는 문제를, 연속성과 변화는 "역사의 복잡한 흐름을 어떻게 이해할 수 있는가?"라는 문제를 다룬다. 원인과 결과는 "사건이 왜 일어나고, 그 영향은 무엇인가?"라는 질문에, 역사적 관점은 "우리는 과거 인물들을 어떻게 더 잘 이해할 수 있는가?"라는 질문에 초점을 둔 개념이다. 마지막으로 개념의 윤리적 차원은 "현재를 살아가는 데 역사는 우리를 어떻게 도와주는가?"라는 질문을 다룬다.

이 6가지 개념의 상호 관계는 역동적이고 절차적이다. 학생들은 이러한 주요 개념을 익혀, 자신이 당면한 문제를 명확히 다루고, 역사적으로 사고하는 능력을 심화할 수 있다. 이 개념들은 역사적 내용이 없이는 이해될 수 없고, 역사적 내용 역시 이러한 개념 없이는 제대로 이해했다고 말할 수 없다. 예를 들어 '역사적 중요성'을 "과거 특정한 사실들이 오늘날 우리에게도 의미 있는 중요한 쟁점들과 관련되는 보다 큰 이야기의 일부로 볼 수 있다"고 전제하고, 아브라함 평원 전투라는 역사적 내용을 들어 설명한다. 즉 아브라함 평원 전투가 캐나다인에게 무척 중요한 이유는 캐나다에서 프랑스-영국의 관계에 대한 이야기, 현재를 사는 사람들에게도 영향을 미치는 이야기에서 중요한 지점을 차지하고 있기 때문이다.[55]

세이셔스는 역사적 사고의 6가지 개념에 대해 구체적인 지도 요점(guidepost)을 제시하여, 교사들이 교수·학습의 과정을 디자인하는 데 설계도처럼 활용하도록 했다. 여섯 번째 개념인 '윤리적 차원'에 대한 지도 요점은 다음과 같다.*

6.1 저자는 역사적 내러티브를 쓰면서 **암시적이든 명시적이든** 윤리적 판단을 하고 있다.

6.2 과거 행위에 대한 합리적인 윤리적 판단은 해당 행위자가 처한 **역사적 맥락**을 고려하면서 내리게 된다.

6.3 윤리적 판단을 내릴 때 과거의 옳고 그름에 대해 **현재의 기준에 맞추려는 것을 경계**하는 일이 중요하다.

6.4 역사가 주는 윤리적 함의를 정당하게 평가함으로써 우리에게 과거의 공헌, 희생, 불의에 대해 **기억하고 대응해야 할 책임**이 있음을 일깨워준다.

6.5 역사에 대한 우리의 이해는 현대의 이슈들에 대해 **현명한 판단**을 내리는 것을 도와준다. 하지만 **과거로부터의 직접적인 교훈이 지닌 한계를 인지**한다는 전제에서만 그러하다.

세이셔스는 이 같은 6개의 개념이 학습목표 설정, 교재와 교수법의 선정, 학생의 학습 결과에 대한 평가의 각 국면에서 분절되어 적용되기보다는 전 과정에 통합되어야 한다고 주장한다. 따라서 이때 **역사적 사고**는 사고 기술이나 학습 결과로 간주되기보다는 **"사고방식(habits of mind)" 혹은 "역량(competencies)"의 의미**를 지니고 있다고 보아야 한다.

4) 미국: 샘 와인버그의 '역사가처럼 읽기'와 역사 리터러시 프로젝트

미국의 역사교육학자인 와인버그(Wineburg, S.)는 동료들과 함께 역사

● 지도 요점 중 강조된 부분은 세이셔스의 표현을 따른 것이다.

적 사고와 리터러시 함양을 위한 교수·학습 방법을 모색하고, 실증 연구를 장기간 수행하여,[56] 〈역사가처럼 읽기〉 교육과정을 개발했다. 미국사와 세계사를 대상으로 개발된 〈역사가처럼 읽기〉 교재 및 교사 연수 프로그램은 미국의 여러 지역과 학교에 적용되었다. 수십 년간 미국 전역에서 실행되면서 많은 교사들에게 영향을 미쳤고, 현장 적용에 따라 수정·보완되면서 측정 가능한 교수·학습 실천으로 이어졌다는 평가를 받고 있다.[57]

와인버그는 역사적 사고가 자연스럽지 않은 인지행위임을 강조했다.[58] 따라서 '곧 연기처럼 사라질 사실들', 온라인에서 손쉽게 접근할 수 있는 정보들을 학생들에게 가르치고 암기하도록 하는 역사교육의 악순환을 끊고, 역사적 사실을 의미 있는 방식으로 습득할 것과 '질문'의 중요성을 언급했다. 먼저 역사적 사실은 학생들이 역사적 질문을 만들어내고, 호기심에 차서 답을 찾으려고 열정적으로 노력하는 과정에서 습득된다. 역사적 사실이 역사를 이해하는 데 무엇보다 중요하지만, 역사가와 같은 저자들이 사실에 의미를 부여하는 '질문'이 없다면 역사적 이해로 이어지지 않는다는 점에서 '질문'의 중요성을 강조하고 있다.

와인버그가 무엇보다 텍스트를 역사적으로 읽고 사고하도록 하는 것을 '역사가처럼 읽기'로 보고 강조하는 이유는 학생들이 앞으로 살아갈 사회가 지식과 정보가 넘쳐나는 시대이기 때문이다. 방대한 지식과 정보의 시대에 역사가들의 읽기 방식은 패턴(pattern)을 보게 하고, 모순(contradiction)을 이해하며, 개별 사실들의 바다에서 좌절하고 길을 잃었을 때 논리적으로 해석하는 것을 가능케 한다고 보았다. 물론 모든 학생들이 전문 역사가처럼 읽고 사고할 필요는 없지만, 일상생활 속에서 언론이나 대중매체가 전하는 충돌하는 견해에 직면했을 때 역사가처럼 사고하며 접근하는 것이 필요하다는 점을 강조했다.

와인버그는 **역사가의 사료 읽기 과정에서 출처 확인, 맥락화, 교차 검토와 같은 특징적인 인지적 사고를 확인하고, '역사가처럼 읽기' 모델의 방법**으로 제안했다. 출처 확인(sourcing)은 사료에 접근할 때 항상 출처를 먼저 파악한 후, 출처를 염두에 두고 사료 내용을 읽고 해석한다는 의미이다. 학생들은 사료를 받고 문서의 처음부터 읽어 내려가는 데 반해 역사가들은 사료의 맨 끝부터 눈길을 주고 출처를 확인하는 데서 출발한다는 점에 주목한 것이다. 본격적으로 자료를 읽기 전부터 이미 일련의 질문들을 가지고 접근하고 있다는 점에서, 이는 세부 사실들이 함께 연결되는 '정신적 틀(mental framework)'을 형성하기 때문에 누가 어떤 의미와 의도에서 작성했는지 그 저자에 대해 묻는 것이 필요하다는 점을 상기시킨다. "누가 썼고, 언제 썼는가?", "일기의 일부인가?", "저자는 일차적인 정보를 들을 수 있는 위치였는가, 아니면 소문을 듣고 쓴 것인가?" 등과 같이 저자에 대한 질문이 '역사가처럼 읽기'에 필수적이다. 맥락화(contextualization)는 어떤 사건이든 그 사건이 제대로 이해될 수 있는 시간과 공간이라는 맥락 속에 위치시켜 이해해야 한다는 의미이다. 즉 사료를 읽으면서 역사적 사건을 재구성할 때 사건이 언제, 어디서, 어떻게 일어났는지 집중하는 것이 필요하다. 교차 검토(corroboration)는 역사가들이 과거에 일어난 일을 탐색할 때 다양한 사료에 걸쳐 있는 접촉면을 주의 깊게 비교하고 대조하며 살펴보는 것이다.* 복수의 사료에서 공통적으로 나타난다면, 특히 상반된 입장에서 나온 사료에서도 일치되는 부분이 있다면 신뢰할 만하다고 여기게 된다.

미국의 역사교육 연구자들은 이러한 능력을 키울 필요가 있다는 점에서 역사 리터러시를 주요한 교육목표로 설정하고 있다. 와인버그가 언급한 역사 리터러시는 국어와 과학 시간에도 고유의 학습 내용이 있듯이, 역사 시간에 학생들은 역사적 저자에 대해 출처 확인을 하고, 역사 문서를 맥락화하는 법을 배워야 한다는 의미이다. 학생들이 세상에 나가 매일 뉴스를 접할 때 이와 같은 사고 기술들이 필요하기 때문에 출처 확인과 맥락화가 '역사영역에 특정적인 리터러시'(discipline-specific literacy)에 해당한다고 주장한다.

앞서 언급한 로자 파크스에 대한 수업 시나리오도 '역사가처럼 읽기' 학습 모듈 중 하나이다. 수업 시나리오는 각 사료와 학습 활동을 설명하고, 이러한 조합을 통해 각각 '목표로 하는 사고 기술'을 명시하고 있다. 그중 하나의 시나리오에서는, 먼저 학생들이 로자 파크스가 앉았을 것 같은 자리를 표시해보고, 이어 타자로 친 경찰조서와 손글씨로 작성된 경찰조서 자료를 전달받아 각 자료에 대한 신뢰 여부를 결정하고, 자료에 기반을 두고 다시 한 번 로자 파크스가 앉았을 자리를 추측하도록 한다. 마지막으로 버스 좌석 배치 그림 위에 로자 파크스가 실제로 앉았던 자리를 확인하는 활동으로 마무리된다. 이 학습 활동을 통해 학생들은 증거에 기반을 두어 사고 및 주장하기, 사료의 신뢰도 판단하기, 사료의 증거 능력 평가 및 교차 검토의 사고 능력 등이 신장

• '확증', '대조 확인'으로 번역되기도 한다.

역사교육 첫걸음

될 것으로 기대된다.

　와인버그 연구의 후속으로, 역사적 사고 증진을 목표로 한 교육과정 설계 및 실행을 설계 기반 연구(design-based research)로 수행한 라이즈먼(Reisman, A.)과 몬테사노(Monte-Sano, C.)의 연구를 대표적으로 들 수 있다. 라이즈먼은 역사적 사고를 촉진하기 위해 중심 질문을 설정하고 사료 기반 읽기 및 탐구와 토의 학습 활동으로 구성된 〈역사가처럼 읽기〉 교육과정을 테스트했다.[59] 특히 학생들이 토의에 참여함으로써 역사 지식을 만들어가는 과정을 경험하고 역사적으로 사고할 수 있다고 기대했기 때문에, 토의를 활성화하는 방법을 고안했다. 역사학에 진지하게 접근하여 학생들을 의미 생성자로서 학습에 참여시키기 위해서는 중심 질문이 학습 목표로 제시될 필요가 있다. 또한 역사 텍스트 읽기를 위한 출처 확인, 맥락화, 교차 검토 등의 활동을 포함하여, 학생들이 텍스트의 핵심 내용을 이해하는 데에서 그치는 것이 아니라 텍스트가 과거에 대한 신뢰할 만하고 그럴듯한 해석을 구성하는지 여부를 평가할 수 있도록 교육과정을 구성했다.

　몬테사노 팀은 학생들의 학문적 사고와 논증적 글쓰기 능력을 증진시키는 방편으로서 복수의 사료와 복잡한 질문을 활용하여 탐구 활동을 수행하도록 하는 방법을 강구했는데, 〈읽기. 탐구하기. 쓰기〉 커리큘럼은 그 결과물이라 할 수 있다. 역사적으로 사고하도록 고안하여 제시한 복수의 자료를 학생들이 읽고 다양한 역사 글쓰기에 참여하도록 구성했다.[60] 중등학생이 학년별로 각각 해석, 비평, 반론과 같은 특징적인 유형의 논증적 글쓰기를 사료와 함께 경험하도록 활동을 구조화했다. 이는 단순히 사료를 활용하여 글을 쓰는 것과 같이 역사에 리터러시(문해력)를 통합한 것이 아니고, 역사학 연구와 유사한 과정을 거쳐서 '역사영역에 특정적인 리터러시'를 익힐 수 있다는 점을 강조했다. 즉 역사 수업에서 이루어져야 하는 글쓰기는 정보의 인출보다는 해석이 필요하고, 기억이 아닌 사료를 활용한 글쓰기이다. 이러한 역사 논증 글을 쓸 수 있도록 사료 분석에 기반을 둔 역사학의 작업을 습득하도록 안내하는 것이 커리큘럼의 핵심 목표이다.

역사적 사고에 대한 다른 국가의 연구 성과는 공통적으로 역사적 사고가 상식과는 차이가 날 수밖에 없고, 현재의 가치와 정서와도 구별된다는 점을 지적한다. 이 같은 전제에서 출발하여 역사적 사고는 당대 맥락의 이해, 사료를 비판하고 해석하려는 시도, 역사적 관점과 해석이 지닌 잠정성과 가변성의 이해, 역사 연구 방법을 숙지한 다음 충돌하고 경쟁하는 사료·해석·논쟁을 탐구하는 능력 등을 포함한다. 이는 현실 비판적 사고, 회의적 사고, 사료를 다루는 절차적·고차원적 사고, 다원적 관점을 이해하는 능력과도 관련된다. 연구 성과에서는 공통적으로 **학생들이 역사적으로 과거에 접근하고 역사적으로 사고하는 것이 대단히 어렵다**는 점에도 불구하고, **과거와 역사를 이해할 수 있도록 가르칠 때 학생들의 생각하는 힘이 강력해지도록 키울 수 있다**고 강조한다.

4. 역사적 사고를 구현하는 역사 수업

역사 수업에서 학생들이 역사적으로 사고하도록 가르치기 위해 교사는 무엇을 알아야 하는가? 역사적 사고를 추구하는 수업이 **역사 지식**

역사교육 첫걸음

의 생성, 사료에 기반을 둔 역사 추론, 역사가들의 사고 과정 등을 경험
하도록 설계되어야 한다면, 예비 교사는 무엇을 알고 있어야 하는가,
그리고 어떤 점에 유의해야 할까? 이 절에서는 그동안 역사적으로 사
고하는 경험을 갖지 못한 상태에서 이론적으로 접하고 장기간 강조되
어오다 보니 친숙해진 '역사적 사고'의 개념을 낯설게 보면서, 학생들
이 역사적으로 사고하도록 조력할 수 있는 교수·학습 방법을 모색하는
과정을 담고자 한다. 구체적으로 "역사적 사고의 개념과 특성을 고려
한 역사 수업을 위해, 예비 교사는 무엇을 알고 있어야 하는가, 어떤 점
에 유의해야 할까?"라는 질문에 답하고자 한다.

1) 과거에 대한 역사적 질문과 탐구

역사적 사고는 '역사가처럼 사고하는 과정'을 모델로 하므로, 사료를
읽고 역사적으로 생각하는 능력을 기르는 교수·학습 방법을 적극적으
로 모색할 필요가 있다. 역사교육 연구자들은 역사가처럼 학생들이 사
료를 읽고 역사적 의미를 탐구하기 위해서는 무엇보다 '질문'이 중요
하다는 점을 강조했다.[61] 역사가들이 무엇을, 어떻게 묻는가를 좋은 참
고자료로 삼아서, **학생들이 스스로 질문을 만들고, 답하는 방법을 익혀
탐구할 수 있도록** 학습 내용과 교수·학습 방법을 고안해야 한다.

　역사적으로 사고하도록 질문을 궁리하는 교사는 학생 수준과 흥미
를 고려해야 한다는 점, 역사 지식의 생성과 해석에 참여하도록 해야
한다는 점, 역사하기의 주체로서 어떤 사실이나 내러티브를 있는 그
대로 받아들이지 않고 자기 관점을 지니고 해석하도록 해야 한다는 점
등을 고려하지 않을 수 없다. 하지만 질문을 매개로 하는 역사적 사고

수업에서 이러한 전제 조건과 목표 설정만으로 학습 내용과 활동을 구체화하기에는 부족한 면이 있다. 사료를 읽고 당시 상황에 대해 생각해볼 것을 주문하는 수업에서 학생들이 역사 주체의 관점을 인지하고, 사료의 증거 능력을 평가하고, 필요한 바를 취하고 해석하는 능력을 발휘하기까지는 상당히 복합적인 인지 능력과 노력이 요구된다.

교사의 문제의식과 반성적 사고에 토대를 두고, 역사가의 연구 과정을 탐색한 교사의 탐구 경험을 학생의 수준에 맞추어 적정화할 수 있으려면, 먼저 **교사 스스로의 '뒤집기 한판'**이 필요하다. 지금까지 당연하다고 생각한 역사적 사실과 설명 논리가 그렇지 않을 수도 있다는 논쟁 가능성을 인지하고, 다른 납득 가능한 설명을 이해하려고 노력할 때 역사적으로 사고하는 힘은 더 커질 수 있다.[62] 자신이 알고 있던 점이 인지적 균열을 맞게 되었음을 교사가 깨닫고 문제를 해결하는 역사적 사고의 과정은 학생들이 스스로 질문하고 사고하는 방법을 익히는 모델로 기능할 수 있다.

사료의 속성을 파악하고 주어진 자료의 의도와 맥락을 비판적으로 읽기, 사료에 대한 문제제기, 충돌하는 사료 등에 대한 해결 방안을 정교하게 다뤄보는 경험은 학생들을 흥미진진한 역사 탐구의 세계로 이끌 수 있다. 역사적으로 흥미를 느끼는 점을 찾도록 하기 위해서 학생들의 현재 삶의 경험세계에 토대를 두어야 하지만, 여기에 한정되면 안 된다. 현재의 관점에서 이해되지 않는 부자연스러운 점, 이해하기 어렵고 쉽사리 납득되지 않는 점에 대한 질문이 역사적 탐구의 과정으로 연결될 수 있다. 이러한 질문들은 답이 정해져 있지 않다. 오히려 여러 해석과 이야기로 열린 전개가 가능하다.

역사교육 첫걸음

과거에 대한 흥미와 호기심은 학생들로 하여금 질문을 갖게 하고, 탐구하려는 동기를 유발한다. 흔히 알고 있는 것에 대해 인지적 갈등을 불러일으키는 질문을 학생 스스로 만들어낼 수도 있다. 〈혼일강리역대국도지도〉에서 왜 중국과 조선의 크기가 압도적으로 크게 그려져 있는지, 조선 후기 어떤 한양 도성도는 왜 뒤집힌 것처럼 그려진 것인지 묻는 질문[63]은 과거를 현재와 비교해보고, 연속성과 차이의 이유 및 배경을 찾아 이해하려는 시도로 이어질 수 있다. "역사적 인물이 사람들에게 어떻게 받아들여지고 있는가?"라는 질문을 구체화하여, 유관순에 대해 미처 몰랐던 새로운 사실들이 무엇인지, 또래 학생들이 알고 있는 유관순에 대한 지식과 이미지는 유관순에 대한 기록과 일치하는지, 불일치한다면 그 내용은 무엇이고 왜 차이가 발생하는지 문제제기하고 이를 해결하기 위해 자료를 조사하는 것은 역사 탐구의 과정을 전형적으로 보여준다. 이때 기존에 알고 있던 역사지식과 동원된 자료 사이에 상이한 사실이나 해석이 보이면 역사적 진실을 판단하기 위해 무엇을 기준으로 삼는지 고찰해보는 것도 새로운 역사 탐구를 가능케 할 것이다.[64] 역사가들은 이 점을 어떻게 이해하고 설명하려고 했는지 살펴보는 가운데, 여전히 남아 있는 질문이 있다면 어떻게 해결할지 생각해보며 역사적 이해를 진전시킬 수 있다.

2) 사료 기반 쟁점 분석과 해석에 기초한 '역사하기' 구상

역사가의 질문은 자료 찾기와 자료 읽기로 이어진다. 여기에 더해 신뢰할 수 있는 자료와 견해를 찾고, 반례(counter example)를 해결하며 각 자료의 증거 능력을 평가하고, 경쟁하는 해석을 판단하는 과정이 수반되어야 타당한 역사 연구 결과를 낳는다고 알려져 있다. 특히 상반된 해석을 불러오는 사료를 납득하려는 시도는 그 과정에서 '다른 차원'의 인식 체계를 만나는 것과 같은 복합적인 인지적 사고 과정을 수반하게 된다.

이와 같은 인지적 사고 과정은 학생들에게 무척 필요하다. 현대 사회에서 매일 접하게 되는 다양한 정보를 제대로 읽고 해독하는 일은 필수불가결하기 때문이다. 다양한 매체와 메시지로 자신을 포장하고, 근거를 조작한 가짜뉴스가 난무하는 상황에서, 주어진 정보를 맥락적으로 읽고, 정보를 찾아낼 줄 알며, 신뢰성을 판단하고, 정보의 의미를 파악하고 해독하는 능력은 그 어떤 능력보다 우선되어야 한다. 이는 국어과의 문해력 접근과는 구별되는 능력으로, 과거인의 생각을 읽어내는 역사 학습을 통해 다른 관점에서 나온 자료들을 '누가' '어떤 메시지'를 '왜 만들어내는지' 특정 시공간과 사회적 맥락 속에서 판단할 수 있는 능력이라고 할 수 있다. 이는 다양한 문화 배경을 지닌 사회 구성원들이 자신과 다른 생각을 지닌 사람들을 이해하는 지평을 넓히고 합리적인 판단을 하는 데 더욱 요구되는 능력이다.

연구자들의 상반된 관점과 해석의 여지가 있는 역사적 사실들을 직접 비교·대조하여 판단하도록 하는 학습 방법을 제안하는 것은 역사가처럼 사고하는 과정을 경험하도록 하려는 취지이다. 이에 따라 역사가들의 사고 과정을 닮은 사료 탐구의 구체적인 사고 기능을 익힐 필요가 있다고 강조했다. 즉 학생들이 사료의 명시적 내용을 파악하고, 사료의 증거 능력을 평가하며, 사료 내용을 비교하고 종합하며 읽도록 하는 방안이 제시되었다.[65] 이는 역사적 사실을 단일한 서사 속에서만 이해하기보다는 여러 역사적 사실들 간의 관계를 파악하고 학생 스스로 판단하게 하는 데 유용한 방법이라 볼 수 있다.[66]

역사 연구 방법으로서 사료를 다루는 방법은 사료의 저자, 신뢰성, 시대성을 읽어내는 것뿐 아니라, 관점과 해석에 따라 사료를 달리 활용하는 법까지 확장될 수 있다. 먼저 사료의 성격을 충분히 이해하고 쟁점을 파악하여 해석에 이르는 과정을 추적하기 위해서는 상반되고 경쟁하는 사료를 제시하는 방법이 유용하다. 다양한 해석이 공존하는 역사적 사실에 관한 사료를 비교·분석함으로써 학생들이 역사를 이해하는 폭을 넓힐 수 있기 때문이다. 따라서 당시 상황을 전체적으로 보여주거나, 상이한 제작 시기와 입장을 제시하는 자료를 통해 사료에 기반을 둔 역사적 사고를 활성화시킬 수 있다.[67]

3) 역사적 사고를 경험하는 학습 활동 설계

역사가처럼 사료를 다루는 법을 배우려면 충분한 시간을 두고 사료를 분석하고, 당대 상황을 상상할 수 있는 조건이 주어질 때 가능하다고 알려져 있다.[68] 사료를 읽고 당대 상황에 대한 정해진 답을 찾아내야만 하는 상황이라면 이러한 공회전에 가까운 활동은 시간 낭비처럼 보일 수 있다. 설명식 서술로 된 교재로 역사를 배운 교사는 하나의 역사적 사실에도 이를 둘러싼 견해차가 있으며 다양한 해석이 존재한다는 것에 익숙하지 않다. 따라서 사료의 내용을 비판적으로 분석하고 해석하는 연구 경험이 부족하여 사료에 대한 문제의식이 약할 수 있다. 이 점을 감안하여 교사가 먼저 충분한 시간과 기회를 가지면서 사료를 다루는 경험을 하고, 그 뒤에 사료를 토대로 역사적으로 사고할 수 있는 다양한 학습 활동을 시도해보고 교육적 맥락에서 그 타당성을 검토하는 수업 연구 과정을 마련해야 한다.

역사적 사고를 경험하는 학습 활동을 구상하기 위해, 여러 학습 주체들이 서로 다른 관점에서 사료를 해독하고, 관점과 해석의 다원성을 인식하며 사료를 중심축으로 공전하는 법을 배우는 경험을 구체화해야 한다. 역사적 질문, 사료 다루기, 역사 연구 방법을 아우르는 학습 활동을 하려면 역사적 사고 기능이라는 방법적 절차에 매몰되기보다는 학생 스스로 탐구할 수 있도록 학생들이 배우는 데 필요한 구조를 교사가 정교하게 제공하는 스캐폴딩(scaffolding)이 필요하다.[69]

학생들에게 역사적 사고 경험을 제공하는 학습 활동을 구상할 때, 과거의 낯설고 단절적인 측면을 외국과 같은 낯선 시공간으로 상정할 필요가 있다. 인간에게 일어난 일을 설명하기 때문에 역사적 이야기가 이해하기 수월하고 친숙하다고 느낄 수 있는데, 이는 동시에 역사를 역사답게 이해하는 데 장애요인이 되기도 한다. 상식과 통념에 토대를 두고, 일상 경험에 비추어 역사를 이해할 수 있기 때문이다. 동시에 자신의 관점과 인식틀조차 특정 시공간에 따라 형성된 측면이 있다는 점에서, 과거를 거리를 두고 낯설게 볼 필요가 있고 이러한 '낯선' 세계를 보는 일은 자연스럽게 이해되는 것이 아니라 상식이라는 자연스러운 인식의 흐름을 거스르는 의식적인 행위라는 점을 교사와 학생 모두 주지해야 한다.

현재 감각으로 이해하면 쉽고 자연스러울 수 있는 것을 의식적으로 낯설게 봐야 하는 사고 과정은 별도의 인지적 도구를 요구하고, 이는 별도의 노력을 들여 배워야만 정교하고 능숙하게 쓸 수 있다. 또한 과거를 있는 그대로 이해하고 배울 수 있다는 점은 환상에 가깝다. 과거에 대한 특정한 설명틀이 이를 지지하는 사실관계에 따라 가장 적절하고 타당하다고 간주될지라도 이러한 설명틀 역시 논쟁이 가능하다는 점을 간과할 수 없고, 이러한 면이 역사적 사고를 어렵게 만든다.

따라서 학생들이 현재 본인의 인식틀에 대해 문제제기를 하면서 현재와 다른 과거의 맥락을 이해하도록 학습 활동이 구성되어야 한다. 역사가 생성되는 과정과 역사 지식의 특징을 파악하는 학습 활동을 통해, 거대 서사를 부정하고 단일 서사의 비역사성을 파악하며, 그러한 해석과 의도에 대한 비판적이고 합리적 시각을 형성할 수 있다. 앞서 예시로 든 동학농민운동 수업의 경우에도, 역사적 의의나 영향에 대해 정해진 답이 있지 않다는 점에서 "동학농민운동이 왜 반봉건이고 왜 반외세일까?"와 같이 평가의 근거를 찾도록 묻기보다는 "역사가들이 왜 그러한 평가나 판단을 내린 걸까? 그 판단은 적절하다고 생각하는가? 다르게 생각한다면 왜 그런가?" 등의 문제를 고심하는 학습 활동으로 스캐폴딩이 이루어질 수 있다.

이와 같이 역사를 어떤 형태로든 단일 서사로 수용하게 하는 접근을 지양하고, 역사가 만들어지는 과정에 대한 이해를 돕고, 역사적 의미와 해석에 참여하는 과정을 구상하기 위해서는 교사의 '반성적 성찰'이 필요하다. 이는 자신이 가진 역사교육의 목표, 역사적 이해, 학생에게 필요하다고 생각되는 학습 내용의 선정 기준, 역사하기와 같은 학습 활동의 의미 등을 대상으로 전면적이고 전폭적으로 이루어져야 한다.

학생들이 역사적으로 사고하도록 가르치기 위해서는 **역사가의 연구**

과정을 밟아보는 **학습 경로**를 마련할 필요가 있다. 그 매개로서 **교사의 역사적 사고 경험**이 필수적이고, 이를 모델로 학생들이 역사가처럼 사고하는 데 필요한 활동을 마련해야 한다. 통상적인 역사 수업 구상 절차에 더해서,[70] 역사적 사고를 경험하도록 하는 수업을 위해 필요한 고려 사항을 다음과 같이 제시하고자 한다. 단계는 수업 계획과 실행의 순서를 의미하지만 확정적이기보다는 환류의 가능성을 포함한 것으로, 각 단계나 절차는 되짚어서 순환하고 반복할 수 있다.

역사적 사고 수업 구상의 첫째 단계는 **역사 교사가 자신의 역사교육 철학과 수업에 대한 신념을 정리하고, 해당 주제에 대해 교사 자신의 역사 이해를 되짚어보는 메타적 분석**에서 출발한다. 본인이 이 주제에 대해 역사적으로 이해하는지 비판적으로 검토한다는 의미이다. 역사적 사고가 '역사가의 사고 과정'을 모델로 사고 과정과 특징을 구체화한 것이라는 점에서, 역사적으로 사고한다는 것은 역사학의 속성이나 사고의 대상이 되는 역사 주제와 동떨어져서 이해하는 것으로 보기는 어렵다. 만약 독립운동사를 어떻게 가르칠 것인가의 쟁점이 독립운동사를 역사적으로 사고하도록 가르친다는 의미에 놓여 있다면, 독립운동사의 연구 현황과 쟁점에 대한 깊은 이해가 없이 다른 어떤 역사 주제와 구분되지 않는 일련의 사고기술을 반복적으로 적용하여 숙달시키려 한다거나, 단순히 자신만의 관점이나 생각을 만드는 데 초점을 두는 목표 설정은 역사 수업으로서 의미가 없다. 독립운동사에서 무엇을 꼭 알아야 하는지, 왜 알아야 하는지, 그것은 어떻게 결정되고 재현되어왔으며 자신의 삶에는 어떤 의미가 있는지 확인하고, 앞으로도 그와 같은 의미부여나 선택에 책임질 수 있는 역사적 사고를 연습할 필요가 있다.

역사적 논쟁의 주인공이 되는 이항대립적 주체들의 입장을 선택하고, 사료로부터 근거를 찾아 자신의 의견을 발표하는 학습 활동은 역사 교과서에서도 빈번하게 확인할 수 있다. 서로 상반된 주장을 하는 역사 인물의 생각을 평가하고, 현재 상황과 관련지어 역사적으로 판단해보는 학습 활동을 구상해볼 수 있다. 이 과정에서 교사는 본인의 설명 방식이 역사적 사고의 결과인지, 그렇지 않다면 왜 그러한지 고찰하기 위해 다음과 같은 질문에 스스로 답해볼 필요가 있다.

- 나의 설명 방식과 유사한 주장을 누가, 언제, 왜 제시했는가?
- 이 주장은 근거를 지니는가? 그 근거가 되는 자료는 내적으로 문제가 없는가? 자료 간에 충돌하거나 문제가 되는 점은 없는가?
- 이 설명들은 해당 인물이나 사건을 현재와는 다른 시공간에 위치시키고 이들의 생각과 결정을 그 시공간 속에서 이해하고 해석하는가?
- 이 주장은 어떤 관점에 따라 해석하고 있는가? 특정한 관점과 해석이 논쟁 가능성이라는 속성을 견지하는가?

둘째 단계는 교사의 역사 이해와 설명 방식을 자기객관화하는 방법으로, **최근 역사 연구 성과에서 쟁점을 파악**하는 것이다. 특히 역사적으로 사고하도록 가르치기 위해서는 과거 역사에 대한 역사가의 질문과 연구 과정을 본보기 삼아 교사가 실행하고, 이를 학생이 경험할 수 있도록 학습 경로를 만들어가야 한다. 역사가가 기존 통설이 지닌 의미와 한계를 직시하고, 질문을 제기하며, 사료 분석과 해석을 경유하며 탐구해가는 과정은 사학사적 쟁점에서 두드러지게 나타난다. 교사가 이러한 점을 면밀히 살펴보는 것은 역사학 연구 과정에서 나온 쟁점을 학생들이 역사적으로 사고할 수 있는 점으로 전환하는 결정의 토대가 된다.[71]

흔히 알고 있듯이 교육과정지식(curriculum knowledge)을 활성화시키고, 교육과정 및 교과서를 분석하고 학생의 역사 이해 수준과 특징을 파악함으로써 가르칠 중요한 학습 내용을 선정하고, 학습의 순서를 정한다. 이 과정에서 최근 연구 성과를 검토하고 쟁점을 파악하는 절차를 거칠 필요가 있다. 교사가 역사가처럼 사고하는 과정을 경험함으로써 학생들이 이러한 문제에 접근하는 경로를 교육적으로 구상할 수 있기 때문이다. 역사 연구의 첫 단추가 선행연구 검토이듯이, 역사 교사가 가르칠 주제에 대한 현재의 논쟁점을 사학사적으로 검토함으로써 역사적 의미와 한계를 탐색하는 연구자의 관심과 문제의식에 주목하여 학생들에게 사료에 기반을 둔 역사적 사고의 경로를 만들어줄 수 있다. 이 과정을 전후하여 역사적으로 중요한 학습 내용을 학생들이 사고하도록 학습목표를 설정하고, 역사적인 흥미와 학습 동기를 가지고 지속적으로 탐구에 참여하도록 중심 질문을 설정할 필요가 있다. 또한 학습 자료 선정과 활동 구상 이후에도 학습목표와 중심 질문을 되짚어보고 수정할 수 있다.

셋째 단계로, **당대인의 생각**을 파악할 수 있고, **통설적인 해석이 근거로 삼고 있거나 통상적인 설명 방식에 인지적 균열을 가져오는 자료를 찾아서**, 이를 바탕으로 **정교한 발문과 인지적 학습 경로**를 구상한다. 역사가들은 과거에 대해 당연하고 자연스러운 통설적 이해를 있는 그대로 받아들이는 것이 아니라, 낯설고 이해하기 어려워서 인지적으로 균열이나 충돌을 불러일으키는 지점과 대면하여 이를 이해하려고 치열하게 사고하는 과정을 거친다.[72] 교사와 학생들이 역사가의 이러한 부자연스럽고 어려운 뒤집기 한판을 경험할 때 역사적으로 사고하는 근육이 발달할 수 있다.

따라서 사학사적 논쟁 중에서 쟁점이 되는 주요 사료를 면밀히 검토해서 통상적인 해석이나 그와 다르게 읽힐 수 있는 자료를 토대로 인지적 불일치를 야기하는 질문을 제기하여[73] 학생들을 위한 학습 자료로 재구성한다. 기존 설명틀과 충돌하고 불일치하는 새로운 역사 자료를 제공함으로써, 학습자가 문제를 인식하고 이를 해결하기 위해 질문하고 답하는 과정에 참여하도록 하는 해체적 읽기 경로를 구상하는 것이다. 이러한 학습 과정의 성공 여부는 전적으로 학생들에게 인지적 불일치를 극대화해 역사적으로 생각하도록 하는 데 달려 있다.

수업 상황에서는 복수의 자료에 대해 자유로운 질문과 토론이 가능하다. 누가 어느 시기에 작성한 글인지, 글을 쓴 정치적 의도는 무엇인지 추론하게 할 수 있다. 수업 중에 글쓰기 활동을 한다면 활동지 질문을 순차적으로 제시함으로써 학습 효과를 극대화할 수 있을 것이다. 만약 현재의 인식 체계 내에서는 쉽게 이해하기 어려운 당대의 인식임을 실감하게 된다면, 학생들이 과거와 과거인의 생각에 대해 거리를 두고 살펴보게 되는 계기를 제공할 것이다. 나아가 당대 사람들이 현재 우리와는 다를 수 있다는 점을 적극적으로 사고하게 하는 학습 활동도 구상해볼 수 있다. 예를 들어, 병자호란 당시 조선이 전쟁을 강행한 이유를 추론해볼 때, 주화론이 더 실리적이고 합리적으로 보이지만 당대인에게 절대적인 지지를 받지 못했다는 점을 상기시킨다면 학생들에게 인지적 갈등을 불러일으킬 수 있다. 전쟁이 다가오고 있고, 대비되지 못했으며 심지어 패배를 예견했음에도 불구하고 전쟁을 불사하는 당대의 결정 과정은 학생들에게 인지적 불일치를 극대화하며, 이를 해결하고 평형상태의 이해 수준으로 나아가기 위해 다층적인 사고 과정으로 확장해가게 된다.[74]

마지막 넷째 단계로, 해당 **역사 주제에 대한 교사의 관점과 사고의 과정**을 드러내줄 필요가 있다. 송상헌은 역사인식 교육의 중요성을 강조하며, 역사를 배우는 학생을 독립적인 인식자로 인정하고, 좋은 역사 텍스트라면 저자의 인식 과정을 학생이 배울 수 있어야 한다고 지적했다.[75] 역사 텍스트에 역사인식 과정이 구현되어야 한다는 주장과 같은 맥락에서,[76] 역사적으로 사고하는 역사 수업의 장면은 교사의 사고 과정이 드러나도록 구성되어야 한다. 역사가와 마찬가지로 역사 교사 역시 자기 관점을 견지하고 특정 서사를 지지하는 주체임을 드러내야만, 역사 사실의 선택과 배제, 역사적 관점의 옹호와 비판의 과정 및 결과가 적합한지 학생들이 판단할 수 있고, 그 과정 자체가 역사적으로 사고하기를 학습하는 요체가 될 수 있다.

교사의 문제의식과 사고 경로를 드러낸다는 것은 역사 지식의 생성과 역사 해석의 담론적 측면을 역사 학습의 과정으로 만드는 적극적인 행보이다. 예를 들어, 그간의 사학사를 통해 볼 때, 사대(事大)와 같은 주제는 단일한 역사인식과 이해의 차원이 아니라, 한국사(역사) 연구의 지평과 연구자들의 역사 해석에 영향을 미치고, 학계와 사회 속에서 인정받을 수 있는 타당성을 확보하는 여러 관계를 복합적으로 드러내

초점	질문
자료 2-2	**〈역사적으로 사고하기〉 수업 계획의 초점과 메타 질문**

초점	질문
1. 교사의 역사 이해에 대한 성찰	1) 이 주제에 대해 나는 무엇을 어떻게 이해하고 있는가?
	2) 내가 지금 이해한 대로 설명한다면 어떤 장점과 단점이 있는가?
2. 연구사 검토 및 쟁점 파악	1) 이 주제에 대한 통설은 무엇인가? 통설에 대해 문제제기하는 연구가 있다면 해당 연구는 이 주제를 어떻게 해석하는가?
	2) 이 주제에 대한 해석은 어떤 자료에 근거해서 만들어지는가? 연구자 사이에 특정 자료를 둘러싼 해석의 차이가 두드러진다면 그 자료는 무엇인가?
	3) 사학사적으로 쟁점이 되는 요소와 근거는 학생들이 역사적으로 사고하기에 적절한가?
3. 학생이 역사적으로 사고하는 학습 활동 설계	1) 역사적으로 중요한 학습 내용을 학생들이 사고하도록 학습목표를 설정했는가?
	2) 학생들이 역사적인 흥미와 학습 동기를 가지고 지속적으로 탐구에 참여하도록 중심 질문을 설정했는가?
	3) 쉽게 이해되지 않는 당대인의 생각을 드러내주고, 상식적이고 통설적인 이해와 인지적 충돌을 일으키는 자료를 선정했는가?
	4) 학생들이 사료의 저자, 형식, 제작 시기와 맥락 등의 분석에 참여하도록 계획하고, 인지적 불일치를 야기하는 발문을 마련했는가?
	5) 학생들이 당대 문제를 인식하고 해결하는 탐구 과정으로 학습 활동을 설계했는가?
4. 수업에서 교사의 사고 과정 드러내기	1) 학생들은 해당 주제에 대한 교사의 관점과 해석을 충분히 파악할 수 있는가?
	2) 교사의 설명은 학생들이 특정 사실의 선택과 배제나 특정 관점의 옹호 및 비판과 같은 역사적 사고의 과정을 이해하도록 돕는가?
	3) 나의 사고 과정을 드러낼 때, 학생들은 역사 지식이 생성되고 해석이 만들어지는 과정을 이해할 수 있는가?

주는 주제라고 할 수 있다. 따라서 시대에 대한 교사의 이해가 형성되고 도전받는 지점과 과정을 면밀히 복기하는 과정은 학생들에게 역사적으로 사고하는 과정의 모델로서 기능할 수 있을 것이다.

5. 나가며

역사적 사고를 신장시키는 것이 역사교육의 주요 목표 중 하나라는 점에 이의를 제기하는 사람은 거의 없다. 하지만 학생들이 역사적으로 사고하도록 제대로 학습하고 있는지 되물어본다면 결과를 장담하기는 어렵다. 이에 대해 역사교육 이론은 이상적으로 존재할 뿐이라거나 교육과정, 교과서, 평가와 같은 제도적 조건과 학습자의 배경 지식이나 이해 수준과 같은 현실적인 문제가 제약이 되기 때문이라고 설명하기도 한다. 이 장은 역사적 사고 자체의 의미를 이해하고 적용하는 차원에 주목하여, 그동안 당위, 목표, 지향으로 간주되어 실체가 명료하지 않았던 역사적 사고를 구체화하고, 학생들이 역사적으로 사고하도록 가르치기 위해서는 교사의 역사적 사고에 대한 이해가 필요하고, 이에 기반을 둔 교수·학습 과정 마련이 필요하다는 점을 강조했다.

역사적 사고 논의와 관련하여 이상과 현실, 이론과 실천 사이의 간극은 역사적 사고를 강조하며 극복하고자 한 문제의 실체와 그 문제와의 관계 설정에서 실마리를 찾을 수 있다. 전통적으로 역사 사실의 암기를 강조해온 주지주의적 접근, 국가·민족·남성으로 대표되는 발전적인 거대 서사의 전승, 권위 있는 외부 주체의 해석을 수용하도록 하는 교육목표 설정이 비판의 초점이 되었다. 그 대안으로서 학생들이 사료를 다루고 역사가처럼 사고하는 방법을 배워서 자기 관점하에서 의미를 만들어가고 해석하도록 조력하는 방향을 강조하는 흐름은 거스를 수 없게 되었다. 사회과 통합으로부터 역사과의 독립을 주장할 수 있는 근거가 되었다는 점에서도 역사적 사고는 역사교육의 목표이자 당위로 자리 잡았는데, 역사 수업에서 오히려 진지하고 절실하게 추구하지 않는 역설적 상황에 직면하게 되었다.

역사적 사고를 표방한 수업이더라도 주어진 질문에 정해진 답을 찾는 방식으로 정답에 대한 근거를 자료로부터 찾도록 하거나, 기존 담론에 대한 비판적이고 대안적 관점을 수용하도록 하거나, 현재 자신의 생각이나 관점을 전제로 과거를 이해하고 이를 현대 사회 문제의 인식과 해결에 적용하고 실천하도록 강조할 때 문제가 발생할 수 있음을 살펴보았다. 역사적 사고가 역사학의 독특한 인식 기반과 절차에 따라 과거를 해석하고 의미부여하는 것을 뜻한다면, 역사적 특성에 토대를 두고 역사를 이해하는 것이 필요하다. '민권 운동'에 대해 주어진 이야기 속에서 로자 파크스를 기억하거나, 민권 운동의 시발점으로서 영웅적 저항 행위라는 현재적 의미를 수용하는 것이 아니라, 학생 스스로 서사 속 의미와 서사 자체에 대해 의구심을 품고 생각을 키울 수 있도록 하는 교육적 배려가 요구된다.

지금까지 역사적 사고의 특징적인 면모를 파악하고 이를 가르치기 위한 교사의 수업 궁리를 역사적으로 질문하기, 사료 기반 쟁점 분석과 해석에 기초한 역사하기 구상, 교사의 비판적 성찰에 기초한 역사적 사고 활동 설계 등과 같이 절차적으로 제시했다. 이를 수행하면서,

과거를 어떻게 이해하고 어떻게 가르치고 있는가에 대한 성찰적인 복기 과정을 반복함으로써 교사는 역사적 사고가 확장되고 학생의 역사적 사고 모델 역할을 할 수 있을 것이다.

역사 수업에서 왜 역사적으로 사고하도록 가르쳐야 할까? 역사적 사고 본연의 모습을 구현한 수업을 통해 학생들은 어떤 사고력을 키울 수 있을까? 역사교육 내용이 학문 중심 교육과정과 그에 따른 방법론적 절차에 압도되어서는 안 되는 것처럼이나, 반대로 학습자에게 의미 있는 학습을 최우선으로 간주하는 학습자 중심 담론만 강조하는 것 역시 바람직하지 않다. 현대 사회 문제와의 관련성과 참여의식을 지나치게 강조하여 역사교과의 내용과 사고 방법을 도외시할 때 문제가 나타날 수 있음을 알아야 한다. 학생들에게 역사적으로 사고하도록 가르친다는 의미는 학생들이 남겨진 기록과 설명을 통해 현재와 구별되는 시공간적 맥락 속에서 과거를 과거로 특징짓는 사고방식을 갖추고, 역사를 해낸다(doing history)는 것이다. 역사적 이해, 분석, 해석에 기초한 판단을 키워야 한다는 주장은 학생 스스로 역사적 주체로서 자신의 역사적 판단력을 엄중하게 사용해야 한다는 책임감을 지녀야 함을 중시하는 입장에서 비롯된 것이다. 나아가, **역사적으로 사고함으로써 공공성을 담지하고, 책임 있는 판단과 실천을 하는 시민으로 성장**하도록 조력하는 것이다.

※ 〈자료 2-2〉(131쪽) '〈역사적으로 사고하기〉 수업 계획의 초점과 메타 질문'을
고려하여 '개화파와 위정척사파'를 주제로 한 고등학교 한국사 연차시분 수업을
계획해보자.

1. 개화파와 위정척사파에 대해서 내가 아는 것을 개략적으로 서술해보자.

개화파	위정척사파

　☞ 〈자료 2-2〉를 참고하여 '1. 교사의 역사 이해에 대한 성찰'을 위한 메타 질
　　문을 던지고 답해보자.

2. 이 주제에 대한 통설과 최근의 문제제기를 포함하여 대표적인 연구 성과를 살
　펴보고, 개화파 및 위정척사파와 관련된 연구사적 쟁점을 파악해보자.
　☞ 〈자료 2-2〉를 참고하여 '2. 연구사 검토 및 쟁점 파악'을 위한 메타 질문을
　　던지고 답해보자.

3. 고등학생들은 이 주제에 대해서 무엇을 어떻게 알고 있을까?

4. 초등학교 역사 교육과정과 교과서에서는 이 주제를 어떻게 다루는가?
　중·고등학교 역사 교육과정과 교과서에서는 이 주제를 어떻게 다루는가?

5. 고등학생의 이해 수준과 특징을 고려하여, 이 주제로 역사적 사고를 하도록 학
　습목표와 중심 질문을 설정해보자.
　• 학습목표:

　• 중심 질문:

6. 다음 자료의 주요 내용과 특징을 찾아서 적어보자.

자료	주요 내용과 특징
① 1866년 최익현의 상소문	
② 1881년 유생들이 올린 영남만인소	
③ 1881년 7월 3일 곽기락의 상소문	
④ 1882년 8월 5일 김윤식이 지은 고종의 교서	
⑤ 1997년에 역사가 한규무가 쓴 〈개화와 척사의 갈등〉(《한국근대사강의》)	
⑥ 1977년에 역사가 이이화가 쓴 〈위정척사론의 비판적 검토〉	
⑦ 중학교·고등학교 역사(한국사) 교과서 해당 주제 서술	
⑧ (필요 시 새로운 자료 조사)	

7. 어떤 자료를 선택하여 학습 활동을 구상할 수 있을까?

자료	선택 여부	선택 이유
① 최익현의 상소문		
② 영남만인소		
③ 곽기락의 상소문		
④ 고종의 교서		
⑤ 〈개화와 척사의 갈등〉		
⑥ 〈위정척사론의 비판적 검토〉		
⑦ 중·고등학교 역사 교과서		
⑧ (필요 시 새로운 자료 조사)		

8. 위에서 선택한 자료를 두고, 적절한 발문 및 활동과 조합하여 제시해보자.

   (그림이나 표와 같은 그래픽 오거나이저로 표현해보자.)

9. 위 학습 활동으로 학생들이 이해하기를 기대하는 것은 무엇인가?

   ①

   ②

   ③

10. 앞서 설정한 학습목표와 중심 질문을 검토해서 수정해보자.

    • 학습목표:

    • 중심 질문:

    ☞ 〈자료 2-2〉를 참고하여 '3. 학생이 역사적으로 사고하는 학습 활동 설계'
      를 위한 메타 질문을 던지고 답해보자.

11. 동료들과 각자 학습 활동을 구상한 결과를 놓고 비교·토의해보자.

    • 어떤 자료를 공통으로 활용하는가?

    • 유사한 자료를 활용하는데도 학습목표와 학습 활동 계획에 차이가 생기는
      이유는 무엇인가?

12. 수업에서 교사의 '역사적 사고' 과정을 어떻게 드러낼 수 있는가? 학생의 역사
    적 사고를 진작하기 위해 어떤 노력이 더 필요한지 토의해보자.

    ☞ 〈자료 2-2〉를 참고하여 '4. 수업에서 교사의 사고 과정 드러내기'를 위한
      메타 질문을 던지고 답해보자.

3장

역사 내러티브

왜 역사교육에서 내러티브를 말하는가?

1. 들어가며

내러티브(narrative)는 역사교육 분야에서 자주 등장하는 용어 중 하나이지만, 내러티브만큼 다양한 의미로 사용되는 단어도 없을 것이다. 단군신화와 같은 짧은 이야기를 내러티브라 지칭하기도 하지만 한 권의 역사 학술 서적을 일컬어 내러티브라 부르기도 한다. 나아가 내러티브는 서술 방식을 지칭하기도, 사고방식을 지칭하기도 한다. 내러티브는 학계뿐 아니라 일상생활에서도 널리 사용된다. 조립식 장난감 시리즈의 하나인 '내러티브 건담', 대중매체에 종종 등장하는 '영화 내러티브', 게임 업계에서 통용되는 '내러티브 디자인'이라는 용례에서 살펴볼 수 있듯이 '내러티브'라는 용어는 우리 생활 곳곳에서 쓰이고 있다. 이처럼 내러티브는 친숙한 용어이지만, 다양한 용례로 인해 혼란이 초래되기도 한다. 다음 〈사례 3-1〉은 세 명의 예비 교사가 항일 의병 운동을 주제로 한 수업을 보고 나눈 대화이다. 이 사례에서 각 예비 교사는 내러티브를 어떤 의미로 사용하고 있는지 살펴보자.

다음은 3명의 예비 교사 A, B, C가 항일 의병 운동을 주제로 한 강의식 수업을 보고 나눈 대화이다. 을미의병, 을사의병, 정미의병의 배경과 전개에 초점을 둔 강의 위주의 수업으로, 교사는 판서를 병행하면서 의병 운동 간의 차이를 설명하는 데 주력했다. 강의가 마무리된 후의 판서 내용은 다음과 같다.

항일 의병 운동

1) 을미의병(1895)
- 배경: 명성 황후 시해 사건과 단발령 실시
- 주도: 양반 유생층(유인석, 이소응)
- 전개: 단발령 철회, 고종의 해산 권고로 자진 해산

2) 을사의병(1905)
- 배경: 을사조약 체결
- 주도: 전직 관료(민종식), 양반 유생(최익현), 평민 의병장(신돌석) 등장
- 전개: 다양한 계층 참여

3) 정미의병(1907)
- 배경: 고종 황제의 강제 퇴위 및 군대 해산
- 주도: 양반 유생, 전직 관료, 농민, 상인 등 여러 계층. 해산 군인 가담
- 전개: 양반 유생 의병장 중심(이인영, 허위) 13도 창의군 결성 → 서울 진공 작전 전개 → 실패, 일제의 탄압으로 위축. 의병 부대는 만주 및 연해주로 이동

- **예비 교사 A**: 난 이렇게 깔끔하게 정리해서 설명해주는 강의식 수업이 좋은 수업이라고 생각해. 의병 운동 흐름이 이해되면서 요약정리가 한 번에 되잖아.
- **예비 교사 B**: 난 인물의 행위와 목적이 잘 드러나는 내러티브식 수업이 더 좋아.
- **예비 교사 A**: 내러티브? 내러티브는 역사 서술의 특징 아닌가? 인물 주어가 나오고 사건 중심 일화가 전면에 등장하는 서술이 내러티브인 것 같던데. 수업 방식은 내러티브식 수업이 아니라 이야기식 수업이라고 해야지.

- **예비 교사 C:** 내러티브는 사고방식도 있지 않나? 과학이나 수학에서는 패러다 임적 사고방식을 쓰고 역사 같은 과목에서는 내러티브 사고방식을 쓰는 것 아 닌가? 그런데 내러티브식 수업… 들어본 것 같기도 하고. 내러티브 사고방식을 써서 수업을 하면 내러티브식 수업이 되는 건가?

이 사례에서 예비 교사 B는 을미의병, 을사의병, 정미의병의 등장 배경, 주체, 전개 상황을 구조적으로 정리한 강의식 수업에 대비되는 수업을 내러티브식 수업이라 표현한다. 사건과 사건이 유기적으로 연 결되며 인물이 강조되는 수업과 요약정리 판서 중심의 수업 사이에는 차이가 있다는 것이다. 예비 교사 A는 내러티브식 수업 설명과 내러티 브 서술 방식 사이에는 차이가 있다며, 내러티브는 서술 방식이지 수 업 방식은 아니라고 지적한다. 그러자 예비 교사 C는 사고방식으로서 의 내러티브도 있음을 상기시키며 사고방식으로서의 내러티브와 수업 방식으로서의 내러티브 간 관계에 의문을 제기한다. 예비 교사 A, B, C의 대화에서 쉽게 확인할 수 있듯이 역사교육학을 처음 접하는 사람 은 '내러티브식 설명', '서술 방식으로서의 내러티브', '내러티브 사고 방식'처럼 역사교육에서 사용하는 내러티브의 다양한 용례로 인한 혼 란을 경험하게 된다. 내러티브가 서로 다른 맥락에서 다양한 의미로 사용되는 것은 역사교육계에 한정되지 않는다. 역사학계와 교육학계 에서도 내러티브라는 용어가 자주 등장하는데, 역사학자는 '내러티브' 라 하면 역사 서술, 곧 글을 떠올리는 경우가 많고, 교육학 연구자는 연 구 방법론으로서의 내러티브 탐구(narrative inquiry)를 연상하는 경우가 많다.* 내러티브라는 동일한 용어를 사용하고 있지만 맥락에 따라 지칭하는 대상과 의미가 달라지는 것이다. 역사교육은 역사학계와 교육학계 그리고 일상이 교차하는 영역에 자리하고 있기에, 역사교육을 논의하는 과정에서 내러티브가 다양한 의미로 사용되는 것은 어쩌면 자연스러운 현상이며, 내러티브의 여러 가지 용례 자체가 문제는 아니다. 그러나 용례의 다양성으로부터 초래되는 내러티브 개념에 대한 혼란은 역사 교수·학습 상황에서의 내러티브 활용 및 연구의 소통과 확장에 걸림돌로 작용한다.

여기에서는 역사교육 분야의 내러티브 연구와 논의를 분석적으로 살펴보고 역사교육에서의 내러티브 논의가 나아갈 방향을 제언하고자 한다. 그러나 내러티브라는 개념의 본질적 의미를 정의하는 것이 이 장의 목적은 아니다. 이 장은 역사교육 논의에서 다양하게 뒤섞여 사용되고 있는 내러티브의 용례를 분석적으로 살핌으로써 독자의 혼란을 줄이고, 공통된 언어를 활용하여 소통할 수 있는 기반을 넓히는 동시에 내러티브에 대한 이해를 높이고 이를 통해 역사 교수·학습 현장에서 내러티브를 왜, 어떻게 활용해야 하는가에 대한 논의를 활성화하는 것을 목적으로 한다.

• 역사교육 연구에서는 많이 다루어지지 않았지만, 1980년대 후반부터 교육학 연구에서 '내러티브 탐구'는 연구 대상이 되는 현상이자 새로운 연구방법의 하나로 주목을 받아왔다. D. Jean Clandinin & F. Michael Connelly, *Narrative Inquiry: Experience and Story in Qualitative Research*, Jossey-Bass, 2000; Janice Huber, Vera Caine, Marilyn Huber & Pam Steeves, "Narrative inquiry as pedagogy in education: The extraordinary potential of living, telling, retelling, and reliving stories of experience", *Review of Research in Education*, vol. 37, no. 1, 2013.

2. 내러티브의 의미

역사교육에서 사용하는 내러티브는 크게 두 가지 의미로 정리할 수 있다. 두 가지 의미는 서로 연관되어 있지만, 개념상 구분이 가능하다. **첫째, 내러티브는 구체적인 상황에 대한 일화, 즉 이야기**(story)를 지칭한다. 다른 말로 표현하자면 특정 시점에 일어난 하나의 이야기이다. 이때의 내러티브에서는 과거, 현재, 미래의 연속선상에서의 변화가 필수적으로 요구되지 않기 때문에 시간성이 부족하다고 여겨지기도 하는데,[1] 실제 일어났던 사건에 대한 이야기일 수도 있고, 허구의 사건에 대한 이야기일 수도 있다. 삼국유사의 단군 신화, 삼국사기의 효녀 지은 설화, 김구와 윤봉길의 회중시계 일화가 이야기로서의 내러티브에 해당하는 대표적인 사례이다. 글로 쓰여 있는 이야기이건, 말로 구현된 이야기이건 모두 내러티브라 지칭한다. 이와 같은 내러티브에서는 '인물'과 '사건'이 중심이 된다는 특징이 있다. 둘째, **내러티브는 시간의 변화 속에 일어나는 무질서하고 의미 없어 보이는 일련의 사건 간에 존재하는 관련성을 드러내어 의미를 부여하는 틀**(framework)이다.*
이러한 내러티브를 설명할 때에는 '시간', '의미', '틀'이 핵심어가 된

- 내러티브에 대한 개념 정의를 수렴한 것이다. 의미를 부여하는 틀로서의 내러티브의 개념 정의에 대해서는 다음을 참고할 수 있다. David Carr, *Time, Narrative, and History*, Indiana University Press, 1986; Jerome Bruner, "The narrative construction of reality", *Critical Inquiry*, vol. 18, no. 1, 1991; Ann Rigney, "History as Text: Narrative Theory and History", *The SAGE Handbook of Historical Theory*, edited by Nancy Partner & Sarah Foot, SAGE Publications Ltd., 2013; 박민정, 〈내러티브란 무엇인가?: 이야기 만들기, 의미구성, 커뮤니케이션의 해석학적 순환〉, 《아시아교육연구》 7(4), 2006.

다. 의미를 부여하는 틀로서의 내러티브라는 큰 우산 아래에서 역사 내러티브의 의미를 과거 재현에 둘 것인지, 아니면 역사가의 논증에 둘 것인지에 관한 논의가 전개되기도 한다. 이에 의미를 부여하는 틀로서의 내러티브를 살핀 뒤, 증거에 기초한 논증으로서의 역사 내러티브 관련 논의도 살펴보기로 한다. 비록 이야기와 의미를 부여하는 틀이라는 두 가지 의미의 내러티브가 혼용되는 경우가 많고 때에 따라서는 양자 간의 명확한 구분이 어렵지만, 강조점에 따라 서로 다른 방향의 연구가 진행되었기에 여기에서는 이를 분석적으로 살피기로 한다.

1) 이야기로서의 내러티브

이야기로서의 내러티브가 앞에서 든 예시처럼 모두 짧은 설화나 일화에 한정되는 것은 아니다. 인물과 사건이 중심이 되는 이야기로서의 내러티브는 과학적·분석적 서술과 대비되는 이야기체 서술 또한 지칭하기 때문이다. 1979년 프린스턴 대학교의 스톤(Stone, L.) 교수는 〈내러티브의 부활: 새롭지만 오래된 역사에 대한 고찰〉이라는 논문에서 내러티브란 "일어난 순서대로 내용을 조직한, 하나의 일관된(서브플롯은 추가될 수 있음) 이야기"[2]라 규정하고, 내러티브 역사를 구조적이고 과학적인 역사와 대비시키며 양자 간에는 "본질적인 방식에서 차이"가 있다고 주장했다. 정교한 수학공식을 활용하거나 경제학적·인구론적 결정론에 입각한 과학적 역사와 비교할 때 내러티브 역사는 "분석적이라기보다는 묘사적이며, 중심을 상황이 아닌 사람"에 두는 특징을 지니고 있기 때문이다.[3] 곧 내러티브에서는 인물, 사건, 묘사가 핵심어이며, 사회과학적이고 분석적인 역사와 내러티브 역사 간에 차이가 존재한다는 것이다.

이와 같은 역사 내러티브의 특성은 역사 서술에 한정되지 않는다. 말로 구현되는 역사가의 강의나 교사의 수업도 내러티브 특성을 지닐수 있다. 역사교육 개설서인 《역사교육의 내용과 방법》에서는 여러 수업 방식을 설명하면서 설명식 수업과 이야기식 수업을 비교하고 있는데, 이때의 '설명'과 '이야기'는 각각 스톤의 논문에서 나타난 과학적·분석적 역사와 내러티브 역사에 준하는 것이다.

이야기를 통한 학습은 과거에 대한 논리적 탐구나 과학적 이해를 목표로 삼지 않는다. 대신 하나의 사건을 인물의 행위, 의도, 동기, 목적, 이유 등을 중심으로 이해하고자 한다. 예를 들어 4·19 혁명을 원인, 경과, 결과의 순서로 제시하는 것이 설명식 수업이라면, 이야기식 수업은 장기 집권을 위한 이승만 대통령의 야욕, 3·15 부정 선거, 부정 선거에 대한 구체적인 인물들의 저항 등 인물들의 행위와 그 목적 등을 다루는 것이다. 따라서 이야기식 수업은 교사가 사건의 시초에서 절정, 결말에 이르기까지 시간의 순서대로 인물들의 행위를 중심으로 제시한다.[4]

인물과 사건을 중심으로 묘사적 서술을 하는 이야기로서의 역사와, 일반법칙이나 통계자료 분석에 기초하며 사회과학적 특성을 강조하는 역사를 구분지어 논하는 모습을 종종 찾아볼 수 있는데, 이때의 이야기로서의 역사를 내러티브라 표현하는 경우가 종종 있다. 1979년 스톤은 프랑스의 아날학파, 마르크스주의 역사학, 미국의 계량역사학의 성장기를 돌아보면서 이후 역사학에서는 묘사적이며 인물 중심적인, 집단보다는 개인에 초점을 둔, 과학적이기보다는 문학적인 내러티브 역사가 성장할 것이라 예측했다. 역사가 다루어야 하는 주된 내용에서 전환(망탈리테로의 전환)이 나타날 것이라 보았던 것이다.[5] 스톤과는 다른 방향의 예측을 한 경우도 있었다. 프랑스 사학자인 르 루아 라뒤리(Le Roy Ladurie, E.)는 1980년대에 들어서면 "역사가들은 전부 컴퓨터 프로그래머가 되어 있거나, 아무런 일도 못하고 있을 것이다"라고 예측했었다. 우리가 익히 알고 있듯이 르 루아 라뒤리의 예측은 현실로 구현되지 않았다.[6] 2000년대의 역사가에게도 컴퓨터 프로그래밍이나 코딩 교육이 필수적으로 요구되지 않았다. 스톤의 논문 발표 이후 경제학적·인구론적 결정론 또는 계량적 데이터에 입각한 20세기 중반 과학적 역사가 지속적인 쇠퇴의 길을 걷긴 했지만, 인물·사건 중심의 내러티브 역사가 역사학의 주류를 형성할 것이라는 스톤의 예언 역시 적중하지 않았다.* 비록 스톤의 예언이 현실화되지는 않았지만 1970년대 이후 역사철학계는 내러티브에 많은 관심을 기울이게 되는데, 이때의 내러티브는 두 번째 의미의 내러티브, 곧 의미를 부여하는 틀로서의 내러티브 성격을 나타낸다.

• 홉스봄(Hobsbawm, E.)은 스톤 논문이 발표되었던 당시 스톤의 주장을 반박하면서 미시세계(microcosm)와 거시세계(macrocosm)의 문제는 연구를 할 때 어떤 테크닉이 적절한지를 선택하는 문제이지 역사학의 조류가 바뀌는 것으로 보기는 어렵다는 의견을 표명했다. 또한 스톤과 달리 홉스봄은 르 루아 라뒤리의 《랑그도크의 농민들》과 《몽타이유》 사이 또는 뒤비(Duby, J.)의 봉건사회에 관한 저작과 부바인 전투에 대한 저작 사이에 모순이 있다고 보지 않았다. Eric J. Hobsbawm, "The Revival of Narrative: Some Comments", *Past & Present*, no. 86, 1980; 에릭 홉스봄, 강성호 옮김, 《역사론》, 민음사, 2004.

역사교육 첫걸음

2) 의미를 부여하는 틀로서의 내러티브

의미를 부여하는 틀로서의 내러티브가 논의의 주요 무대에 등장한 것은 자연과학과 차별화되는 역사학의 고유성을 확인하려는 일련의 움직임 속에서였다. 과학적·분석적 역사와 대비되는 이야기로서의 역사도 내러티브 역사라 표현하지만, 좀 더 넓은 의미에서 자연과학과 역사학의 차별성을 내러티브성으로 파악하는데, 이때의 내러티브성은 인물 중심의 묘사보다는 시간의 변화 속에 일어나는 무질서하고 의미 없어 보이는 일련의 사건 사이에 존재하는 관련성을 드러내어 의미를 부여하는 작업을 지칭한다. 이처럼 의미를 부여하는 틀로서의 내러티브 논의의 전개를 파악하기 위해서는 1940년대 초반부터 활발하게 전개되었던 분석철학 논쟁을 살펴볼 필요가 있다.

분석철학 논의는 일반법칙에 기초한다는 점에서 역사학에서의 인간 행위 설명이 자연과학에서의 설명과 본질적으로 차이가 없다는 헴펠 (Hempel, C.)의 주장과 이에 대한 반론을 중심으로 진행되었다. 헴펠은 역사학에서도 과거 일어난 일을 설명할 때 사건이 일어난 조건과 일반법칙을 활용하여 특정 현상을 연역적으로 설명하며, 이런 점에서 자연과학에서의 설명과 공통점을 갖는다고 주장했다. 어떤 현상을 설명한다는 것은 명시적으로건 암묵적으로건 조건의 진술과 법칙의 적용을 통해 이루어진다는 것이다. 과학과 역사에서의 설명은 법칙을 활용하는 정도에서는 차이가 있을지언정, 종류의 차이는 아니라는 논지이다. 그런데 이와 같은 헴펠의 주장은 과학과 역사의 차이에 관한 논쟁을 불러왔고, 과학과 역사라는 이분법적 틀을 전제로 역사 서술의 특징을 탐구하려는 노력이 이어졌다.[7] 곧 분석철학 논쟁은 과학과는 대별되는 역사학의 고유한 특성을 역사 서술에 초점을 두고 전개되었다. 역사가 과학에 가까운지 예술에 가까운지, 역사에서의 설명이 헴펠이 주장했듯이 포괄 법칙을 사용하는지, 아니면 드레이(Dray, W.)가 주장했듯이 합리적 행위 이론을 따르는지가 논쟁의 중심을 구성했다.[*] 헴펠의 포괄법칙에 따른 설명이 역사에 적용되지 않는다고 주장하는 쪽에서는 인간이 특정 행위를 하게 된 목적, 동기, 이유를 이해하는 것이 중요하다고 주장했다.[8] 과거에 일어난 일을 설명하는 데 중요한 것은 행위가 나타났던 조건과 특정 조건에서의 행위를 설명해줄 수 있는 법칙을 적용하는 것이 아니라, 행위자에 대한 감정이입적 이해라는 것이다.

논쟁이 지속되는 과정 속에서 내러티브성이 주목받기 시작했다. 단토(Danto, A.)가 주장한 역사학의 내러티브성, 곧 역사학은 인간 세계의 시간적 변화를 서술하는 것이라는 주장[9]처럼 역사 연구와 서술의 고유한 특성으로 논의의 무게 중심이 옮겨갔고, 그 흐름 속에서 헴펠이 불을 붙였던 과학 대 역사 논쟁은 잦아들었다.[**] 과거의 모든 사건을 직접 목격하고 모든 사건에 대한 자세한 서술을 남긴 이상적인 연대기 작가(ideal chronicler)가 존재한다고 할지라도, 단토는 이 작가의

• 헴펠과 드레이의 논지에 대한 보다 상세한 내용은 양호환·이영효·정선영·송상헌·김한종, 《역사교육의 이론》, 책과함께, 2009를 참고할 수 있다.

•• Jörn Rüsen, "A turning point in theory of history: The place of Hayden White in the history of Metahistory", *History and Theory*, vol. 59, no. 1, 2020, p. 95. 역사학에서의 과학논쟁과 단토의 내러티브 설명에 대해서는 최호근, 〈내러티브와 역사교육—역사 내러티브의 구조 이해와 활용을 위한 시론〉, 《역사교육》 125, 2013, 108-113쪽을 참고할 수 있다.

서술은 역사 서술이 가지는 내러티브적 특성을 나타내지 못한다고 보았다. 사건에 의미를 부여할 수 있는 시간적 위치를 확보하지 못한 채 서술이 이루어지기 때문이다.[10] 단토의 설명은 내러티브 특성을 지니는 문장 서술에 초점을 맞추고 있지만, 이후 이어진 내러티브 논의에서 내러티브성은 인물, 사건, 묘사 중심의 이야기로서의 내러티브보다 범위가 넓은, 의미를 부여하는 틀로서의 내러티브에 중심을 두고 있다. 의미를 부여하는 틀로서의 내러티브는 역사가가 판단하는 역사적 중요성에 따른 의미 부여와 시간을 강조하는데, 이때의 시간은 사건이 일어난 순서를 넘어선다. 단토의 설명에서도 언급되었듯이, 시간 속 변화(또는 연속성)는 과거에 부여하고자 하는 의미와 직접적인 연관을 가지기 때문이다.

의미를 부여하는 틀로서의 내러티브는 1970년대부터 여러 분야에서 상당한 주목을 받았고 역사교육 연구도 내러티브에 관심을 기울이기 시작했다. 특히 이 시기에는 과거를 이해하는 과정에서 언어가 수행하는 역할이 강조되기 시작했고, 과거에 일어난 여러 사실과 사건을 원인과 결과, 배경과 전개로 엮어내고 이를 이해하는 데 내러티브가 어떤 역할을 하는지, 나아가 시간의 변화 속 과거에 의미를 부여한다고 할 때 내러티브가 과거의 재현을 가능하게 해주는 도구인지, 아니면 과거를 재료로 역사를 창조해내는 것인지를 둘러싸고 논쟁이 벌어졌다.[11]

이처럼 두 번째 용례의 내러티브는 이야기로서의 내러티브보다 넓은 범위를 아우른다. 사회과학적 성격을 가지며 과거의 제도와 상황을 분석하는 역사 서술도, 구체적인 인물을 중심으로 당대의 심리나 담론

※ 역사교육에서 사용되는 내러티브는 크게 두 가지 의미로 사용된다. 일어난 순서에 따르며 인물과 사건을 중심에 두는 이야기로서의 내러티브와, 시간적 변화 속에서 사실이나 사건의 관련성에 의미를 부여하는 틀로서의 내러티브가 그 두 가지에 해당한다. 다음 예시는 각각 어떤 내러티브인지 추론해보고, 그렇게 생각한 근거를 말해보자.

〈예시 1〉"대한제국의 전직·현직 관리들 중에는 스스로 목숨을 끊어 을사조약에 항거한 사람들도 있었어. 조병세, 홍만식, 이명재, 이상철, 송병선, 김봉학, 민영환… 특히 고종 황제의 외사촌으로 오랫동안 권력의 핵심에 있었던 민영환의 죽음은 백성들에게 적잖은 충격을 주었어. 그가 남긴 유서에는 정부 대신으로서 조약 체결을 막지 못한 점을 2천만 동포 형제에게 사과한다고 쓰여 있었어. 자신은 죽어도 죽지 않고 저승에서 동포를 도울 것이니 모두 마음을 하나로 모아 자유와 독립을 회복해달라고, 그러면 자신은 죽은 몸이라도 저승에서 기뻐 웃을 것이라고 했지." 훌쩍, 하고 콧물을 들이마시는 소리에 아이들의 시선이 한꺼번에 허영심에게 쏠렸다. 겸연

〈민영환의 유서〉
민영환은 죽기 전에 유서 2통을 남겼어. 사진 속 유서는 2천만 동포에게 보내는 것으로, 명함에 연필로 휘갈겨 썼어. 민영환의 죽음은 사람들에게 큰 충격을 주었어.

쩍어진 영심이 얼른 눈가를 문질렀다. "으, 왜 아까 선생님이 귀신도 울고 갈 일이라고 했는지 알 거 같아요." "맞네… 나라가 망하게 생겼으니 산 사람이고 죽은 귀신이고 다 분해서 울었을 거야." 고개를 주억거리던 장하다가 "그치만 울고만 있을 순 없잖아요!" 하고 소리쳤다. "아무렴! 강제로 을사조약을 맺고 대한제국을 집어삼키려 드는 일본에 맞서기 위해 의병이 다시 일어났지! 을미년에 일어났다가 잦아들던 의병 운동이 다시 불붙게 된 거야. 이번에도 양반과 유생들이 나서서 의병 부대를 이끌었어. 대표적인 사람이 최익현이야. 그는 이미 일흔 살도 넘은 나이에 직접 의병장으로 나섰어."[12]

〈예시 2〉 의병 전쟁의 효시와 전개

의병 전쟁(義兵戰爭)의 효시는 척사 유생들이 1895년 일제가 자행한 명성왕후 시해와 단발령 등에 불만을 품고 일어난 을미 의병 운동까지 소급된다. 대표적으로 춘천의 이소응(李紹膺) 의병 부대와 제천의 유인석(柳麟錫) 의병 부대를 들 수 있다. 그러나 이들의 의병 운동은 아관파천을 거쳐 고종이 정국을 장악하면서 자진 해산했다.

한말 의병 투쟁의 제2의 파동은 1905년 을사늑약 전후의 투쟁이었다. 1904년 7월 교외의 군인들이 반일 의병 활동을 시작한 가운데, 1905년 4월에 들어와서는 활빈당 등 농민 무장 세력의 주요 활동지였던 경기도, 강원도, 충청도, 경상북도 일대에서 의병들이 봉기했다.

이러한 민중의 반일 의병 항쟁에 자극을 받은 양반 유생들도 각지에서 의병을 조직했다. 1905년 5월 원주에서 원용팔(元容八)·박정수(朴貞洙), 단양에서 정운경(鄭雲慶), 지평에서 이문호(李文鎬), 광주에서 구만서(具萬書) 등이 의병을 일으켰다. 그리고 을사늑약이 체결되자 1906년 3월 충남 정산에서는 전 참판 민종식(閔宗植)이, 6월에는 전북 태인에서 최익현(崔益鉉)이 의병을 일으켰다. 이때 고종은 민씨 척족을 매개로 최익현 등 양반 유생들에게 밀지(密旨)를 하달함으로써 이들 의병의 정당성과 합법성을 부여했다. 그러나 이들 대부분의 유생 의병장은 휘하 의병들이 오합지졸인 데다가 전술 구사력이 떨어져 일본군과 정부군에 포위당하자 곧 의병 부대를 해산하고 자신도 정부군에게 체포되어 한 차례도 전투를 치르지 못한 채 의병 항쟁을 끝내고 말았다.[13]

을 재현하는 역사 서술도 모두 의미를 부여하는 틀로서의 내러티브에 포함되기 때문이다. 자연히 의미를 부여하는 틀로서의 내러티브를 논할 때에는 분석적 설명과 인물 중심 묘사라는 이분법적 구분이 중요하게 다루어지지 않는다. 시간의 변화 속에서 의미를 부여하는 틀로서의 내러티브는 인간이 세계를 인지하는 방식 중 가장 원초적인 방식의 하나로,[14] 인간은 내러티브와 함께 삶을 이어왔고,[15] 내러티브에 대한 이론적 논의는 지속적으로 전개되어왔다. 즉 의미를 부여하는 틀로서의 내러티브가 이 시기에 새로이 등장한 것은 아니었다. 여기에서는 이야기로서의 내러티브와 의미를 부여하는 틀로서의 내러티브 논의가 활발하게 전개되었던 시기를 중심으로 설명을 전개함으로써 양자 간의 차이를 분석적으로 제시하고자 했다.

3) 내러티브 이론과 증거에 기초한 논증으로서의 내러티브

1970년대부터 역사 관련 학계를 중심으로 진행된 역사 내러티브 논의는 이전의 내러티브 논의와는 차별성이 있었다. 1970년대 이후의 논의에 기초하여 '내러티브 이론' 또는 '내러티비즘(narrativism)'이라 지칭되는 관점이 통용되기 시작했으며, 현재 **내러티브 이론은 역사학을 바라보는 하나의 관점 또는 이론적 경향**으로 받아들여지고 있다.[16] 내러티브 이론 논의에서는 과거 실재(reality)를 재현(representation)하는 것과 역사 내러티브가 어떤 관계를 맺고 있는지를 중심으로 논쟁이 진행되었는데, 이 과정을 거치면서 의미를 부여하는 틀로서의 내러티브는 새로운 차원에서 논의되기 시작했다.

내러티브 이론은 역사철학자들과 역사이론가들로 하여금 역사 연구와 서술의 관계, 경험을 문자로 표현하는 문제, 역사 재현의 본질, 진리와 객관성 등 역사학을 수행하는 데 등장하는 주요 이슈를 돌아보게 했다는 점에서 의미가 있었다.[17] 내러티브 이론은 특히 역사에서 인간 경험의 재현이 어떤 의미이며, 일어났던 사건으로서의 과거와 역사 서술의 관계를 어떻게 보아야 하는지에 관한 문제를 제기했다. 역사 서술이 과거를 재현한다는 고전적 전제에 의문을 제기한 것이다. 역사 서술이 과거를 거울과 같이 보여준다는 단순한 재현에 대한 비판은 기존에도 있었으나, 내러티브 이론 논의는 역사 서술의 기본 전제를 문제시했다는 점에서 새로운 측면이 있었다. 《메타 역사: 19세기 유럽의 역사적 상상력》을 포함한 화이트(White, H.)의 저작과 주장은 이 시기 내러티브 이론을 논의할 때 자주 언급되는데, 이는 화이트의 주장이 역사 재현의 본질과 관련하여 도발적인 문제제기를 한 대표적인 예로 인식되기 때문이다.[18] 화이트는 실제 있었던 과거에 대응하는 서술을 한다는 점에서 역사학에서의 서술과 문학에서의 저작이 차이를 보인다는 대전제에 의문을 제기했다. 이후 역사에서의 사실-허구 논쟁은 상당 기간 진행되었다. 다음 두 인용문은 역사 서술에 대한 화이트의 입장을 잘 보여준다.

여러 사건을 엮어내어 이해 가능한 이야기를 구성하기 위해 역사가는 여러 사건을 플롯 구조의 상징적 중요성으로 채워낸다. 역사가들은 본인들의 작업이 '사실'을 '허구'로 번역하는 일이라 간주하지 않겠지만, 역사가 작업의 결과에는 이런 작업이 포함된다.[19]

역사 서술이나 소설을 읽으면 양자 간에 상당한 유사성이 있음을 쉽게 알 수 있다. 형식논리 측면에서 살펴보았을 때 역사 서술 중 소설로 간주할 수 있는 서술이 상당수 있고, 소설 중 역사 서술로 간주될 수 있는 것도 상당수 존재한다. 단순히 서술 측면에서 살피면, 역사 서술과 소설은 구분하기 어렵다. 역사 서술과 소설이 추구하는 진리가 어떤 것인지에 대한 선지식을 가지고 들어가지 않는 이상, 형식적 측면에서는 양자 간의 구분이 불가능하다는 뜻이다. 소설가의 목적은 역사가의 목적과 크게 다를 바가 없다.[20]

역사 서술이 기본적으로 과거 사실의 재현이 아니라 역사가의 구성물이라는 화이트의 주장은 역사 연구의 성격, 과거 실재와 역사 서술의 대응 문제 등에 관한 논쟁을 불러왔다. 다소 급진적인 화이트의 주장에 적극 동조하는 역사가가 많지는 않았지만, 화이트의 문제제기를 통해 역사가의 역할 및 역사 내러티브에 대한 관심이 높아졌다. 나아가 역사 내러티브를 보는 새로운 시각으로서의 내러티브 이론은 역사학 연구와 서술을 설명하는 하나의 관점으로 자리 잡게 되었다.[21] 내러티브 이론에 입각한 연구는 과거에 대한 내러티브가 과거의 실재를 그대로 담아내는 것을 목적으로 해야 하는지에 대한 의문을 제기했고, 과거를 서술한 내러티브에 과거 실재에는 없는 것이 존재하기에 과거 실재를 그대로 담아내는 것이 역사 서술의 목적이라 말할 수 없다고 주장했다. 과거 자체에는 내러티브 구조가 없지만 과거 사건을 말이나 글로 재현하고 해석하는 과정에 내러티브가 활용되고 내러티브를 통해 의미가 부여된다는 것이다. 다른 말로 표현하자면 과거 자체에는 시작, 중간, 끝이 있지 않지만, 과거를 재현한 내러티브에는 사건의 시작, 중간, 끝이 있으며, 이를 통해 사건의 완전성이 추가되고 의미가 더해지게 된다. 과거에 대한 내러티브는 일어났던 과거를 거울에 비추듯이 재현해낸 것이 아니라 역사가가 구성하는 것이며, 이런 측면에서 내러티브는 역사가의 주관이 반영된 창조물이라는 주장이다. 한 예로 프랑스 혁명의 '끝'이 미슐레(Michelet, J.)의 서술에서는 1794년에 있었던 로베스피에르(Robespierre, M.)의 죽음으로, 칼라일(Carlyle, T.)의 서술에서는 나폴레옹(Napoleon)의 쿠데타로, 퓌레(Furet, F.)의 서술에서는 1870년 제3공화국의 성립으로 나타나는데, 이는 있었던 과거를 반영하여 나타나는 현상이 아니라 역사가의 해석이 작용하며 나타나는 내러티브의 구성 문제이다.[22] 타임머신을 타고 과거로 돌아간다고 하더라도 프랑스 혁명의 정확한 시작, 중간, 끝이라는 이정표를 찾을 수는 없다.

내러티브 이론 논의가 어느 정도 소강상태를 보이는 현재 시점에서 이전 논의를 돌아볼 때 화이트의 저작과 주장은 분명 중요한 위치를 점하고 있다. 그러나 그 중요성은 화이트의 논지가 여과 없이 역사학계에 받아들여졌기 때문이 아니다. 내러티브 이론 논의는 역사학계가 특정 사료나 진술에 대한 논의를 넘어서 역사 내러티브에 대해 깊이 고찰하는 계기를 제공했다는 점에서 의의가 있었고, 과거 사실을 종합하는 과정에서 내러티브의 역할을 이해하는 데에도 도움을 주었다.[23] 현재에도 내러티브를 보는 관점은 여전히 다양하다. 화이트를 비롯한 내러티브 이론가의 주장에 귀를 기울이지 않는 경우도 있고, 주장의 핵심은 파악했더라도 반박을 제기하는 경우도, 주장에 전적으로 동조하지는 않지만 필요성을 인정하는 경우도 있다. 그러나 내러티브 이론 논쟁 이후 역사 내러티브는 역사가가 구성하는 것이라는 점은 대다수에게 받아들여지고 있다.

포스트 내러티비즘 시대, 곧 내러티브 논쟁이 소강상태에 접어든 현재 역사가가 구성하는 내러티브를 바라보는 입장은 크게 두 가지로 정리할 수 있다. 역사가가 내러티브를 구성한다는 것은 과거에 의미를 부여한다는 것인데, 두 입장은 어떤 의미가 어떻게 부여되는가에 대해 서로 다른 주장을 한다. 첫째는 **역사 내러티브란 완벽하지는 않아도 일정 정도 과거를 재현한다**는 입장이다. 이 입장을 취하는 논자들은 과거와 역사가가 서술하는 텍스트 사이의 복잡성을 다양한 방식으로 설명한다. 내러티브 이론 논의 이전에는 과거와 역사 서술 사이를 단순 대응 관계로 파악하는 경향이 강했다면, 내러티브 이론의 등장 이후에는 과거와 역사 서술을 통한 과거 재현 사이에 두터운 층위가 있다고 보고, 그 층위를 논자에 따라 다양하게 설명하고 있다. 역사가가 해석한 과거가 역사가의 서술이며 역사가의 관점에 따라 역사가의 서술이 달라진다고 보기도 하고, 과거와 역사가 사이에 양상(aspect)이라는 새로운 제3의 개념을 제시하기도 한다.[24]

여기서 양상이란 역사철학자인 앤커스미트(Ankersmit, F.)가 주장하는 개념인데 내러티브 이론 논의 이후의 과거 재현에 대한 논리를 잘 보여준다. 양상은 과거의 대상과 역사 서술 사이에 존재하는 논리적 공간에 위치한다. 그리고 역사 재현은 과거 대상과 역사 서술 사이의 일대일 관계로 나타나는 것이 아니라, 과거 대상, 양상, 서술이라는 삼자 관계 속에서 나타난다. 역사 서술은 과거 자체의 재현이 아니라, 과거를 바라보는 역사가의 관점이 반영된 양상의 재현이다. 흔히 과거 대상과 양상을 일치시키며 역사 서술이 과거 대상의 직접적인 재현이라 간주하곤 하지만, 이렇게 볼 경우 역사 서술의 복잡성을 설명하기 어렵고 과거 이해에 대한 여러 오해를 불러일으킬 수 있다는 입장이다.[25] 과거와 역사가의 서술 사이의 층위를 무엇이라 부르건 간에 이 입장에 위치한 논자들에게 역사 서술은 역사가의 해석을 거쳐 과거를 재현하는 것이다. 내러티브는 해석이라는 불투명한 통로를 거치는 과거 재현의 과정이자 결과물이다.

　두 번째 입장은 **'역사하기'에 있어서 실재했던 과거의 재현보다는 역사가가 행하는 공동의 실천과 습관, 또는 역사가가 구성하는 논증**(argument), **추론**(reasoning)**에 초점**을 두는 입장이다. 역사가가 하는 주된 일은 과거에 대한 논증이나 추론이지 과거에 있었던 일을 재현하는 게 중심이 아니라는 것이다. 이 입장은 과거 재현을 표면에 앞세우지 않는다는 측면에서 비재현주의(non-representationalism)라 명명되기도 한다.[26] 과거로 돌아간다고 하더라도 역사가의 논증에 일대일로 대응되는 과거를 찾을 수 있는 것이 아니기에 비재현주의라 불리곤 하지만, 이는 과거가 실재했음을 부정하는 것은 아니다. 과거를 거울로 비추듯, 또는 그림으로 그려내듯 재현하는 것이 역사 서술이 아님을 강조하며, 과거 실재의 재현보다는 과거에 대한 논증이 역사가가 실제로 하는 일을 더 정확하게 설명한다는 입장이다. 역사가가 실제로 하는 작업의 핵심은 과거를 되살려내는 것이 아니라 과거 사실과 사실의 해석을 기초로 논증을 하는 것이기 때문이다.

　이때의 논증은 한두 개의 문장을 의미하는 게 아니라 논문 한 편 또는 책 한 권을 관통하는 것이다. 이 입장에서는 역사학계에 축적된 실천을 따라 과거의 증거를 분석하여 논증을 구성하는 것이 역사학의 핵심이라고 본다. 《영국 노동계급의 형성》에서 톰슨(Thompson, E. P.)의 "노동계급은 새벽이 되면 떠오르는 해처럼 등장한 것이 아니라 노동계급 스스로 형성한 것"이라는 주장, 홉스봄(Hobsbawm, E.)의 '단기(短期)' 20세기 주장, 클라크(Clark, C.)의 '1차 세계대전의 주역들은 눈을 뜨고 사건을 지켜보면서도 자신들이 무슨 일을 하고 있는지 실체를 깨닫지 못한 몽유병자들이었다'는 주장은 **증거에 기초한 논증**의 결과이다.[27] 역사 내러티브란 일어난 과거에 대한 해석, 곧 증거를 면밀하게 해석하여 과거에 대한 논증을 해내는 것이다. 비재현주의는 재현을 역사의 본질적 목적이자 핵심으로 받아들이지 않는다는 점에서 과거의 존재를 부인하는 극단적 입장이라는 오해를 받곤 하지만, 과거의 존재 자체를 부인하거나 역사가가 실재했던 과거를 대상으로 작업을 한다는 사실을 부인하는 것은 아니다. 이런 점에서 이 입장은, 허구와 사실의 경계를 넘나들며 극단적 상대주의 주장을 펴던 일부 학자들과는 확실한 차별성을 보이며 역사가가 하는 일, 역사에서의 내러티브의 의미가 무엇인지에 대한 우리의 이해 확장에 도움을 주고 있다.

이처럼 내러티브 이론 논의 이후, 역사학계는 역사가와 과거 증거, 그리고 역사가와 역사 서술 사이의 역동적 관계에 주목하고 있다. 내러티브에 대한 다양한 논의는 과거 실재와 증거, 역사 서술 간 관계의 복잡성에 대한 이해에 깊이를 더했으며 역사가가 실제로 하는 작업, 곧 '역사하기'가 무엇인지를 논할 수 있는 장을 넓혀주었다. 이러한 내러티브의 의미 관련 논의를 요약하자면, 내러티브 논의는 인물과 사건이 중심이 되는 이야기체 서술 중심에서 시간의 흐름 속에 의미를 부여하는 틀 중심으로 무게중심이 옮겨갔다. 이야기로서의 내러티브는 여전히 관심을 받고 있지만 내러티브 이론이 등장하며 진행된 논쟁 속에서 이야기로서의 내러티브는 큰 주목을 받지 못했다. 내러티브 이론 논쟁이 수그러든 현재, 내러티브와 과거 실재의 재현 간 관계에

역사교육 첫걸음

대한 논의는 이어지고 있다. 그 속에서 **과거에 대한 기록과 기억을 증거로 논증을 구성하는 과정과 결과물로서의 내러티브, 곧 증거에 기초한 논증으로서의 내러티브**가 주목받고 있다.

3. 내러티브 연구와 역사 교수·학습

역사 교수·학습에서 내러티브는 어떻게 활용되고 있을까? 역사 교수·학습에서 내러티브는 현재까지도 꾸준한 관심을 받고 있으며, 내러티브 활용에 주목한 석사학위논문도 지속적으로 발표되고 있다.[28] 이때의 내러티브는 인물과 사건을 중심으로 한 이야기로서의 내러티브와, 시간 변화 속 의미를 구성하는 틀로서의 내러티브가 혼재되어 나타나는 특징을 보인다. 증거에 기초한 논증으로서의 내러티브는 아직 우리나라 교수·학습 측면에서 본격적인 적용이 이루어지지 않고 있다. 교수·학습 상황에서 나타나는 또 하나의 특징은 말 또는 글 형식의 내러티브가 논의되기도 하고, 사고의 한 방식으로서의 내러티브가 다루어지기도 한다는 점이다. 내러티브를 역사 서술과 같은 **담론(discourse)으로서의 내러티브와 사고방식으로서의 내러티브**로 구분하는 것은 오래된 관행이다.● "내러티브는 사고하는 방식으로서, 또 그것을 표현해가는

● 양호환, 〈내러티브와 역사인식〉, 《역사교육의 입론과 구상》, 책과함께, 2012, 187-188쪽; Bruner, "The narrative construction of reality", p. 5. 김한종은 역사 수업에서 수업 도구로 활용되는 내러티브를 1) 수업소재, 2) 전달 수단, 3) 수업 내용, 4) 역사인식 도구로 구분한다. 이 또한 많이 활용되는 구분법이지만 역사교육에서 이루어진 내러티브 연구는 수

수단"으로서, 곧 사고를 가능하게 만드는 틀과 사고를 소통하는 담론이라는 두 측면 모두에서 "역사의 본질적 구성요소"이기 때문이다.[29]

역사교육 연구를 분석적으로 살피는 데에는 담론으로서의 내러티브와 사고방식으로서의 내러티브라는 구분이 특히 유용하다. 이야기로서의 내러티브와 의미를 부여하는 틀로서의 내러티브가 혼재되어 나타나지만, 연구대상이 담론으로서의 내러티브인지 사고방식으로서의 내러티브인지는 비교적 구분하기 쉽기 때문이다. 물론 브루너(Bruner, J.)가 언급했듯이 담론으로서의 내러티브와 사고방식으로서의 내러티브도 명확하게 구분하기는 어려우며, 담론과 사고방식은 서로 연결되어 있기에 이를 완벽하게 배타적으로 구분하려는 시도는 결국 실패하게 마련이다. 양자 중에서 무엇이 더 기초적이고 근원적인가를 다루는 논의 역시 큰 성과를 거두기 어렵다.[30] 그럼에도 불구하고 역사교육에서 담론으로서의 내러티브 연구는 서술방식을 바꾸어 역사 교수·학습을 증진하려는 측면에서, 그리고 사고방식으로서의 내러티브 연구는 역사 이해가 어떻게 이루어지는지를 탐구하는 측면에서 진행되어, 이러한 구분은 선행연구의 분석적 파악에 도움을 준다. 이에 다음에서는 담론과 사고방식으로서의 내러티브 연구라는 두 가지 구분을 적용하여 내러티브 관련 연구를 살펴본다.

담론으로서의 내러티브는 사고방식으로서의 내러티브에 비해 다른 사람들이 쉽게 인지할 수 있는 내러티브인데, 역사 논문이나 책, 교과

업을 전제로 하지 않은 경우가 있었기에 여기서는 보다 포괄적인 분류를 활용했다. 김한종, 〈역사 수업 도구로서 내러티브의 구성형식과 원리〉, 《사회과교육학연구》 3, 1999.

역사교육 첫걸음

서와 같은 문자 텍스트로 구현되며 학습할 역사 내용을 전달하는 교사의 발화 텍스트로 구현되기도 한다. 담론으로서의 내러티브 연구는 학생들에게 제시하는 글, 특히 역사 교과서 서술 개선 측면에서 활발하게 이루어졌다. 사고방식으로서의 내러티브는 인간이 경험으로부터 의미를 엮어내는 사고의 체계를 지칭한다.* 사고방식으로서의 내러티브 연구는 학생들이 역사를 이해할 때 이루어지는 사고에 중점을 두고 이루어졌다. 사고방식으로서의 내러티브를 인지하고 연구하는 것은 담론(말이나 글)을 통해서 이루어지게 마련이라서, 앞에서도 언급했듯이 담론으로서의 내러티브와 사고방식으로서의 내러티브 사이에 명확한 선을 긋기는 어렵다. 그렇지만 사고방식으로서의 내러티브 연구는 담론으로서의 내러티브 연구의 주류를 이루는 교과서 서술 개선 연구와는 확연히 대별되는 특징을 보인다.

1) 담론으로서의 내러티브 연구와 학생의 역사 이해

말이나 글로 구현된 담론으로서의 역사 내러티브에 대한 연구는 다양한 방면에서 전개되었으나 대표적인 연구 분야로는 역사 교수·학습 현장에서 가장 널리 사용되는 교재인 ① 교과서 서술 분석 및 비판 연구와 ② 교과서 서술 개선 방안 모색 연구를 꼽을 수 있다. 교과서 서술에 대한 비판과 이를 개선하기 위한 노력에서 내러티브 연구가 접목되었으며, 다양하게 이해되고 있는 내러티브의 여러 유형을 분석적으로

---

* 브루너는 패러다임적 사고방식과 내러티브적 사고방식을 이원화하여 설명하고 있다. 이 글에서는 양자 간의 구분보다는 사고방식 측면에 초점을 두고 논의를 전개한다.

살펴볼 수 있는 영역이다.

우선 교과서 서술을 비판적으로 고찰한 연구에서는 다른 역사 서술과는 대비되는 교과서 서술의 특징을 분석하고, 역사에서의 해석을 교수하고 학습하는 데 역사 교과서 서술이 부적합함을 드러내 보였다. 교과서 서술은 "특별한 양식의 글"로 "기존 학문적 역사서술을 되도록 유사하게 간추린 형태이면서도, 학술논문보다 더욱 집요하게 서술 주체와 관점을 감춘다".[31] 교과서 서술이 역사가의 해석의 산물이라는 점을 드러내지 않음으로써 과거와 교과서 서술 간의 일대일 대응이 실제로 존재함을 강조하는 서술 방식을 사용한다는 것이다. 교과서 서술에서는 "주관적 견해, 의견, 주장이 배제"되며, 역사 서술에서 흔히 등장하는 "'중요한 것은…', '어쩌면', '아마도', '그들은… 생각했다', '정말로', '확실히'"와 같은 메타 담론이나 해석의 불확정성을 드러내는 표현이 나타나지 않는다.[32] 메타 담론이란 저자와 독자의 관계를 설정하는 역할을 하는 수사 장치를 의미하며,[33] 이를 통해 저자는 본인의 의도나 태도를 나타내기도 하고 독자의 내용 이해에 도움을 주는 방향으로 글을 작성할 수도 있다.[34] 이처럼 독특한 교과서 서술 방식으로 인해 역사를 읽고 쓰는 데 전문적 경험이 없는 학생들은 교과서 서술을 하나의 해석으로 대하기보다는 사실 그 자체로 받아들이고, 교과서의 관점에 질문을 제기하지 않게 된다. 또한 학생들이 교과서 내용에 질문을 던지며 교과서를 비판적으로 읽기보다는 의심할 수 없는 사실의 집합체, 암기의 대상으로 교과서를 대하게 만든다. 역사 교과서 서술의 특징에 대한 문제제기가 이루어지고 20년이 넘는 시간이 흘렀으나 이와 같은 교과서 서술은 여전히 지속되고 있다.

※ 다음은 항일 의병 운동에 관한 어느 역사 교과서 서술의 일부이다. 교과서 서술을 "특별한 양식의 글"로 만드는 서술의 특징을 찾아보자.

항일 의병 운동이 일어나다

일본의 침략에 맞선 저항은 의병 운동으로 나타났다. 일본군이 경복궁을 점령하자 이에 분개한 유생들의 봉기가 시작되었다. 특히, 명성 황후 시해와 단발령의 공포로 의병 운동이 전국적으로 확산하였다(을미의병, 1895). 을미의병은 유인석, 이소응 등 위정척사 사상을 가진 양반 유생들이 주도하였다. 그러나 아관 파천으로 개화파 정부가 무너지고 고종이 단발령을 취소하며 의병 해산 권고 조칙을 내리자, 의병은 대부분 활동을 중단하였다.

그 후 동학 농민 운동이나 의병에 참여하였던 농민층 일부는 활빈당 등을 조직하여 활동을 계속하였다. 이들은 주로 부정한 부호와 탐관오리를 처단하는 데 앞장섰고, 외국인도 공격의 대상으로 삼았다.

러일 전쟁 이후 을사늑약으로 일제가 침략을 본격화하자 항일 의병 투쟁이 전개되었다(을사의병, 1905). 충남에서는 민종식이 홍주성을 점령하였으나 일본군의 반격으로 물러났다. 전북 일대에서는 최익현이 의병 투쟁을 벌이다 쓰시마섬으로 압송되어 순국하였다. 이때는 평민 출신 의병장도 활약하였는데, 특히 신돌석은 경북 영해와 강원 삼척 일대에서 항일 유격전으로 큰 성과를 거두었다.[35]

---

1. 위 서술에는 서술 주체가 드러나 있는가? 위 서술을 집필한 저자의 관점이 드러나 있는가?

2. 위 서술이 하나의 해석임을 보여주는 표현이 포함되어 있는가?

3. 다른 역사 서술(예: 연구 논문)과의 차이를 보여주는 교과서 서술의 특징이 드러난 부분을 찾아보고, 어떤 점에서 교과서 서술의 특징이 드러난다고 생각하는지 이야기해보자.

학생들은 〈활동 3-2〉에 제시한 교과서 서술이나 〈사례 3-1〉에 제시한 항일 의병 운동 판서 내용을 볼 때, 양자 모두를 암기의 대상으로 인식하는 동시에 의문의 여지가 없는 사실로 간주하는 경향이 있다. 역사 교과서 서술은 저자의 존재와 관점을 숨기고, 저자의 논증 과정이나 질문 및 망설임을 서술에서 배제함으로써, 과거에 일어났던 일과 역사 서술 사이에 간극이나 개입이 없는 것 같은 효과를 극대화한다.[36] 전문가인 역사가는 교과서도 분석적·비판적으로 읽어낼 수 있지만 초·중·고등학교 학생들이 교과서를 통해 역사학의 본질을 학습하기는 어렵다.[37]

교과서 서술을 개선하거나 새로운 서술 방안을 제안하는 연구는 지속적으로 전개되었다. 연구의 초점은 교과서 서술 개선을 통해 학생의 역사 이해가 달라지는가에 맞추어졌고, 효과가 큰 방안을 찾고자 노력했다. 이 가운데 내러티브와 관련된 교과서 서술 개선 연구[38]를 크게 세 가지 방안으로 나누어 살펴볼 수 있다. 세 가지 이외의 방안도 제시되었으나 학생의 역사 이해를 경험적으로 연구한 결과는 세 가지 서술 방안으로 수렴되어 나타났고, 이러한 세 가지 방안은 내러티브에 대한 서로 다른 이해를 보여준다. 첫 번째는 인물의 목소리를 부각시킨 이야기체 서술이며, 두 번째는 역사 서술의 주체와 관점을 드러내는 서술이고, 세 번째는 역사가의 탐구과정을 드러내는 서술이다. 연구 설계는 기존 교과서 서술을 읽은 학생의 이해와 새로운 서술을 읽은 학생의 이해의 비교를 중심으로 진행되었다. 여기에서 다루는 세 가지 내러티브 유형에는 국내외의 연구 사례가 모두 존재하고 있어 내러티브 유형에 따른 국내외 학생의 역사 이해를 모두 확인할 수 있다는 이

점이 있다.

첫 번째 유형은 흔히 **이야기체로 불리는 서술로, 서술에서 목소리를
부각시킨 방식**이다(〈자료 3-1〉 참조). "무미건조하고 딱딱한 설명체 글에
서 탈피하여, 학생들의 관심과 흥미를 끌 수 있는 부드럽고 흥미진진
한 교재로의 전환"[39]을 시도하면서 인물 주어를 강조하고, 등장인물의
목소리, 대화를 서술에 포함시킨다. 〈자료 3-1〉에서는 "식민지인들은"
과 "영국인들은"처럼 문장에서 인물 주어가 부각된다. 또한 역사 속

자료 3-1 **인물의 목소리를 부각시킨 내러티브**

〈국내 사례〉 식민지인들은 자신들이 얼마나 화났는지를 영국에 보여주기로 했다.
그래서 영국 물건은 사지도, 먹지도, 마시지도 않겠다고 맹세했다. 그들은 "영국
인들이 잃게 될 돈을 생각해봐. 이제 그들은 따끔한 교훈을 얻게 될 거야"라고 비
웃었다. 식민지 의회도 세금을 걷지 않았다. 가장 과격한 행동은 '자유의 아들들
(sons of liberty)'이라는 무리에 의해 일어났다. 그들은 세리(稅吏)들의 집을 부수고
그들을 마을에서 쫓아냈다. 결국 영국 의회와 왕은 세금을 거두는 것이 너무 많은
문제를 일으킨다고 느꼈다. 영국은 세금을 거두려는 시도를 포기했고, 몇 년 동안
아메리카 식민지는 조용해졌다.[40]

〈국외 사례〉 영국인들은 법을 만드는 곳을 의회라 불렀다. (…) 영국인은 식민지에
세금을 매기는 새로운 법을 만들었다. (…) "7년 전쟁 때문에 생겨난 비용을 식민
지인도 부담하는 게 공정하잖아. 우리만 비용을 부담할 수는 없잖아." "게다가 세
금 가지고 영국 군인이 아메리카에 머무는 비용에 보탤 수 있어." 영국 군인은 인
디언이 공격해 올지도 모르는 경계에서 식민지를 지키기 위해 보초를 서는 일을
담당하고 있었다. 영국인들이 생각하기에 식민지인들이 비용을 공동 부담하는 것
은 너무나 당연했다. 영국인들은 식민지인들에게 법적 문서나 유리, 페인트, 차 같
은 일상 용품을 구매하여 쓰려면 세금을 내야 한다고 말했다.[41]

등장인물의 목소리가 드러난다. "이제 그들은 따끔한 교훈을 얻게 될 거야"나 "우리만 비용을 부담할 수는 없잖아"가 대표적이다. 대부분의 경우 교과서 서술에서는 인물 주어가 강조되지 않지만, "충남에서는 민종식이 홍주성을 점령했으나 일본군의 반격으로 물러났다"처럼 인물 주어가 사용되기도 한다.[42] 그러나 인물을 주어로 삼았다고 하더라도 인물의 생각이나 입장, 나아가 목소리가 부각되지는 않는다는 점에서 목소리를 부각시킨 서술과는 차이가 있다. 또 다른 특징은 일상적 표현이나 구어체의 활용이다. "식민지인들은 자신들이 얼마나 화났는지를 영국에 보여주기로 했다. 그래서 영국 물건은 사지도, 먹지도, 마시지도 않겠다고 맹세했다"와 같은 문장에서는 문어체보다는 구어체에 가까운 표현을 활용하기에 독자는 한결 친숙함을 느낄 수 있다.

목소리를 부각시킨 이야기체 서술을 읽은 학생들은 일반적인 교과서 서술과 비교할 때 "자유롭고 적극적인 반응"[43]과 텍스트를 읽는 과정에서 더 많은 "상호작용"[44]을 나타냈다. 그러나 목소리가 추가된 서술을 읽은 학생들이 서술된 사건에 대한 이해를 더 잘했다는 학술적 증거는 아직 충분히 축적되지 않았다.

두 번째 유형은 **서술의 주체와 관점을 명확하게 드러내는 서술**이다 (〈자료 3-2〉 참조). '저자가 드러난 글'로 불리기도 한다. 이런 유형에는 서술 주체로서 "나"가 등장하여 해당 글이 특정인의 저작임을 명시한다. 또한 독자를 "여러분" 등으로 지칭하여 독자의 관심과 참여를 유도한다. "나"와 "여러분"을 함께 지칭하는 "우리"가 등장하기도 한다. "우리는 이 위대한 문명을 가능하게 했던 나일강 유역을 찬찬히 들여다볼 필요가 있다"가 대표적인 사례이다. 이렇게 서술 전면에 등장하는

〈국내 사례〉 나는 어떤 시대도 과거와 완전히 단절될 수 없다고 생각한다. 르네상스도 많은 점에서 중세의 연속이었을 것이다. 그런데 르네상스 사람들의 생활상을 보면 분명히 삶에 대해 새로운 관점을 갖게 된 것 같다.

무엇보다 중세에서는 볼 수 없었던 '개인'의 등장이 두드러진다. 우리는 사실 중세 시대 예술가들의 이름을 많이 들어보지 못했다. 그들은 훌륭한 작품들을 만들었지만, 대체로 개인으로서의 명예를 얻지는 못한 것 같다. 그것은 모든 성취를 개인의 영광이 아니라 신의 영광을 위한 것이라고 생각했기 때문이 아닐까? 그래서 중세 기사들의 이야기인 《롤랑의 노래》 같은 문학작품도 작가가 알려져 있지 않은 것 같다. (…) 그리고 고대 그리스와 로마의 전통은 그들에게 하나의 해방구가 아니었을까 하고 생각해본다.[45]

〈국외 사례〉 고대 문명을 공부할 때, 나는 주로 지형을 먼저 살펴본다. 사람들이 왜 특정 방식을 활용하여 살았는지를 알아보는 데 지리 관련 지식이 큰 도움이 되기 때문이다. (…) 이집트 문명의 거대한 피라미드, 미라, 스핑크스, 클레오파트라, 투탕카멘왕과 같이 더 흥미로운 부분이나 이집트에서 이루어졌던 과학적·기술적 발전에 대한 내용을 다루기에 앞서 우리는 이 위대한 문명을 가능하게 했던 나일강 유역을 찬찬히 들여다볼 필요가 있다. 이때 여러분은 이집트가 사막지형이라는 것에 주의를 기울일 필요가 있다. 이집트에는 비가 잘 오지 않는다. (…) 그런데 나일강은 물 이외에도 고대 이집트인들에게 제공한 게 있다. 나는 바로 이 부분이 매우 흥미롭게 느껴진다. (…) 그 어느 누구도 이 지역에 처음 사람이 발을 디딘 것은 언제인지 알지 못한다. 이집트학을 전공하는 고고학자들은 나일강가에 약 1만 년 전 즈음부터 신석기인들이 정착했을 것이라 보고 있다.[46]

서술 주체는 전지적 존재는 아니라는 특징을 보인다. 저자는 《롤랑의 노래》가 왜 작자미상인지, 이집트에 처음 정착한 사람들이 누구인지에 대한 명확한 답을 가지고 있지 않다. 서술의 주체와 관점이 드러나는 서술이 가진 또 하나의 특징은 서술 주체의 관점이 드러나는 해석을 포함하고 있다는 점이다. 〈자료 3-2〉에서 "고대 그리스와 로마 전통은 그들에게 하나의 해방구가 아니었을까 하고 생각해본다"라든지 나일강의 정기적인 범람이 이집트 지역 사람들에게 미친 영향에 대한 평가를 예로 들 수 있다. 전형적인 교과서 서술에는 포함되지 않는 메타 담론을 다수 사용하고 있다는 점이 특징적이다. 메타 담론의 예시로 '~ 것 같다', '~을/를 알지 못한다', '~(이)라고 본다'와 같은 해석을 나타내는 표현을 들 수 있다.

　교과서 서술이 집요하게 서술의 주체와 관점을 숨기는 데 집중하는 반면, 서술의 주체와 관점이 드러나는 서술에서는 서술 주체인 화자(話者)의 목소리가 선명하게 드러난다(〈자료 3-2〉 참조). "나는 어떤 시대도 과거와 완전히 단절될 수 없다고 생각한다"가 서술 주체인 화자의 목소리가 부각된 대표적 사례이다. 교과서 서술에는 존재하지 않는 목소리가 입혀진다는 점에서는 〈자료 3-1〉과 유사한 점이 있으나, 드러나는 목소리가 과거 인물의 목소리가 아니라 내용을 설명하는 화자의 목소리이며 화자의 관점이 드러난다는 점에서 차이가 있다. 이처럼 화자가 드러나는 서술을 읽은 학생들은 인물의 목소리가 드러나는 서술을 읽었을 때와 유사하게 교과서 서술에 비해 적극적인 상호작용을 보였다. 그러나 역시 서술된 내용의 독해를 넘어서는 역사 탐구나 사고 증진에 이러한 상호작용이 미치는 영향의 정도는 아직 충분히 규명되지 않았다.

　세 번째 유형은 **역사가의 탐구 과정이 드러나는 서술**이다(〈자료 3-3〉 참조). 여기서도 목소리가 드러나는 서술이 적용되는데, 이때의 목소리는 역사 탐구를 수행하는 역사가의 목소리라는 점에서 〈자료 3-1〉이나 〈자료 3-2〉와 차이점이 있다. 즉 역사가들이 과거에 대한 질문을 던지고 사료를 읽으며 탐구하는 과정을 드러내는 서술이다. 과거에 있었던 사실을 그대로 옮기는 것이 역사 서술이 아니라, 역사가가 사료를 읽고 해석하는 과정을 거쳐서 도출되는 것이 역사 서술임을 강조하는 내러티브이다. 역사에서의 탐구를 이끌어가는 것은 역사가의 질문이기에 이 유형의 내러티브에는 탐구 질문이 선명하게 부각된다는 특징이 있다. 또한 질문에 대한 답변이 또 다른 질문으로 이어지는 역사 탐구의 한 측면을 보여준다. 역사가가 과거에 대한 질문을 던지고, 증거를 면밀하게 분석하여 답을 찾는 역사학 연구 과정을 보여주는 것이다. 서술 주체와 관점이 드러나는 서술과 유사한 부분이 있지만, 역사 연구를 진행하면서 사료를 읽고 논증하는 과정을 드러낸다는 특징이 있다. 〈자료 3-3〉에서 증거를 본문에 제시하고 이를 해석하며 추론을 진행하는 과정을 포함시킨 것도 논증 과정의 일부를 드러내는 사례이다.

역사가의 탐구 과정이 드러나는 서술을 읽은 학생들은 서술에 나타난 역사적 추론 과정을 인지했고, 서술에 포함된 질문에 답을 하거나 역사적 사고를 활용하여 초보적이긴 하지만 추론을 수행하는 방식으로 읽기를 진행했다. 비록 연구자와의 면담 상황에서 한 편의 서술을 읽은 정도의 상황이긴 했지만, 본문에 주어진 증거에 대한 질문을 스스로 제기하기도 하고, 증거를 해석하려는 노력을 보이기도 했다. 이는 동일한 주제의 교과서 서술을 읽을 때에는 나타나지 않는 읽기 방식이었다. 교과서와 탐구 과정이 드러나는 서술을 읽었을 때 학생의 읽기 방식에서는 차이가 나타났으나, 관련 주제에 대한 주요 내용 지

〈국내 사례〉 1895년 일본은 경복궁에 침입하여 우리나라 왕비인 명성황후를 왜
시해했을까? 그 당시 우리나라 주변 정세를 살펴보면 이를 짐작해볼 수 있다. 일
본이 조선을 침략하는 데에 걸림돌이 된 청나라를 청·일 전쟁으로 물리쳐 승리한
대가로 중국의 요동반도를 차지하게 되어 조선에 대한 침략의 손길을 더욱 노골적
으로 뻗기 시작했다. 그래서 우리나라는 서양 여러 나라의 힘을 이용하여 일본의
침략을 막고자 했다. (…) 고종은 러시아 공사관에 1년간 머문 후에 경운궁으로 다
시 돌아왔다. 러시아 공사관에 있으면서 세력 견제로 국가의 자주성을 높일 수 있
었는데 왜 다시 돌아온 걸까?[47]

〈국외 사례〉 1775년 4월 19일 매사추세츠 주 렉싱턴에서는 식민지인과 영국인
사이에 물리적 충돌이 일어났다. (…) 역사적 사건이 일어난 것은 분명한데, 그날
정확히 어떤 일이 일어났는지를 파악하기는 쉽지 않다. 식민지인과 영국인은 이날
일어난 사건에 대한 서로 다른 기록을 남겼다. 이 사건에 대한 서로 다른 견해는
이후 일어난 사건에 영향을 주었다. 식민지인과 영국인은 어떤 기록을 남겼고, 기
록에는 어떤 차이가 있었을까? 우선 식민지인의 "공식적" 입장을 살펴보자. 매사
추세츠 지역 의회는 렉싱턴 충돌로부터 일주일이 채 지나지 않아 21개의 증언을
모아 당시 식민지인 대표로 런던에 주재하던 벤저민 프랭클린에게 보냈다. 매사추
세츠 의회 의장이었던 조셉 워렌은 증언과 함께 편지를 보냈다. 워렌은 편지에서
렉싱턴에서 어떤 일이 일어났다고 서술했을까?
"이 사안에 관련된 법정 증언에 따르면 4월 19일 전날 (…) 렉싱턴 마을에는 (…)
경고가 제기되었습니다. 영국 정규군이 콩코드로 가기 위해 렉싱턴으로 진격하고
있다는 소식이었습니다. 이에 주민들이 모여 있었습니다. 그러나 영국군이 다가오
자 주민들은 흩어졌습니다. 그럼에도 불구하고 영국군은 폭력적으로 다가왔으며,
주민들에게 총격을 가했습니다. 총격으로 8명이 죽고 여러 명이 부상을 입었습니
다. 영국군은 죽거나 부상을 입지 않은 나머지 주민들이 다 도망갈 때까지 총격을
가했습니다."
워렌은 영국군이 이리저리 흩어지는 식민지인들에게 총격을 가했다고 주장했다.

그런데 워렌은 이 사건에 직접 참여하지는 않았다. 그러면 워렌은 무엇을 근거로 이런 주장을 했던 것일까? 워렌은 사건 이후 수집한 증언에 토대하여 편지를 작성했을 것이다. 그러면 증언과 워렌의 편지 내용은 일치할까? 증언 말고 다른 기록도 남아 있는 게 있을까? (…) 워렌은 매사추세츠 의회 의장이었기에 이러한 기록을 식민지인의 관점에서 해석했을 수 있다. 그렇다면 당일 사건에 참여했던 민병대원 34명의 증언을 한번 살펴보자.[48]

식의 습득에서는 뚜렷한 차이가 나타나지 않았다.[49]

내러티브 요소를 적용한 서술에 따른 학생 이해 연구는 장기적으로 적용되었을 경우의 효과 등을 비롯한 추가적이며 확정적인 연구 결과가 아직 부족한 상황이긴 하지만, 학생의 역사 이해 향상에 적용 가능한 새로운 서술의 가능성을 확인하는 성과가 있었다. 여기에서는 세 가지 유형을 구분하여 소개했으나, 두 가지 이상의 유형이 섞이는 내러티브나 소개되지 않은 요소를 포함한 내러티브도 존재한다. 역사교육에서 내러티브 연구는 이처럼 새로운 서술 방식을 모색하고, 학생 이해의 특징 분석을 통해 역사 교수·학습의 향상을 추구했다. 현재까지 진행된 내러티브 적용 연구는 실험적 상황에서 새로운 서술 방식에 일회적으로 노출된 학생의 이해를 파악한 것으로, 새로운 서술 방식을 지속적이며 일상적으로 접할 경우 학생의 역사 이해에 나타나는 영향은 아직 밝혀내지 못한 단계이다. 후속 연구가 요구되고 있는 실정이다.

2) 사고방식으로서의 내러티브 연구와 그 의의

사고방식으로서의 내러티브는 역사를 학습하고 이해하는 과정에서 작용한다. '내러티브 템플릿', '교과서 서사', '역사 내러티브' 등의 연구에서 이를 엿볼 수 있다. '내러티브 템플릿'은 역사를 이해하는 하나의 문화적 도구로, 학생들이 역사를 배울 때 여러 사실을 엮어서 이해하는 과정에서 여러 사실을 엮어주는 틀이다. "한 국가에 존재하는 각종 내러티브가 시대 및 지역에 따라 아무리 다양하다 하더라도 이를 분해해보면 동일한 기본 골자"가 드러나게 되는데, 이 기본틀이 '내러티브 템플릿'에 해당한다.[50] 미국사의 경우 '자유와 진보의 국가'나 '완벽하지는 않아도 최고인 국가'가 내러티브 템플릿의 사례로 제시되곤 한다.[51] 종교의 자유를 찾아 미국 땅에 정착했고, 영국왕의 폭정에 항거하며 영국으로부터 자유를 찾아 독립한 후 지속적인 팽창 속에서 자유 이데올로기를 확립하고, 기술의 진보를 이루며 노예를 해방하고 여성, 노동자, 소수인종, 아메리카 원주민의 권리를 확대해왔다는 흐름이 이러한 내러티브 템플릿에 해당한다. 학생들은 이와 같은 내러티브 템플릿에서 벗어나는 사건을 접하게 될 때 '자유와 진보의 역사'라는 템플릿에 끼워 맞추어 사건의 의미를 이해한다는 것이다. 1882년 중국인의 미국 이민을 제한한 중국인 배척법, 2차 세계대전 때 일본의 하와이 공격 이후 일본계 미국인이나 미국에 있던 일본인을 억류한 사건 등을 자유와 진보를 향해 나아가는 미국사에서 예외적인 사건, 핵심적이지 않은 사건으로 간주하거나, 공리(公利)를 위해 어쩔 수 없이 이루어진 사건으로 이해하는 현상이 이에 해당한다. 내러티브 템플릿은 다양하고 세부적인 사실의 통합적인 이해에 도움을 주지만 결이 다른, 서로 다른 맥락이 중첩되는 가운데 벌어진 사건을 지나치게 단순화하거나 왜곡하여 이해하게 만드는 부작용이 나타나기도 한다.[52] 역사 과목에 관심이 있는 고등학교 2학년생 14명과 고등학교 3학년생 14명, 총 28명을 둘씩 짝을 지어 면담했던 한 연구에서는 학생들이 한국사를 이해하는 데 있어 '고통과 시련 – 저항과 극복 – 국가의 발전'이라는 템플릿을 사용하고 있음을 밝혔다. 특정 사건을 설명할 때, 학생들은 이 템플릿에 맞추어 "일부 내용을 생략하거나 과장하는 모습"을 보이기도 했다.[53]

그런데 내러티브 템플릿이 단일한 것은 아니다. 미국의 경우 '자유와 진보의 국가로서의 미국'이나 '이상과 현실의 간극을 좁혀가려고 부단히 노력하는 나라'라는 내러티브 템플릿 외에 아프리카계 미국인을 포함한 소수자의 관점에 더 가까운 '형태를 바꿔가며 등장하는 끊임없는 억압과 차별의 변주 속에서의 자유와 평등을 위한 투쟁'•이라는 내러티브 템플릿도 존재한다. 억압과 차별의 템플릿으로 미국사를 바라보는 학생들에게 학교에서 배우는 자유와 진보의 자국사는 그들(유럽계 미국인)의 역사이지 자신의 역사는 아니라는 생각을 가지게 한다. 아프리카계 미국인 학생 19명과 유럽계 미국인 학생 25명을 면담했던 한 연구에 따르자면, 아프리카계 미국인 학생의 3분의 1은 역사에 관해 가장 신뢰하는 출처 1순위 또는 2순위로 가족을 꼽았다. 유럽계 미국인 학

• 엡스타인(Epstein, T.)은 미국사를 가르칠 때 사용하는 이와 같은 세 가지 관점 또는 프레임워크를 설명한다. 비록 용어는 다르지만 엡스타인이 설명하는 관점이나 프레임워크는 내러티브 템플릿 또는 그랜드 내러티브(거대 서사)와 상통하는 부분이 많다. Terrie Epstein, "Deconstructing differences in African-American and European-American adolescents' perspectives on U.S. History", *Curriculum Inquiry*, vol. 28, no. 4, 1998, p. 399.

생의 경우, 가장 많은 38%의 학생이 교과서를 가장 신뢰하는 출처라 답했다. 아프리카계 미국인 학생들은 교과서나 주류 문화 속의 역사에서 배제되어 있거나 제대로 재현되지 못한 "사실을 〔가족들이〕 채워 넣어준다"고 인식하고 있었다.[54]

내러티브 템플릿은 문화적 도구로, 사회문화적 맥락이 다른 국가나 사회는 서로 다른 내러티브 템플릿을 사용하게 마련이다. 교과서는 이러한 내러티브 템플릿이 이어져가는 데 도움을 주기도 한다. 김민정은 일제강점기 교과서 서술을 관통하는 "침략과 저항의 서사", 현대사의 "반공이데올로기에 입각한 서사"처럼 **주요 역사 학습 내용을 통념적으로 연관 지어 설명하는 정전적 설명틀**"을 교과서 서사로 명명했다.[55] 교과서가 가진 영향력으로 인해 이와 같은 교과서 서사는 여러 다른 역사적 사실을 받아들이고 이해하는 데 있어 중심이 되는 틀을 제공한다. 교사가 서희의 담판과 강동 6주 획득을 수업에서 설명할 때, 고려는 외세에 항전하고 자주성을 강조하며 실리를 챙긴 나라라는 내러티브가 작용하곤 한다. 외세에 맞서 자주성을 지킨 나라라는 내러티브 속에서, 거란에 사대를 하게 된 사실이나 안정적인 조공로 확보 차원에서 강동 6주를 획득했다는 사실은 배제되거나 강조되지 않는다. 거란·몽골 등 외세에 맞서 항전하며 자주성을 지킨 나라라는 고려시대를 관통하는 교과서 서사 속에서 공민왕 대의 일련의 사건은 '반원자주화'의 성격을 지닌 것으로 요약되기도 한다.[56] 교과서 서사는 이처럼 완결성과 닫힌 구조라는 특징을 가지고 있으며, 새로운 해석을 제시하기 어렵게 만들기도 한다. 여러 변화 속에서도 "자체의 논리와 생명력"[57]으로 지속되고 진화하는 교과서 서사는 교과서에 명시적으로 서술되지 않은 경우도 있는데, 바로 이 때문에 교과서 서술과 동의어는 아니다.[58] 교과서 서사는 담론으로 표현된 내러티브는 아니지만 교과서 서술을 관통하고, 교과서 서술에 포함된 사건, 인물, 개별 사실을 엮어서 의미를 부여하는 설명틀이자 인식틀이다. 교사들은 이처럼 교과서를 관통하는 내러티브를 활용하여 설명하고, 학생들은 새로운 인물과 사실을 파악한다.

학생들은 특정 내러티브 템플릿이나 교과서 서사 외에 일반적인 이야기(storytelling)를 바탕으로 역사를 이해하기도 한다. 이야기로서의 내러티브가 사고방식의 형태로 학생의 역사 이해에 영향을 미치는 사례에 해당한다. 밴슬레드라이트(VanSledright, B.)와 브로피(Brophy, J.)는 정규 역사 수업을 받기 전인 초등학교 4학년생 10명을 대상으로 학생들의 역사 이해를 연구했다. 4학년생은 본인들이 알고 있는 역사적 사실을 내러티브 틀을 활용해서 엮어냈는데, 공식적인 연대기적 역사 수업은 5학년에 시작하기에 연구에 참여한 학생들은 학교에서 통사로서의 역사를 학습한 적이 없었다. 학생들은 사실을 뒤섞거나 내러티브에서 부족한 부분을 상상으로 메워가며 자신들이 알고 있는 과거의 일을 설명했다. 직접적인 경험이나 실험 결과에 기초하여 가설이나 오개념을 수정해나가는 과학과는 다르게, 역사 이해는 체계적이지 않게 얼기설기 엮어 나가거나 부족한 직접 경험을 상상으로 채워나가는 방식으로 이루어지고 있었다. 그리고 내러티브는 역사를 이해하는 사고의 틀로 적극적으로 활용되고 있었다. 초등 고학년 학생의 이해에서는 내러티브 템플릿의 활용을 통한 사건의 단순화, 배제, 왜곡이 나타난 데 반해 4학년 학생들은 일반적인 내러티브, 곧 이야기로서의 내러티브를 사용하여 없는 사실을 추가하거나 왜곡하는 현상이 나타났다.[59] 역사 이해는 내러티브적으로 이루어지게 마련이며 수많은 역사 사실을 학습하는 학생들에게 내러티브 템플릿이나 교과서 서사, 이야기로서의 내러티브는 역사 이해에 상당한 영향을 미친다. 이러한 내러티브는 역사 이해를 도울 수 있는 순기능도 있으나, 여러 연구에서 확인된 역기능에도 주의를 기울일 필요가 있다.

4. 역사 수업 계획·실행·평가에서의 내러티브 활용

내러티브는 역사 교수·학습 측면에서 많은 관심을 받으면서 다양한 활용이 모색되었다. 내러티브가 주목을 받게 된 배경에는 사실의 전달에 치중하는 전통적인 역사 교수·학습 관행이 자리하고 있다. 앞서 언급했던 강의식 수업의 판서(〈사례 3-1〉)나 교과서 서술(〈활동 3-2〉)에 변화를 줄 구체적인 방향성을 제시할 수 있다는 기대를 받은 것이다. 평가 측면에서도 글쓰기 활동을 통한 변화가 가능하리라 보았다. 역사 내러티브 쓰기 활동은 〈자료 3-4〉와 같은 전형적인 선다형 문항 위주의 평가를 극복하는 구체적인 대안이 될 수 있기 때문이다. 〈자료 3-4〉는 항일 의병 운동 관련 문항으로 첫 번째 문항 A는 중학생을 대상으로 한 시중의 평가 문제집 문항이고,[60] 두 번째 문항 B는 초·중·고등학생뿐 아니라 성인을 포함한 다양한 대상의 역사 이해 평가를 목표로 하는 한국사능력검정시험 문항이다.[61] 두 문항이 개발된 맥락이나 그 대상에는 차이가 있으나, 두 문항을 통해 측정하고자 하는 역사 이해는 상당

〈예시 문항 A〉 ⊙과 ⓒ에 대한 설명으로 옳은 것은?

배경	의병 운동
을사조약 체결	⊙
고종 황제의 강제 퇴위	ⓒ

1. ⊙ – 단발령 철회를 주장하였다.
2. ⊙ – 서울 진공 작전을 시도하였다.
3. ⓒ – 해산 군인들이 가담하였다.
4. ⓒ – 고종의 해산 권고로 중단하였다.
5. ⓒ – 평민 의병장이 처음 등장하였다.

〈예시 문항 B〉 밑줄 그은 '전군'에 대한 설명으로 옳은 것은?

> 이때에 사기를 고무하여 서울 진공의 영(令)을 발하니, 그 목적은 서울로 들어
> 가 통감부를 쳐부수고 성하(城下)의 맹(盟)을 이루어 저들의 소위 신협약 등을
> 파기하여 대대적 활동을 기도(企圖)함이라. (…) 전군(全軍)에 명령을 내려 일
> 제히 진군할 것을 재촉하여 동대문 밖에 나아가 다다를 때 (…)
>
> — 대한매일신보

1. 14개조 정강을 발표하였다.
2. 선혜청과 일본 공사관을 공격하였다.
3. 국권 회복과 공화정체를 목표로 하였다.
4. 고종의 권고를 받아 대부분 해산하였다.
5. 국제법상 교전 단체로 인정할 것을 요구하였다.

한 유사점을 보인다.

문항 A는 ⊙에 들어갈 을사의병과 ⓒ에 들어갈 정미의병을 찾은 뒤,

각 의병운동과 관련된 사실을 찾는 문제이다. 답은 3번 "㉡ – 해산 군인들이 가담하였다"이다. 정미의병이 군대 해산 이후라는 사실을 알고 있는지, 그리고 을미의병, 을사의병, 정미의병을 구별하는 지식을 갖추고 있는지를 확인하고 있다. 문항 B는 문항 A에 비해 난도가 높다. 제시문에서 "서울 진공", "통감부를 쳐부수고", "신협약 등을 파기하여" 등을 통해 제시문의 "전군(全軍)"이 13도 창의군임을 파악한 후, 5번 "국제법상 교전 단체로 인정할 것을 요구하였다"를 답으로 찾아야 한다. 제시문도 답지도 중학교 교과서에 포함된 내용을 넘어서고 있다. 그렇지만 두 문항은 모두 피험자가 가진 의병 관련 지식의 소환을 요구한다는 공통점을 가지고 있다.

항일 의병 운동 판서(《사례 3-1》)와 교과서 서술(《활동 3-2》), 그리고 평가 문항(《자료 3-4》)은 모두 학생들이 을미의병, 을사의병, 정미의병에 관한 사실을 기억하고, 세 가지 의병 운동을 구별할 수 있어야 한다는 점을 분명히 하고 있다. 내러티브는 이와 같은 전형적인 역사 교수·학습에 변화를 주는 데 도움을 줄 수 있을 것이라는 큰 기대를 받았다. 그러나 내러티브 논의가 역사교육에 소개되고 적용된 지 20년이 넘었으나 기대했던 만큼의 성과를 거두었다고 자신 있게 말할 수 있는 사람은 많지 않다. 그렇다면 내러티브는 많은 관심 속에 출발했으나 큰 효용을 거두지 못한 실패한 교육 사례의 하나일까? 왜 지금 시점에 역사교육에서 내러티브를 논의해야 할까? 다음에서는 좁은 의미와 넓은 의미에서의 내러티브 논의의 활용 이유와 방향을 살핀 후, 활용 사례를 소개한다.

1) 내러티브 활용의 이유와 방향

좁은 의미에서의 내러티브, 곧 인물과 사건 중심의 이야기로서의 내러티브는 학생의 이해를 돕기 위해 활용할 수 있다. 이야기체 내러티브는 학습자의 흥미와 관심을 끄는 동시에, 사실 중심의 건조한 역사 서술에 비해 '역사하기'의 본질을 담아내는 데 더 적합하다고 여겨지곤 했다. 이에 교사의 설명과 교과서 서술을 이야기체로 바꾸어 인물과 사건에 대한 학생의 이해를 도우려는 시도가 잇달았다. 앞의 연구 결과에서도 확인할 수 있듯이 이와 같은 방식은 다양하게 활용되고 있다. 나아가 인물의 목소리를 부각시키는 이야기체 내러티브는 대중 역사서에 널리 접목되기도 했다. 그러나 앞서 살펴보았듯이 이와 같은 이야기체 설명 또는 서술의 도입이 독해를 넘어선 학생의 역사 이해에 어떤 도움을 주는지는 경험적 연구를 통해 충분히 입증되지 않았다. 또한 '역사하기'의 본질을 담아낸다는 내러티브의 특징은 이야기체로서의 내러티브라기보다는 의미를 부여하는 틀로서의 내러티브 활용에서 기대할 수 있는 요소이다. 나아가 좁은 의미의 내러티브는 사실 지식 소환과 암기 방식의 역사 학습을 강화하는 방편으로 사용될 가능성도 있다. 학생들이 이야기로 구성된 서술을 쉽게 따라가면서 무비판적으로 서술의 내용을 수용할 가능성이 있기 때문이다. 따라서 이야기체를 교사의 설명이나 학생들에게 제시하는 자료에 접목할 때에는 각별한 주의가 필요하다.

이야기로서의 내러티브는 평가에도 접목이 가능하다. 학생들로 하여금 이야기로서의 내러티브를 작성하게 하는 수행평가가 한 사례로, 군대 해산 이후 의병으로서의 하루의 삶을 상상하면서 시도하는 일기쓰기와 같은 활동이 대표적이다. 〈사례 3-2〉는 이와 같은 평가의 한 예시이다.

일기쓰기는 인물과 사건이 중심이 되는 이야기체 내러티브의 대표적인 양식으로, 수행평가에 종종 활용되곤 한다. 당시 의병들이 어떤 생각 속에 어떤 생활을 했는지를 살핌으로써 건조한 과거 사실의 학습을 넘어 당대인의 삶을 느껴보게 한다는 점에서 평가 활동의 의미를 찾을 수 있다. 그렇지만 당시 의병이 일기를 쓴다는 전제가 과연 얼마나 '역사적'인지에 대해서는 의문을 제기할 수 있다. 또한 학생이 〈사례 3-2〉처럼, 사진 속 의병이 실제 경험하고 느꼈을 역사적 상황과는 거리가 먼 내용, 나아가 오개념이라 볼 수 있는 내용을 적는다면 어떻게 피드백을 제공하고 평가할 것인가의 문제가 생긴다. 요컨대, 학생들이 과거 인물의 목소리를 강조한 이야기체 내러티브를 직접 써보는 활동 자체가 학생들의 역사 이해 향상을 담보하지는 않는다. 이야기로서의 내러티브가 역사 학습과 성취에 미치는 영향은 긍정적인 방향에서도, 부정적인 방향에서도 나타날 수 있다.

넓은 의미에서의 내러티브 논의는 내러티브 활용의 또 다른 이유와 방향성을 제시한다. 의미를 부여하는 틀로서의 내러티브에 대한 논의는 역사학 공동체의 숙고 속에서 역사 서술은 변화한다는 점, 역사를 이해하는 데에는 사고의 틀로서의 내러티브가 작용한다는 점, 그리고 역사 내러티브의 핵심은 증거에 기초하여 구성되는 논증이라는 점을 전면에 부각시켰다. 역사는 역사 내러티브를 분석하고 해석하며 내러티브 사고틀을 활용하여 이해하고 소통하며 변화해나가는 것이다. 이런 관점에서 볼 때 을미의병, 을사의병, 정미의병 관련 사실을 암기

다음 사진에 등장하는 의병 중 한 명을 골라 의병의 하루를 일기로 써보자. 일인칭 시점에서 의병이 느낀 점이 잘 드러나도록 실감 나게 일기를 작성할 것.

〈학생 답안 예시〉 여기는 부산이다. 군대는 해산했지만 오늘도 나는 대한제국 군인 제복을 정갈하게 착용하고 100명에 달하는 의병 동지들을 이끌고 나아가 일본군 40여 명을 사살했다. 우리 의병은 모두 훌륭한 무기와 넉넉한 탄환을 갖추고 있고 매일 승리를 거두고 있다. 부산 지역 일본군은 우리를 두려워하며 피하기 시작했다. 오늘도 우리를 보고 무서워 도망가는 일본군을 쫓아가 무찌르는 쾌거를 거두었다. 일본군을 이 땅에서 몰아낼 날이 멀지 않았다.

하고 떠올리는 학습이 가장 중요한 역사 학습인지 의문을 제기할 수 있다. 내러티브 논의는 역사학과 관련한 이론적 경향의 하나이기에 교과서 문제이건 수업 방식의 문제이건 학생의 역사 이해 문제이건 구체적 대안을 직접적으로 제시하지는 않는다. 그렇지만 넓은 의미에서의 내러티브 논의는 우리가 가르치고 배워야 하는 역사가 무엇인지, 그리고 이를 어떻게 추구해나갈 것인지를 성찰하는 데 도움을 준다. 많은 비판을 받아온 전형적인 역사 수업을 넘어서고자 할 때, 넓은 의미에서의 내러티브 논의는 역사 학습에서의 읽기와 쓰기가 나아갈 방향성을 다음과 같이 제시한다.

첫째, 역사 수업에서의 읽기는 어떻게 하면 학생들이 재미있고 쉽게 이해할 수 있을까에 방점을 두기보다는 '**작품적** 읽기',[62] '**비판적** 읽기'[63] 또는 '**해체적** 읽기'[64]에 초점을 두어야 한다. '작품적 읽기'란 "교과서 서술이 제대로 담지 못하거나 왜곡할 수밖에 없는 사건의 중첩과 인과관계의 다면성"을 읽어내는 것이며,[65] '비판적 읽기'는 학생들이 "자신의 관점에서 역사를 이해하고 해석하며, 이를 바탕으로 자신의 역사를 구축"해가는 읽기이다.[66] '해체적 읽기'는 통념적인 교과서 서사를 되짚어볼 수 있는 탐구적 읽기이다.[67] 예를 들어 "서희의 담판으로 강동 6주를 얻었다"라는 설명이나 인식에 내포된 의미가 무엇인지를 질문하고, 이러한 설명이나 인식이 왜 지속되는지, 이를 어떻게 바라봐야 하는지를 역사적 증거에 기초하여 면밀하게 읽어나가는 것이다.•

이때 작품적·비판적·해체적 읽기가 어디에서 다른지를 명확하게 구분하는 일이 중요한 것은 아니다. 오히려 작품적·비판적·해체적 읽기가 강조하는 유사성에 주목할 필요가 있다. 작품적·비판적·해체적 읽기는 학생들에게 역사 서술에 대한 타당한 질문을 던지고, 역사적 증거에 기초하여 역사 내러티브를 탐구하기를 요구한다. 이처럼 역사 내

• 김민정과 최종석은 "서희의 외교 담판과 그 결과로 고려와 거란 두 나라 사이에서 주고받은 것은 무엇인가?"라는 중심 질문을 중심으로 학생들의 탐구를 단계적으로 구성하는 구체적인 방식을 제안하고 있다. 김민정·최종석, 〈고려시대 '교과서 서사'의 해체적 읽기와 역사적 사고 과정의 구현〉, 《역사교육》 143, 2017, 186-192쪽.

역사교육 첫걸음

러티브를 작품적·비판적·해체적으로 읽기까지는 수많은 연습과 학습이 필요하다. 이를 위한 효과적이고 체계적인 교수·학습 방법이 정리되어 있는 상황은 아니지만, 구체적인 방법의 하나로 **역사 내러티브를 읽을 때 증거와 내러티브의 관계를 면밀하게 검토하는 연습**이 필요하다.

학생들이 많이 접하게 되는 역사 내러티브인 교과서를 읽을 때에도 교과서 서술의 증거가 무엇인지, 그리고 제시된 서술이 증거로부터 타당하게 도출된 서술인지를 염두에 두면서 읽을 필요가 있다. 단, 학생들이 교과서를 자주 접하기는 하지만, 이와 같은 방식의 교과서 읽기가 학생들에게 쉽지 않다는 점을 유의할 필요가 있다. 저자의 관점, 논증의 과정이 드러나지 않는 교과서 서술의 특성으로 인해 학생들은 교과서를 비판적으로 읽는 데 어려움을 겪는다. 교과서에 비해 이 책의 2장이나 4장에서 다루고 있는 사료 읽기에서 이와 같은 방식의 읽기 연습이 수월할 것이다. 그렇지만 궁극적으로 학생들이 교과서 서술을 읽을 때에도 교과서 서술에 질문을 던지고, 교과서 서술의 증거와 교과서 저자의 논증을 되짚어보는 능력을 키워나갈 필요가 있다. 이와 같은 방식의 읽기는 이전부터 역사 교수·학습에서 강조했던 '저자의 관점과 의도를 파악하면서 읽기'를 포함하지만, 특정 사료나 특정 서술을 비판적으로 읽는 것을 넘어서, 증거와 서술의 관계인 논증 부분에 주목한다는 점에서 최근 내러티브 논의를 반영한다.

둘째, 읽기만큼 중요한 것이 글쓰기 작업이다. 학생들이 역사학을 깊이 있게 알기 위해서는 **역사 내러티브가 어떻게 구성되는 것인지를 파악**할 필요가 있으며, **학생들이 직접 역사적 증거에 기초한 논증하기**

를 경험할 필요가 있다. 이때의 글쓰기는 주어진 제시문을 독해하여 내용을 확인하는 수준의 단답형이나 서술형 글쓰기를 의미하는 것이 아니다. 주어진 증거, 때로는 부족하거나 서로 충돌하는 증거를 꼼꼼히 읽고, 증거로부터 다른 사람들이 납득할 수 있는 논증 과정을 거쳐 의미 있는 역사적 질문에 대한 잠정적 답으로 하나의 내러티브를 구성해 보는 글쓰기를 의미한다. 그러나 이때의 글쓰기는 문자가 존재하지 않았던 구석기시대의 사람들의 하루를 편지로 쓰는 활동이나 문자 읽기와 쓰기를 습득하지 못했던 사람들의 입장에서 가상 격문을 쓰게 하는 활동을 의미하는 것이 아니다. 문자가 존재하지 않았던 시기나 문자를 습득하지 못했던 사람들이 수행했을 글쓰기를 하도록 하는 수업 활동은 비록 의도치 않았더라도 학생들에게 오개념을 심어줄 가능성이 큰 활동이다. 주먹도끼를 통해서 당대의 생활을 탐구하는 것과 주먹도끼의 사용을 편지로 남기는 활동 모두 당시 상황을 역사적 증거를 활용하여 학습한다는 공통점이 있으나, 편지 쓰기 활동은 당시 사람들도 문자를 활용했다는 오해를 불러일으킬 수 있는 활동이다.

학교 동아리 활동을 통해 유관순에 대한 학생들 자신의 지식을 돌아보고, 1차 사료의 면밀한 검토와 2차 사료 및 유관순의 조카며느리 김정애 씨를 면담하며 소논문 쓰기 활동을 한 사례는 증거에 기초한 글쓰기 활동의 한 예시이다. 학생들이 알고 있는 "'역사적 사실'이 선택과 배제의 과정을 거쳐 자신들이 배우는 '역사'로 자리잡는 과정"을 경험하는 글쓰기이기 때문이다.[68] 기존 연구에 따르면 학생들의 역사 글쓰기 학습은 오랜 시간에 걸쳐 체계적인 학습으로 가능해진다. 한두 차시 수업을 통해 달성 가능한 목표는 아닐 것이다. 그렇지만 외국의 사례를 살펴볼 때, 공교육을 마무리하는 시점의 학생들에게 이와 같은 역사 내러티브 쓰기를 요구하고 있고, 증거에 기초한 논증으로서의 내러티브 쓰기는 역사 평가에도 널리 활용되고 있다. 수업 단위의 평가뿐 아니라 대규모 학력인증 평가로도 활용되고 있다. 다음 〈자료 3-5〉는 고등학생을 대상으로 사료에 기초하여 논증적 역사 글쓰기를 수행하게 하고 학생의 세계사 이해를 평가하는 사료 기반 문항(Document-Based Questions)의 예시이다. 예시 문항은 총 7편의 사료를 읽고 답을 작성하게 되어 있는데, 지면 관계상 이 책에서는 7편 중 3편의 사료만 제시했다.[69]

자료 3-5 **사료 기반 문항 예시**

16세기 인도양의 해상무역에 포르투갈인이 미친 영향을 논하시오.

※ 다음 지도는 7편의 사료와 관련한 참고자료이다. 지도는 사료에 포함되지 않는다.

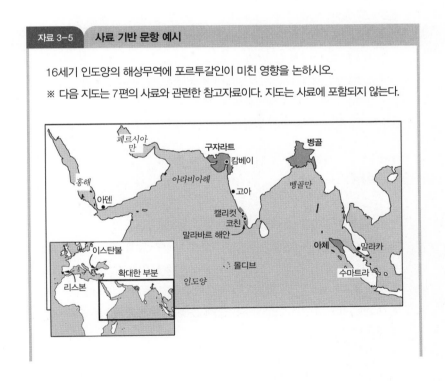

〈사료 1〉

출처: 캘리컷(코지코드)에 도착한 두 번째 포르투갈 원정대와 관련하여 무슬림 상인이 힌두교인 군주에게 1500년에 한 조언. 포르투갈 역사가인 페르냐오 로페스 데 카스타녜다(Fernão Lopes de Castanheda)가 저술하여 1551년에 출판된 《포르투갈인의 인도 발견과 정복의 역사》에 기록되어 있음.

상인이라기보다는 해적에 가까운 포르투갈의 적들을 왕국에 들이며 전하를 낮추시는 행위에 소인들은 놀라움을 금할 수 없습니다. 무슬림 신하인 저희는 항상 전하께 충성을 바쳤고 외국에서 값나가는 물건들을 이 나라로 가지고 왔으며 이 나라의 토산물을 수출하여 전하의 수익을 크게 늘린 바 있습니다. 전하께서 포르투갈인들에게 호의를 베풀고 받아들이시는 것을 보니 마치 전하의 수많은 충성스러운 신하인 저희가 그동안 소임을 다하지 못한 듯하며, 전하께서 저희 신하들이 그동안 행한 업적을 모두 잊으신 듯 보입니다. 이는 전하의 명예를 먹칠하는 동시에 저 이방인들이 전하의 권력을 경멸하도록 만드는 행동이라 생각하옵니다.

포르투갈인들이 바다를 건너 이 도시에 들어오는 진정한 이유는 도시를 침략하기 위해서이지 향료 무역을 위해서가 아닙니다. 무역 거래를 위해 내주신 지역을 포르투갈인들은 요새로 전환할 것이며, 전하께서 생각지도 않고 계실 때 전쟁을 일으킬 것이옵니다. 저희는 수익을 위해서가 아니라 진정 좋은 의도에서 이러한 말씀을 아뢰는 바이옵니다. 저희의 충직한 조언을 무시하신다면, 저희는 인도 말라바르 해안에 향료 무역을 할 수 있는 다른 도시로 이동할 생각이옵니다.

〈사료 3〉

출처: 익명의 포르투갈 궁정 관원이 1560년대 중반 오스만 제국과의 평화 협정 및 자유무역에 대해 포르투갈 세바스티앙 왕에게 쓴 편지

만일 튀르크인들이 인도로 자유롭게 여행하게 되고 자신들의 무역소를 세워 어디서건 무역을 하게 되면, 전하의 수익에 큰 영향을 미치게 될 것이옵니다. 만일 이러한 일이 진행된다면 포르투갈 상인이 수행하는 업무가 튀르크인들에게 넘어가게 될 것입니다. 튀르크인의 제국이 인도에 훨씬 가깝기 때문에 그러하옵니다. 항해 기간이나 비용, 위험부담, 선박이나 상품에 손해를 입을 확률이 모두 포르투갈 상인에 비해 절반도 안 됩니다.

튀르크인들이 인도에서 무역을 하게 되면 후추나 다른 향료에 대한 포르투갈의 독점적 지위는 흔들리게 될 것입니다. 포르투갈 상인과 자유롭게 경쟁하지 못하는 현재에도 뒷구멍으로 페르시아, 벵골, 동남아시아, 중국, 오스만제국으로 무역을 하고 있다고 하옵니다.

그러하오니, 튀르크인들이 자유롭게 무역을 하게 되면 인도 지역의 무슬림과의 돈독한 관계를 기반으로 지금보다 정보력은 더 높아지고 조직체계를 더욱 정비하게 될 것입니다. 그들은 홍해와 페르시아만으로 힘닿는 대로 후추를 보낼 것이고, 향료 무역에 있어 강자가 될 것입니다.

〈사료 6〉
출처: 베네치아의 상인인 세사르 페데리치가 1587년 베네치아에서 출판한 《동인도로의 탐험과 여행》 일부

인도 북동쪽 캄베이 시에서는 힌두 중계인이 대대로 무역소의 업무를 담당해왔다. 포르투갈 상인도 이러한 관습을 따랐다. 모든 외국인 상인은 인도에서 중계인과 함께 일하곤 하는데, 물건을 사고파는 모든 업무를 중계인과 진행해야 한다. 외국 선박이 캄베이에 도착하면 중계인들은 부두로 나가고, 외국인 상인들은 싣고 온 짐을 모두 중계인에게 넘긴다. 상인들은 중계인에게 넘기는 짐을 찬찬히 기록하고 중계인은 하인을 시켜 외국인 상인을 숙박 장소로 모시게 한다. 중계인들은 이런 목적의 숙박시설을 여러 채 운영하고 있었다. 중계인은 상인에게 "제가 무역을 중계하는 동안 가서 푹 쉬세요"라고 말하곤 한다.

인도 남서 지역에서는 고아 다음으로 코친이 포르투갈 상인에게 중요한 곳이었다. 포르투갈 왕국으로 향하는 물건 대부분이 여기서 출발하곤 했다. 코친에서 내륙으로 좀 더 들어가는 곳이 후추 생산 지역이었다. 그렇지만 포르투갈로 나가는 후추는 아라비아나 페르시아로 가는 후추에 비해 질이 낮은 편이었다. 이는 포르투갈 상인들이 코친의 왕과 맺은 계약 때문에 생긴 일로, 워낙 좋지 않은 계약조건으로 후추를 사들였기 때문이다. 인도의 후추 재배인들은 가장 질 낮은 후추를 포르투갈 상인에게 들고 왔는데, 이 때문에 후추는 종종 초록색이거나 흙이나 먼지가 많이 섞여 있었다.

평가의 초점이 증거에 기초한 논증적 역사 글쓰기에 있기에, 제시되는 문두나 사료는 대부분 익숙하지 않은 내용이다. 익숙한 문두나 사료를 제시할 경우, 학생들의 논증 역량 평가라기보다는 기존에 가지고 있던 지식평가에 가까워질 수 있기 때문이다.

사료에 기반한 논증적 글쓰기 평가는 주장, 맥락, 증거, 그리고 분석과 추론이라는 네 영역을 중심으로 이루어진다. '주장' 영역은 역사적으로 타당한 주장을 바탕으로 논증을 전개하는지(1점)를 평가한다. '맥락' 영역은 관련성 있는 역사적 맥락을 설명하는지(1점)를 평가한다. '증거' 영역은 배점이 총 3점인데 문항에 대한 답을 하는 데 있어 최소 3개 사료의 내용을 활용하는지(1점), 자신의 주장을 최소 6개 사료를 활용하여 뒷받침하는지(추가 1점), 추가 증거를 활용하는지(1점)를 평가한다. '분석과 추론' 영역의 배점은 2점으로, 사료 비판을 하는지(1점)와 역사적 주장을 구성하는 데 있어 다양한 요인과 관점을 고려하는지(1점)를 평가한다. 그중 '증거' 영역의 평가기준은 〈자료 3-6〉과 같다.[70]

이와 같은 논증적 글쓰기 평가는 〈자료 3-4〉의 선다형 평가나 〈사례 3-2〉의 수행평가와는 다른 역사 이해의 학습과 평가에 초점을 둔다. 곧 학생들이 역사적 사료를 증거로 활용하여 이로부터 주장을 만들어 내고 자신의 주장을 사료로 뒷받침하는 논증을 할 수 있는지를 평가한다. 언론 및 학계에서 종종 인용되는 프랑스의 바칼로레아 역시 이러한 종류와 수준의 글쓰기를 요구한다. 내러티브 연구가 진행되어오면서 최근 부각되고 있는 증거에 기초한 논증으로서의 내러티브는 역사적 증거에 기초한 역사적 논증을 연습하고 실습할 수 있는 역사 내러티브 쓰기 학습의 필요성을 강조하고 있다.

역사교육 첫걸음

〈자료 3-5〉 사료 기반 문항의 증거 영역 평가기준

[증거 영역(0~3점)]

항목	평가기준	유의사항	학생 답안 예시	평가기준 적용 근거 및 설명
주어진 증거 활용 (0~2점)	질문과 관련된 주제를 언급하면서 자료를 최소 3편의 사료를 활용한다. (1점)	1점을 받기 위해서는 단순 인용을 넘어 포르투갈인이 16세기 해상무역에 영향을 미쳤다는 주제와 관련된 사료 3편의 내용을 정확히 서술해야 한다.	〈사료 3〉 "포르투갈 군대가 일하던 이 명의 관련은 따르고 상인이 인도와 어 스만제국 간 직접 무역을 하지 못하도록 총력을 기울여야 한다고 주장한다."	사료 내용을 정확하게 기술하고 있고 주제와도 관련된 내용이지만 해당 문 장이 학생의 주장을 명시적으로 뒷받침하지는 않는다.
	최소 6편의 사료를 활용하여 주장을 뒷받침한다. (2점)	2점을 받기 위해서는 단순 인용을 넘어 최소 6편의 사료 내용을 정확하게 기술해야 한다. 나아가 사료 내용으로 주장을 뒷받침해야 한다.	〈사료 6〉 "베네치아의 상인 세사르 페 데리차 관련 기술은 김배아에서 포르 투갈인이 무역을 할 때 힌두 중개인에 게 얼마나 의존적이었는지를 여실히 보여준다. 이는 포르투갈인이 기존 인 도양 해상 무역 관행에 적응해나갔음 을 보여준다."	16세기 인도양 해상 무역 포르투갈 인들이 어떻게 변화시켜나갔는지에 관 한 주장을 정확히 뒷받침한 내용으로 뒷받침하 고 있다.
추가 증거 활용 (0~1점)	질문에 대한 답을 도서 제시하는 주 장과 관련된 최소 1편의 역사적 증거 를 추가로 제시한다. (1점)	점수를 받기 위해서는 증거의 내용을 서술해야 한다. 명칭이나 구절만 지시 해서는 점수로 인정할 수 없다. 역사적 맥락 영역에 언급된 내용과는 다른 내 용이어야 한다.	- 캐러벨선(caravels, 16세기 스페인 등에서 사용한 작은 범선) 또는 카라 크선(carracks, 14~16세기) 포르투 갈인의 무장 상선과 같은 항해 관련 포르투갈인의 기술력 - 레판토 해전과 같은 기독교에서 별 어진 오스만제국과 크리스트교 세 력 간의 갈등 - 인도양에서의 포르투갈인의 세력 확 장을 견제하던 사파비 왕조 - 엘라 술탄 왕조가 무너진 이후 인도 지역의 정치적 분열	추가 증거 활용은 대개 구체적 사실을 포함하고 있다. 역사적 맥락으로 채점 되는 문장보다 일반적인 내용인 경 우가 많다. 추가 증거는 포르투갈인이 인도양 해 상 무역에 미친 영향력의 확대나 한계 와 직접적으로 연관되어야 한다.

2) 활용 사례

이론적인 측면에서는 위와 같은 읽기와 쓰기 활동의 필요성에 동조하더라도 이러한 읽기와 쓰기가 학생을 대상으로 하는 역사 수업에서 과연 필요한지, 나아가 실제 역사 수업에서 이러한 읽기와 쓰기가 어떤 방식으로 펼쳐질 수 있는지에 대해 의문을 제기할 수 있다. 여기에서는 교사가 수업을 준비하며 교과서 서술과 사료를 분석하는 과정에서 증거에 기초한 내러티브 논의가 어떻게 접목되고, 어떤 의의를 가질 수 있는지를 살펴보고자 한다.

최근 역사 교과서 서술은 다수의 사료를 수록하고 있어, 사료를 증거로 활용하는 읽기나 쓰기 수업 계획이 예전보다 어렵지 않아 보일 수 있다. 그러나 교과서에 수록된 사료는 교과서 본문의 내용 확인을 목적으로 제시되는 경우가 대부분이며,[71] 이런 목적에서 교과서 본문과 직접적으로 연결되는 부분만을 편집하여 수록하는 방식을 취한다. 따라서 사료가 다수 수록되어 있다고 하더라도, 사료를 활용한 역사 논증을 교과서 서술로부터 읽어내기는 어렵고, 교과서를 읽는 학생 독자는 사료를 증거로 인지하기보다는 암기할 사실의 하나로 받아들인다. 과거 실재와 역사 서술이 일대일 대응이라고 여기도록 만드는 교과서 서술 방식은 이러한 현상을 강화하곤 한다.[72] 교과서 서술과 교과서 사료 간의 관계에 유의하면서 수업을 준비하는 교사의 관점에서 항일 의병 운동 관련 내용을 분석적으로 읽어보자.

항일 의병 운동과 관련한 대표적인 교과서 사료로는 1907년 군대 해산 이후의 의병 사진을 들 수 있다(〈사례 3-2〉 참조). 1907년 가을 무렵 의병을 취재하기 위해 서울에서 지방으로 의병을 찾아 나섰던 캐나다

출신 영국 언론 특파원 매켄지(Mackenzie, F.)가 현재의 경기도 양평 부근에서 의병들을 만나 찍은 사진이다. 1908년 출판된 매켄지의 저서인 《대한제국의 비극》에 수록되었고,[73] 3차 교육과정에 따른 국정 국사 교과서에 등장한 이래 현재까지도 대부분의 교과서에 수록되어 있다.* 최근에는 매켄지가 의병을 만난 후 작성한 기록도 교과서에 함께 제시하는 경향이 있다.** 역사 자료를 분석하고 해석해본 경험이 많지 않고 배경 지식이 풍부하지 않은 학생들에게는 사진 한 장을 통해 의병 활동을 분석하는 것이 쉽지 않은 일이기에, 외신 기자가 군대 해산 직후 의병을 만난 다음 작성한 기록은 수업에서 다양한 방식으로 유용하게 쓰일 수 있다. 교과서에 주로 인용되는 내용은 〈자료 3-7〉과 같으며, 자료의 내용은 1908년에 출판된 《대한제국의 비극》과 1920년에 출판된 《한국의 독립운동(한국의 자유를 위한 투쟁)》에 모두 포함된 〈의병과 더불어(With the Rebels)〉 장과 관련이 있다.*** 매켄지의 기록은 의병을

- • 　3~5차 및 7차 교육과정에 따른 고등학교 국정 교과서에 수록되었다. 6차 교육과정에 따른 고등학교 교과서에는 '한말 의병장이 간직했던 태극기 사진'과 '대한제국의 시위대 사진'이 수록되었다. 고등학교 한국사 교과서가 검정으로 전환된 이후에도 많이 활용되고 있는 사진이다.
- •• 　매켄지의 의병 기록은 2011년판 고등학교 한국사 교과서 4종과 2014년판 고등학교 한국사 교과서 5종에 수록되었다. 2011년판과 2014년판 고등학교 한국사 교과서에 과반 이상 수록된 사료 총 50건 중 하나이다. 박진동·이미미, 〈교과서 사료의 빈도 분석을 통한 한국사 핵심 사료의 제시 가능성 탐색〉, 《역사교육연구》 30, 2018.
- ••• 　두 저서의 〈의병과 더불어〉 장은 거의 동일한 내용을 담고 있지만, 의병 사진은 《대한제국의 비극》에만 실려 있고, 《한국의 독립운동》 〈의병과 더불어〉 장에는 일부 추가된 내용이 포함되어 있다. 국내에 번역된 《한국의 독립운동》에서는 〈의병과 더불어〉를 〈의병종군기〉로 표기하고 있다. F. A. McKenzie, *The Tragedy of Korea*, E. P. Dutton & Co., 1908, https://archive.org/details/tragedyofkorea00mckeuoft/mode/2up?ref=ol&view=theater; F. A. 매켄지, 신복룡 역주, 《대한제국의 비극》,

교과서에 주로 인용되는 의병 관련 자료

"일본을 이길 수 있다고 생각합니까?"

"이기기 힘들다는 것은 알고 있습니다. 어차피 싸우다 죽겠지요. 그러나 일본의 노예가 되어 사느니 자유민으로 죽는 것이 낫습니다."

한국인은 비겁하지도 않았고 자기 운명에 대해 무심하지도 않았다. 한국인들은 애국심이 무엇인지 몸으로 보여주고 있었다.

— 매켄지, 《한국의 독립운동》

직접 찾아가 만난 후 작성한 기록으로 의미가 있으며, 당대 의병과 관련한 중요 사료이다.

내러티브 논의를 적용한다면 당시 사진이나 기록과 같은 사료의 제시 자체를 넘어 사진이나 기록을 활용한 논증에 관심을 가지게 된다. 〈자료 3-7〉과 같은 자료를 증거로 대하는 방법의 하나는 원자료를 확인하고 맥락 속에서 자료를 확인하는 것이다. 그런데 이 자료의 경우 원문인 《한국의 독립운동》을 확인하면, 교사는 문제에 봉착하게 된다. 교과서에 인용되는 문구와 정확하게 일치하는 부분을 원문에서 찾을 수가 없기 때문이다. 교과서 인용 부분과 가장 유사한 원문의 내용은 〈자료 3-8〉과 같다. "일본을 이길 수 있다고 생각합니까?"라는 질문은 원문에 등장하지 않으며 의병의 애국심에 대한 언급은 매켄지가 의병과 대화를 나누기 전에 등장한다. 나아가 〈자료 3-7〉과 〈자료 3-8〉의

집문당, 2019; F. A. McKenzie, *Korea's Fight for Freedom*, Fleming H. Revell, 1920, https://archive.org/details/koreasfightforfr00mckerich/mode/2up?ref=ol&view=theater; F. A. 매켄지, 신복룡 역주, 《한국의 독립운동》, 집문당, 2019.

나는 그들[매켄지 숙소를 찾아온 의병 7명]을 보면서 불쌍하다는 생각을 했다. 아무런 희망이 없는 싸움을 하다가 죽을 목숨들이었다. 그러나 오른쪽에 서 있던 중사의 반짝이는 눈과 미소는 마치 나를 꾸짖는 듯했다. 동정! 나의 동정은 헛된 것일지도 모른다. 아무리 잘못된 방식이라고 하더라도 적어도 그들은 동포들에게 애국심의 모범을 보여주고 있었다. (…) 나는 그[의병 7명이 매켄지를 찾아왔던 날 일본군과의 싸움을 지휘했던 의병]에게 의병 부대의 조직을 자세히 물어봤다. 의병은 어떻게 구성되어 있는가? 그의 이야기에 기초해볼 때, 의병에는 조직이 사실상 존재하지 않음이 분명했다. 각각의 여러 무리가 느슨하게 연결되어 있었고, 각 지역의 부자들이 자금을 댔다. 그는 이를 1~2명의 의병에게 비밀리에 전달했고, 자금을 전달받은 이들 주변으로 의병이 모이는 방식이었다. 그는 의병의 전망이 밝지 않다는 점을 인정했다. 그는 "우리는 죽을지도 모릅니다"라고 말했다. "그렇게 된다면 죽어야죠. 일본의 노예로 사는 것보다 자유민으로 죽는 것이 훨씬 낫습니다." (…) 한국인들이 "겁쟁이"이라든지 "무관심"하다는 비난은 그 힘을 잃어가고 있었다.[74]

애국심 관련 문장을 통해 전달되는 의미에는 차이가 있다. 매켄지가 생각하기에 의병들의 행동은 일본에 대항하는 효율적인 방식은 아니었다. 의병을 찾아가 만난 후에도 이와 같은 비판적인 시각은 변하지 않는다. 매켄지는 의병 활동이 일본에 대항하는 "잘못된 방식"이라 여기고 있지만 적어도 나름의 의미가 있다고 보고 있다.[75] 그러나 교과서 문장에서 매켄지의 이와 같은 시각을 읽어내기란 불가능하다. 교과서 문장의 주어는 "의병들"도 아닌 "한국인"으로 일반화되어 있으며, "비록 잘못된 방식이라도"를 생략한 채 〈의병과 더불어〉 장의 마지막 문장에 이어서 들어간 문장은 매켄지가 한국인의 애국심을 칭송하고 있다고 이해하게 만든다. 원문에서 "겁쟁이"나 "무관심"이 언급되었던 문장의 의미는 〈자료 3-7〉의 "한국인은 비겁하지도 않았고 자기 운명에 대해 무심하지도 않았다"와는 차이가 있다.[76] 교과서에 따라서는 이 부분에 "당신들은 언제 전투를 했습니까?"나 "오늘 아침에 저 아랫마을에서 전투가 벌어졌습니다"와 같은 내용을 추가한 경우도 있다. 이 역시 원문에는 등장하지 않는 문구이다.

〈자료 3-7〉처럼 원문에서 확인할 수 없는 내용이 오랜 기간에 걸쳐 여러 편의 교과서에 등장하는 현실은 역사 교과서 서술 자체가 증거에 기초한 논증적 글쓰기와는 거리가 먼 서술임을 여실히 드러낸다. 또한 교과서를 서술하는 저자도, 교과서를 읽는 독자도 증거와 교과서 서술을 비교·검토하지 않고 있다는 현실을 보여주고 있다. 이 경우 역사 교과서 서술은 증거에 기초한 논증이라기보다는 집단기억의 생성 발판이자 증폭제에 가깝다고 봐야 할 것이다. 이를 단순한 교과서의 오자나 오기로 치부하기는 어렵다. 출처가 명확하지 않은 자료가 오랜 기간 교과서에 사료로 실리고 받아들여졌기 때문이다. 이렇게 교과서를 읽었을 때, 교사는 교과서의 해당 자료를 어떻게 활용하면 좋을지에 대한 의사결정을 내려야 한다. 교사에 따라 의사결정의 결과는 다를 것이다. 그러나 내러티브 논의는 교사로 하여금 이러한 의사결정 과정을 마주하는 데에 이르는 것을 도와줄 수 있다. 내러티브 논의의 적용과 활용은 소논문 쓰기처럼 큰 단위의 활동이 아니더라도, 이처럼 한 편의 교과서 사료를 증거라는 측면에서 읽고 이를 수업에서 어떻게 활용할 것인가를 궁리하는 작은 단위에서도 이루어질 수 있다.

이와 같은 읽기는 전형적인 교과서 읽기와는 다른 방식이며, '역사

역사교육 첫걸음

하기' 수업을 계획하고 실행하고 평가하는 큰 흐름 속에서 증거에 기초한 논증으로서의 내러티브 읽기를 실천하는 한 모습을 보여준다. 이와 같은 교과서 읽기를 수업에 적용하는 방안은 매우 다양하며, 읽기 이외의 영역에도 다양하게 접목될 수 있다. 수업의 계획, 실행, 평가 전반에서 과거 실재 – 증거 – 역사 서술 간의 관계를 검토하고, 증거로부터 추론을 거쳐 논증적 주장을 만드는 경험이 가능하기 때문이다. 손쉽고 기본적인 차원에서의 역사적 증거와 역사 내러티브 관계 검토는 교과서에 인용되는 한두 문장의 사료를 인용된 부분의 앞과 뒤를 포함하여 맥락 속에서 읽어보며 추가 사료를 확인해보는 것이다. 이 과정에서 이 책의 2장에서 다룬 역사적 사고를 활용하여 활동을 심화·확대할 수 있다. 내러티브에 담긴 주장이 어떤 증거로부터 도출되었고 어떤 방식으로 구성되었는지를 검토하면서 읽는 연습은 작품적·비판적·해체적 읽기의 한 부분으로, 이 책 2장의 역사적 사고나 4장의 역사 연구 방법의 한 측면이기도 하다. 이렇게 함양한 역사에서의 읽기와 쓰기 역량은 일상생활의 다양한 측면에 적용될 수 있다는 장점도 가진다. 신문 기사를 읽을 때든, 영화를 볼 때든 활용 가능한 역량이기 때문이다.

내러티브 논의는 가장 자주 활용되는 교재인 교과서 서술의 특징을 파악하는 데 도움을 주며, 증거와 내러티브의 관계를 확인하는 읽기와 쓰기의 중요성을 일깨워준다. 나아가 학생들이 역사 내러티브를 읽거나 스스로 내러티브를 작성할 때, 증거를 확인하고 증거에 기초하여 논증을 통해 내러티브를 구성하는 역량의 필요성을 보여준다. 역사 교수·학습의 측면에서 내러티브 논의는 이야기체 내러티브를 통한 학습자의 흥미 자극을 넘어, 역사 내러티브를 읽고 토의하고 서술함에 있어 역사 서술이 단지 과거를 전달해주는 도구가 아니라 과거에 의미를 부여하는 틀로서 작용하며, 이 과정에서 증거와 내러티브의 관계에 대한 면밀한 고려와 검토가 중요하다는 점을 일깨워준다. 물론 내러티브 논의의 중요성이 증거와 서술의 관계에 한정되지는 않는다. 그렇지만 과거 실재 – 증거 – 역사 서술 간의 관계, 역사가와 역사 서술의 관계는 내러티브 논의의 핵심적인 영역이며, '역사하기'에서 핵심적인 활동인 역사 읽기와 역사 쓰기의 교수·학습적 구성을 고려할 때 증거에 기초한 논증으로서의 내러티브는 중요한 방향성을 제공한다.

5. 나가며

내러티브는 역사교육의 다양한 방면에 영향을 주었고, 이 과정에서 내러티브가 "역사 연구와 서술, 그리고 역사교육의 문제점을 일소할 수 있는 대안"처럼 다루어지는 현상이 나타나기도 했다.[77] 이 글에서는 다양한 내러티브 용례를 좁은 의미와 넓은 의미의 내러티브로 정리했고, 또 다른 구분인 담론으로서의 내러티브와 사고방식으로서의 내러티브를 활용하여 기존 연구를 검토했다. 이는 큰 관심을 받았던 내러티브 연구를 분석적으로 살피는 틀을 제공함으로써 향후 내러티브 교수·학습 연구 기반을 다지기 위한 작업이다. 역사교육에서 내러티브에 대한 논의는 역사학에 대한 인식론적 성찰을 통해 역사교육에서 중점을 두어야 할 내용이 무엇인지를 정교화하고 세련화했다는 점에서 의의를 찾을 수 있다. 내러티브는 이야기로, 또는 의미를 부여하는 틀로 역사

교육 연구에 받아들여졌고 이 과정에서 역사는 해석이라는 점, 과거를 그대로 재현하는 것 이상이라는 점, 과거에 있었던 사실과 사건을 증거에 기초하여 논증해낸다는 점이 강조되었다. 이렇게 볼 때, 역사 교수·학습에서 내러티브의 분석, 서술, 이해는 여전히 핵심적인 위치를 차지한다. 내러티브 논의 활용을 통해 지속적으로 역사 이해를 향상시키기 위해서는 다양하고 창의적인 내러티브의 활용을 모색하고 체계적으로 경험 연구를 축적해나갈 필요가 있다.

활동 3-3 | **가르치는 입장에서** | **글쓰기 수행평가를 만들어보자.**

※ 고등학생을 대상으로 〈사례 3-2〉 일기쓰기 수행평가를 증거에 기초한 논증적 역사 글쓰기 수행평가로 바꾸어보자. 학생들이 역사적 증거를 면밀하게 검토하고 증거로부터 해석을 추론해내는 과정을 경험하도록 해야 한다는 점에 유의하자.

1. 의병 관련 국가 교육과정의 성취기준, 교과서 내용, 학생의 선행지식과 관련 내용에 대한 교사의 이해를 검토하자.

2. 〈사례 3-2〉 일기쓰기 수행평가 문두를 바꾸어보자. 이를 위해 증거에 기초한 논증적 역사 글쓰기를 통해 의병을 학습하는 데 적합한 중심 질문을 궁리해보자. 동료들과 다음 예시 질문 중 어떤 질문이 증거에 기초한 논증적 역사 글쓰기를 하는 데 더 적합할지 토의해보고, 자신의 수업에서 제시할 중심 질문을 작성해보자.

"의병은 무엇을 위해 싸웠을까?"
"의병의 생활은 어떠했을까?"
"의병은 어떤 어려움을 겪었을까?"
"당대 사람들은 의병을 어떻게 생각했을까?"

중심 질문: _____

3. 중심 질문을 염두에 두면서 매켄지가 저술한 《대한제국의 비극》의 〈의병과 더불어〉 장을 읽어보자. 학생들에게 어떤 부분을 사료로 제시하면 좋을지 생각해보자. 학생의 읽기 수준과 배경 지식을 고려하여 의병 사진과 함께 제시할 부분을 선정해보자. 이 과정에서 중심 질문의 적절성을 검토해보고 필요하다면 바꾸어보자.

4. 학생들이 매켄지 자료를 증거로 대하고 비판적으로 읽기 위해서는 매켄지와 《대한제국의 비극》에 대한 지식이 필요하다. 저자와 자료 관련 내용을 조사해보고 의병에 관한 연구 논문도 찾아 읽어보자.

5. ① 중심 질문, ② 매켄지가 찍은 의병 사진, ③ 《대한제국의 비극》의 〈의병과 더불어〉 장의 발췌 내용을 가지고 수행평가 활동지를 작성해보자. 자료의 출처와 함께 해당 자료를 증거로서 비판적으로 읽는 데 필요한 정보를 제공하자.

6. 학생들이 증거를 꼼꼼히 읽고, 증거에 기초해 자신의 주장에 대한 근거를 찾고, 근거로 뒷받침된 주장을 전개하도록 수행평가 활동지 초안을 구성해보자.

7. 수행평가 활동지 초안을 살펴보며 평가기준을 만들어보자. 작성한 평가기준으로 학생의 역사 이해 수준을 판단할 수 있을지 동료들과 토의해보자.

8. 동료와 함께 수행평가를 확대 또는 심화하는 방안을 토의해보자. 논증을 위해 필요한 다른 자료가 있다면 추가해보자. 학생의 주장을 반박하는 자료를 추가하여 이를 토대로 학생의 주장을 강화·기각·보완·성찰하는 단계의 설정을 고려해보자. 2장의 역사적 사고 활동이나 4장의 역사 연구 방법을 접목하여 수행평가를 확대·심화하는 방안도 생각해보자.

4장

역사 교수법

역사답게 가르치기 위해
무엇을 고려할 것인가?

1. 들어가며

역사를 어떻게 가르칠까? 역사 수업을 어떻게 해야 할까? 예비 교사들은 수업 시연이나 교육 실습을 앞두고, 경력 교사들은 새 학년, 새 과목, 새 단원의 수업 시작을 앞두고 흔히 이런 고민을 하게 된다.

다음 〈사례 4-1〉 속 교사 역시 고등학교 '한국사' 과목에서 일제강점기를 어떻게 가르칠까에 대해 고민하고 있다. 그리고 가르치는 방법으로 교사의 강의, 학생의 사료 읽기, 학생의 동영상 시청을 고려한다. 이때 학생들이 지루해할지, 어려워할지 등 학생들의 반응을 감안하려 한다. 그리고 고민 끝에, 다른 교사들은 일제강점기 수업을 어떻게 하고 있는지 알아보려고 한다. 그런데 이때 '어떻게 가르칠까'에서 '어떻게'는 무엇을 뜻하는 것일까? 이 사례에 따르면 교사가 말한 '어떻게'는 교재나 교수법을 뜻할 가능성이 높아 보인다. 더구나 가르칠 내용이 국가 교육과정과 이에 따른 교과서(이른바 진도)에 의해 거의 정해져 있다고 생각한다면, 무엇을 가르칠 것인가는 거의 결정돼 있다고 여길 가 사례 4-1   '어떻게' 가르칠까?

저는 다음 달부터 본격적으로 일제강점기 진도를 나갈 것 같아요. 그런데 일제강
점기를 **어떻게** 가르칠지 고민이에요. 강의가 많으면 학생들이 지루해할까요? 당
시 사람들이 남긴 사료를 읽고 시대상을 파악하도록 하면 학생들이 어려워할까
요? 아, 인터넷 동영상 중에서 볼 만한 게 있는지 찾아볼까도 싶네요. 우선 다른
선생님들이 일제강점기 수업을 **어떻게** 하고 있는지부터 좀 찾아봐야겠어요.

— 고등학교 '한국사' 담당 교사 A

능성이 높고, 어떻게 가르칠까 하는 고민은 교과서 외 자료 활용이나
학생 활동 여부, 즉 교재와 교수법을 결정하는 데 국한될 가능성이 높
다. 그리고 이때 교재와 교수법의 선정에서 교과서와 교사의 강의는
기본으로 포함되는 경우가 흔하다.

역사 수업에서 교과서를 활용하고 강의를 포함시키는 것은 일반적
인 현상으로 보인다. 중학교 '역사' 담당 교사 101명이 응답한 설문
에 따르면, 설문 참여자의 85%는 거의 매 수업마다 강의를 한다고 답
했는데, 강의 외에 두드러지게 나타난 교수법은 없었다. 또한 설문 참
여자 중 92%가 역사 수업을 할 때마다 교과서를 사용한다고 답했는
데, 이는 사료(20%)와 동영상(19%)을 거의 매번 사용한다는 응답에 비
해 압도적이었다.[1] 또한 예비 역사 교사 191명의 교육 실습 수업 경험
을 조사한 연구에 따르면, 예비 역사 교사들도 강의 위주의 수업을 실
행했다고 응답한 경우가 절반에 가까웠다. 1위는 학생의 흥미와 참여
를 고려한 활동의 비중이 높은 '학생 활동 중심형' 수업(47%)이었으나,
2위는 교사의 강의 위주에 약간의 학생 활동을 추가하는 양상인 '인터

넷 강의형(인강형)' 수업(42%)이었다.[2]

역사 교사나 예비 역사 교사들이 강의식 수업을 많이 한다는 사실 자체를 문제시하는 것은 바람직하지 않다. 강의식 수업이 곧 주입식 교육은 아니기 때문이다. 특히 역사와 같은 교과에서는 과거 사실에 관한 지식이나 이해가 기본적으로 중요한데 학생이 사전 지식이나 자신의 경험만으로 과거를 스스로 이해하기는 어렵다. 따라서 교사의 설명이나 강의가 큰 도움이 된다. 더불어 역사 수업에서 강의 비중이 높다고 해서, 교과서를 주로 사용한다고 해서, 교사가 자신이 가르칠 방법과 교재에 대해 고민을 적게 한다고 볼 수는 없다는 점에도 유의해야 한다.

앞서의 사례에서처럼 역사를 어떻게 가르칠까의 문제는 주로 교재와 교수법의 선정에 관한 것을 떠올리기가 쉽다. 그러나 조금만 더 생각해본다면, 어떻게 가르칠까의 문제는 단지 교수법이나 교재에만 국한되어 있지 않다. 이 장에서는 역사를 가르치는 방법, 즉 역사 교수법이란 무엇인지, 그동안 어떤 교수법들이 제시되어왔는지, 역사 수업을 역사답게 가르칠 방법을 적절하게 선택하려면 무엇을 고려해야 하는지에 대해 숙고해보고자 한다.

2. 역사 교수법의 의미

1) 역사를 어떻게 가르칠까: '어떻게'의 의미

다음 〈사례 4-2〉의 대화를 살펴보자. 교사 B의 어떻게 가르칠 것인가

- **교사 B:** 선생님들, 올해 한국사 수업은 **어떻게** 하실 거예요?
- **교사 C:** 저는 유튜브에서 수업에 쓸 영상을 찾아 정리해뒀어요.
- **교사 D:** 저는 모둠별 토론 활동을 잘해보려고요.
- **교사 E:** 저는 '세계사 속 한국사'라는 맥락에서 중단원별로 세계사적 배경을 넣었어요.
- **교사 F:** 저는 학생들이 도덕적 판단을 잘 내렸으면 좋겠어요. 그래서 역사적 인물이나 사건에 대한 평가를 많이 다루려고요.

하는 물음에 대해 교사 C는 영상을 골라놨다고 답했다. 즉, 교재의 측면에서 답했다. 교사 D는 모둠별 활동, 즉 학생 활동 유형에 대해 답했다. 교사 E는 세계사 속 한국사라는 맥락을 강조하는 것으로 보아 한국사와 세계사의 관계를 어떻게 볼 것인가, 즉 역사관의 측면에서 답했다. 이는 한편으로는 가르칠 내용의 선정과 체계 구성에도 해당하므로 교육과정의 측면에서 답한 것이기도 하다. 교사 F는 학생들이 도덕적 판단을 잘 내리기를 바란다는 교육관의 측면에서 답했다. 이처럼 우리가 흔히 어떻게 가르칠 것인가 하는 질문 속 '어떻게'에는 교재, 역사관, 교육관, 교육과정, 가르칠 내용 등 서로 다른 개념과 범주들이 포함되어 있다.

이는 전국역사교사모임이 발행한 《현장교사들이 쓴 역사교육론: 우리 아이들에게 역사를 어떻게 가르칠 것인가》에서도 확인할 수 있다. 이 책은 '역사를 어떻게 가르칠 것인가'에 대한 답으로서 단지 여러 교수법을 나열하지 않고, 역사교육의 목적(무엇을 역사 수업의 목적 또는 목표로 삼을 것인가), 역사관(역사란 무엇인가), 가르칠 내용(어떤 역사적 사실을 가르칠 것인가), 교육과정 또는 교수 계획(가르칠 내용을 어떤 순서와 체계로 가르칠 것인가), 교재(어떤 교재를 활용할 것인가), 학생 활동(학생에게 어떤 활동을 하게 할 것인가) 등을 포함한 답변을 제시했다.[3]

　이처럼 역사를 어떻게 가르칠 것인가 하는 문제는 역사를 무엇으로 (어떤 수단을 활용해) 가르칠 것인가에만 국한되지 않는다. 역사를 어떻게 가르칠 것인가의 문제는 (이른바 교육관, 교수 신념[teaching beliefs], 역사관, 역사교육관, 역사교육 목적, 역사 수업의 지향, 수업에서의 의사결정 등으로 표현되는) 역사 교사의 교육적 의도, (역사적 사실, 역사 해석, 사실과 해석의 역사[사학사], 역사 연구의 방법 등을 포함하는) 가르칠 내용으로서의 역사, 역사를 가르치는 데 적합한 교수법과 교재의 범주 등을 포괄한다. 가르친다는 것은 '교사의 수많은 의사결정이 복합적으로 이루어진 복잡하고 다층적인 사고활동의 결과물'이기 때문이다.[4]

　교사가 수업을 한다는 것은 가르칠 내용과 방법에 관한 의사결정을 이미 내리고 이를 실행에 옮김을 뜻한다. 이때 교사는 수많은 의사결정 과정을 거치게 되는데, 교사가 수업을 위해 해야 할 의사결정은 교육 목표와 수업의 목표, 학생의 특성과 요구, 가르칠 내용, 가르칠 방법에 관한 것이라 할 수 있다. 그리고 교사로서 학생의 성장과 발달을 돕고자 가르칠 내용과 방법을 선택하는 행위는 즉흥적 또는 우연적 판단이 아니라 심사숙고와 노력의 결과일 필요가 있다. 이러한 의사결정을 적절하게 내리기 위해 교사에게 필요한 노력에 대해, 미국의 교육심리학자 슐먼(Shulman, L.)은 수업 관찰, 교육 실습, 수업 경험과 같은 실제적 경험을 하기, 유능한 교사와 그렇지 못한 교사의 행동에 대한 사례

논문 읽기, 수업에 대한 개념이나 패러다임 변화에 대한 글 읽기, 교과 내용과 교수법에 대한 연구 논문 읽기 등을 제시하기도 했다.[5]

이처럼 역사를 **어떻게** 가르칠 것인지에 관한 수많은 의사결정들을 잘해내기 위한 대전제로서 이 글에서는 세 가지를 강조하고자 한다. 첫째, 가르치는 것, 즉 **교수 행위가 자연스러운 행위가 아니라 매우 의식적이고 선택적인 행위라는 점을 이해해야 한다.** 러시아의 심리학자 비고츠키(Vygotsky, L.)에 따르면, 학습자는 자기가 속한 문화역사적 맥락 속에서 성장하는데, 이 과정에서 학습자는 교사와 같은 어른의 안내나 자기보다 더 능력 있는 또래와의 협력을 통해 발달해간다.[6] 비고츠키가 학습자 간 협력을 강조하면서 교수자의 개입을 최소화하기를 강조한 것으로 오해하는 경우가 많다. 그러나 비고츠키는 배움을 이끌어내는 교수자의 역할을 강조했다. 그는 배움을 제공하는 교수자가 학습자의 실제적 발달 수준(level of actual development)보다는 잠재적 발달 수준(level of potential development)을 고려하여 가르치거나 피드백하는 것이 학습자의 발달에 중요하다는 점을 강조했다. 또한 실제적 발달 수준과 잠재적 발달 수준 사이의 거리를 근접 발달 영역(zone of proximal development)이라 규정하면서, 실제적 발달 수준은 독립적 문제 해결에 의해 결정되지만, 잠재적 발달 수준은 어른의 안내 혹은 더 능력 있는 또래들과의 협동을 통한 문제 해결에 의존한다고 보았다.[7] 따라서 교사가 학생의 이해와 성장을 돕고자 한다면, 어떻게 가르쳐야 학생이 잘 배울 수 있을까에 대한 고민과 의식적 선택은 교사와 학생 모두에게 매우 중요하다.

그러나 둘째, **교사의 교수(teaching) 행위 자체가 학습(learning)을 보**

장하는 것은 아니라는 점도 이해해야 한다. 즉, 교사가 무언가를 가르친다고 해서 학생이 그것을 배운다는 보장은 없다. 가르치는 것과 배우는 과정이 일방적이거나 단선적이지만은 않기 때문이다.[8] 가령 교사나 학생의 주관적 요인이나, 교사와 학생이 함께 처한 수업의 환경, 학생의 개인적·사회적 배경과 맥락 등이 학생의 학습에 상당한 영향을 미친다. 게다가 학생은 의도된 교육으로서의 '표면적 교육과정'에서만 배우는 것이 아니라 학교 교육에서 의도되지 않은 경험, 즉 '잠재적 교육과정(hidden curriculum)'을 통해서도 학습을 한다.[9] 그러므로 학생이 학습한 결과가 교사가 가르친 결과와 동일하다고 할 수는 없다. 학생의 학습이 어떻게 이루어지는가 하는 문제에 관한 연구, 즉 학습 이론은 교수 이론과 구분이 가능할 뿐 아니라 구분이 필요한 영역이다.[10] 학습 이론은 배움이 무엇이고 어떻게 일어나는가를 설명하는 것인 반면, 교수 이론이란 배움을 돕기 위해 가르치려는 계획, 방법, 과정에 대한 이론이다.

　교수와 학습이 상호적인 과정이고 이 과정에서 교사와 학생이 서로 배울 수 있음은 자명하다. 그럼에도 교사가 학생의 이해와 성장을 돕고자 하는 교육적 의도를 지닌, 학생과는 구분되는 교육적 행위 주체임을 고려한다면, 교수 목적뿐 아니라 이를 구현하기 위한 교수 이론은 학습 이론과 상호의존적이면서도 독립적인 영역일 수밖에 없다. 이는 교수와 학습이 상호적으로 일어나더라도 교수와 학습의 메커니즘, 즉 그 원리와 구조가 똑같지는 않다는 것을 뜻한다. 따라서 교사 양성 과정에서 교과의 내용과 교과에 관한 교수법을 공부하는 것은 잘 가르치기 위한 기초이자 시작의 단계이다. 또한 교사가 된 이후에도 다른 교사의 수업을 관찰하고, 본인의 수업을 실행하고, 이를 성찰하는 과정은 교사의 성장에 필수적이다. 교사가 개인적으로든 교사학습공동체를 통해서든 잘 가르치기 위한 의사결정을 내리고 이를 실행하고 성찰하여 자신의 수업에 다시 적용함으로써 장기적으로 그 교사의 교수 전문성, 즉 수업 전문성 신장에 기여하게 된다.

셋째, '어떻게' 가르칠지에 대한 수많은 의사결정에서는 가르치고자 하는 내용인 역사에 대한 고려가 필수적이다. 역사에 대해 고려할 필요성이 가르칠 내용에만 해당한다고 생각하기 쉽다. 그러나 가르칠 내용뿐 아니라 가르칠 방법에 대해서도 역사를 고려해야 한다. 예를 들어 미술 교사가 가르치는 미술사와 역사 교사가 가르치는 미술사가 그 수업의 내용과 방법이 똑같다면, 사실상 융합 수업은 무의미할 것이다. 역설적으로 미술 수업과 역사 수업의 만남을 시도하는 미술사 수업이 의미 있으려면, 역사 수업이기 때문에 미술 수업과 달리 학생들에게 도움이 될 수 있는 측면이 무엇인지 별도의 고민이 필요하다.

2) 역사 교수법에 대한 접근

교수법은 말 그대로 가르치는 방법(teaching method)이라는 뜻이다. 일반적으로 방법이란 어떤 일을 해나가거나 목적을 이루기 위해 취하는 수단이나 방식을 뜻한다. 따라서 가르치는 방법, 즉 교수법이란 교사가 가르치는 목적을 이루기 위해 취하는 수단, 방식, 기술, 장치 등을 뜻한다. 《교육학용어사전》에서도 방법을 "주어진 수단에 의해서 목적을 실현하는, 즉 수단과 목적을 연결 짓는 원리"라고 규정한다.[11]

교수법은 교수 설계(instructional design)의 일부라고 할 수 있다. 교수 설계란 수업 또는 교수·학습 과정에서 교수 목적과 목표, 내용과 방법, 평가가 유기적일 수 있도록 수업의 전 과정을 체계적으로 계획하는 것을 뜻한다.[12] 또한 교수법은 수업 모형(instructional model)의 일부라고도 할 수 있다. 교사는 자신의 전문적인 판단으로 수업을 하지만, 전문가들이 연구를 통해 개발한 일정한 틀을 참고하여 자신의 수업을 체계적으로 설계하기도 하는데, 이때 적용할 수 있는 수업의 틀을 수업 모형이라고 한다.[13] 즉, 수업 모형이란 일종의 제안된 수업틀인데, 교사가 이러한 수업 모형에 대한 이해를 높이는 것은 가르치는 방법을 이해하고 활용하는 데 유용한 측면이 있다.

일반적으로 가르칠 내용과의 관련성을 기준으로 할 때, 교수법을 보는 관점은 크게 두 가지로 나뉜다. 교수법이 가르칠 내용과 어느 정도 독립적으로 적용될 수 있다고 보는 견해와, 가르칠 내용과 분리되기 어려운, 즉 교과 내용 영역에 특정적인(domain-specific) 측면을 지닌다고 보는 견해다. 교과의 경계를 넘나드는 일반적이고 보편적인 교수법이 존재하고 그러한 방법이 중요하다는 견해는 전자에, 가르칠 내용이 가르칠 방법을 결정한다고 보는 견해는 후자에 속한다.[14] 전자는 영역 일반적(domain-general) 접근 또는 영역 중립적(domain-neutral) 접근이라고 불리고, 후자는 영역 특정적(domain-specific) 접근이라고 불린다.[15]

역사를 가르치는 방법에 대한 관점들도 위와 같은 관점과 유사하게 논의되어왔다고 볼 수 있는데, 여기에서는 세 가지로 구분해 제시하고자 한다. 첫째, **교과를 막론하고 적용 가능한 교수법들이 존재하므로, 교과별 특성이나 학문적 특성에 기초하는 교수법보다는 범교과적 교수법이 학생의 성장과 발달에 더욱 중요하다고 보는 관점**이다. 이러한 관점은 대다수 학문 분야에 대해 보편적으로 적용할 수 있는 교수 원리가 있다고 본다.[16] 따라서 학생의 성장과 발달에서 고려할 것으로서 교과보다는 교육의 일반 이론과 일반 목표에 압도적인 관심을 둔다. 근래에 들어 수업에 대한 학생 참여를 중시하면서 블렌디드 러닝, 플립드 러닝, 비주얼 씽킹, 하브루타 등의 교수 전략과 교수법이 많은 관심을 받고 있는데, 이때 교과를 막론하고 교육의 일반 목표에 효과적이라고 알려진 교수법은 역사 수업에서도 효과적이라고 보는 입장이 상당하다. 이러한 접근이 이 관점에 속한다고 할 수 있다.

또한 가르칠 내용의 선정은 모(母)학문의 영역에 해당하지만, 가르칠 방법의 선정은 교육학의 범교과적 또는 교과 공통적 교수 이론과 모형에 해당한다는 인식도 이 관점에 해당한다. 실제로 많은 연구들이 특정 교수 이론이나 교수 전략에 따라 특정 수업 모형의 유용성을 제기하고, 해당 모형의 역사 수업 적용 사례를 제시하는 데 초점을 맞춰왔다. 이러한 인식은 교사 양성 교육과정에서도 쉽게 접할 수 있다. 가르칠 내용은 역사학에서, 가르칠 방법은 교육학에서 차용하는 방식도 이 관점에 속한다고 볼 수 있다.

교과를 막론하고 적용 가능한 교수법이 존재한다고 여기고 이를 중시하는 첫째 관점에서 교수법을 다루는 연구들의 경우에는 대체로 역사 수업에서 행해졌거나 역사 수업에 적용할 만한 교수법을 다루지만, 해당 역사 수업이 다루는 역사적 사실은 분석 대상에 거의 포함시키지 않는다는 특징이 있다. 가령 학생 참여형 수업을 중시하는 역사 수업 연구들 가운데 중학교 역사 수업에서 플립드 러닝을, 초등학교 역사 수업에서 비주얼 씽킹을 다룬 연구가 있다.[17] 이 연구들은 플립드 러닝과 비주얼 씽킹 교수법의 효과를 검증하는 데 초점을 두었다. 따라서 각 연구 결과는 플립드 러닝이나 비주얼 씽킹을 통한 학생의 수업 참여 및 학습의 효과성을 수치로 보여준다. 다만 각 연구에 해당하는 역사 수업들이 다룬 역사적 사실은 애초에 연구 문제나 분석 대상이 아니었다. 처음부터 연구 문제 자체에 역사 수업의 내용과 교수법의 상관성이 포함되지 않았다면, 이러한 연구 설계 자체가 문제 될 것은 없다. 그럼에도 해당 역사 수업의 내용이 해당 수업에서 선택한 교수법과 얼마나 유기적인지에 따라 학생의 역사 이해를 도울 수 있었는지에 대한 성찰을 간과해서는 안 될 것이다.

이러한 특징은 역사교육에 관한 개설서들에서도 흔히 찾아볼 수 있는데, 여러 교과들에서 활용하는 교수 모형이나 교수 전략을 역사 수업에서도 활용 가능한 방법으로 소개하는 경우도 이에 해당한다. 가령 《歷史科 教育》(1975)은 학습형태의 유형을 강의법, 문답법, 토의법으로 구분해 소개했다. 이 책은 강의법이 주입식 방법이라고 불리면서도 가장 널리 사용되고 있다는 점을 지적했고, 치열한 상급학교 입시 준비를 위해 단시일에 많은 내용을 가르칠 수 있다는 점에서 애용되지만, 교과서의 제재를 재조직하고 보충하는 기회와 수단이 된다는 점에도 주목했다. 문답법에 관해서는 교사가 질문하는 내용, 질, 방법이 중요하다는 점 등을 강조했고, 토의법에 관해서는 민주시민의 생활 태도와 결부된다는 점이나 토의에 앞서 기본적인 지식을 잘 갖출 필요성을 강조했다.[18] 다만 이러한 접근은 강의, 문답, 토의를 다른 교과 수업이 아닌 역사 수업에 적용할 때 특히 염두에 둬야 할 점에 관해서는 알려주지 않는다는 점에 유의할 필요가 있다.

둘째, **역사 교과의 특성상 역사를 가르치는 데서 교수법보다는 역사적 사실이 압도적으로 중요하다는 관점**이다. 역사 교사가 역사적 사실을 많이 알아야 잘 가르칠 수 있다고 보는 견해가 여기에 속한다. 이른바 교수 내용의 우위를 가장 중요시하는 입장이라고도 불린다.[19] 이러한 관점은 역사를 가르칠 때 역사 연구의 성과에 기초한 내용 선정이 결정적으로 중요하다고 본다. 그래서 이러한 접근은 교사가 학생들에게 역사학계의 연구 성과를 잘 전달하는 게 가장 중요하고, 이것이 역사 교사나 역사교육학자의 주요한 역할이어야 한다고 여기기도 한다.

이러한 관점은 교수법보다는 역사 수업에서 활용하는 교재와 그 내용에 주된 관심을 두고 연구해왔다고 볼 수 있다.[20] 이미미에 따르면, 교과서 같은 교재를 교사가 재구성하여 수업하면 교재의 내용을 통해 학생의 역사 이해가 형성된다고 보는 전통적 교재관, 즉 '교재(교과서 포함) → 교사의 재구성 → 수업 → 학생의 역사 이해'라는 교재관도 여기에 속한다고 볼 수 있다. 교재가 올바르면 수업 내용이 올바를 것이라는 가정이나, 교사는 교재 내용을 학생들에게 이해하기 쉽게 또는 재미있게 바꾸어 전달하는 중계자이므로 교수법에 비해 교재의 내용이 상대적으로 중요하다는 논리도 이러한 인식을 바탕으로 한다.[21] 대표적으로는 역사 교과서 서술 내용에 대한 분석이 이에 해당한다.

그러나 교재 내용에 대한 분석은 교수법과는 구분 가능한 영역이다. 교재가 같아도 교수법에 따라 다른 수업이 가능하기 때문이다. 활용하는 교재의 내용이 같다고 해서 수업의 내용까지 같지는 않으며, 교재 내용이 그대로 학생의 이해로 이어지는 것도 아니다. 즉, 교사는 교재를 해석하여 의미를 구성하고, 이를 수업에 적합한 내용으로 만들고 활용하여 학생들의 역사 이해를 돕는다. 교사는 교재가 제공하는 것이 무엇인지를 파악하고, 교재를 어떻게 사용할지에 대한 판단을 내리고 실행에 옮겨야 한다. 따라서 이미미가 제안한 바와 같이 '교재 → 교사'가 아니라 '교재 ↔ 교사'라는 상호적 교재관의 필요성에 유의할 필요가 있다.[22]

셋째, **역사 교과의 특성과 내용의 구조를 반영하는 역사 교수법이 필요하다는 관점**이다. 1990년대 초 국내에서는 역사학과 교육학의 기계적 결합이 아니라 역사 교과의 특성과 내용의 구조를 반영하는 역사 교수법이 필요하다는 제안이 본격적으로 이루어졌다. 양호환은 역사교육의 연구 대상과 역사교육의 교육적 가치, 역사교육의 연구 시각과 연구 방법에 대한 문제의식에서 출발해[23] 역사라는 학문의 교육적 의미를 폭넓게 담아내고자 '역사교과학'이라는 개념을 제시했고,[24] 역사교과학이 필수적으로 포함해야 할 구성 영역에서 가장 중요한 것이 학교 현장의 효율적인 역사 수업을 위한 교육 이론과 교수·학습 방법의 개발이라고 꼽은 바 있다. 이러한 제안 이후로, 가르칠 내용은 역사학에서, 가르칠 방법은 교육학에서 가져오는 식의 이분법적 접근을 비판하고, 역사 교과의 특성을 살린 교수론이 강조되는 경향이 관심을 받기 시작했다.

이에 앞서 1970년대에 강우철은 《歷史의 敎育》(1974)에서 역사 교수법에 관해 '역사학적인 연구 방법이 역사 학습의 방법론으로 지도되어야 한다'는 지향을 밝힌 바 있고,[25] 이원순·윤세철은 《역사교육: 이론과 실제》(1985)에서 학문 중심 교육과정을 표방하기도 했다.[26] 브루너(Bruner, J.)의 학문 중심 교육과정 이론은 교육과정에서 교과 교육은 모(母)학문 지식의 구조, 즉 교과에 내재한 학문의 기본 원리나 핵심적 개념을 가르쳐야 하고 그 학문을 연구하는 학자가 탐구하는 방법을 학생들에게 가르쳐야 한다고 본다. 따라서 이러한 관점에는 역사 교사가 역사 교과의 내용과 역사가들이 사용하는 역사 연구 방법의 본질, 즉 역사의 내용과 방법 양면을 모두 가르쳐야 한다는 견해가 포함된다고 볼 수 있다.

이후 이러한 관점의 영향으로 학생들에게 길러주어야 할 능력으로서의 역사적 사고에 대한 이론적·실천적 관심이 커졌을 뿐 아니라, 교사의 설명 방식 가운데 유추와 감정이입 등이 역사 내용을 가르치는 데 적절할 수 있다는 제안이 나오기도 했다.[27] 즉, 역사를 가르치는 방법이 범교과적 교수·학습 방법의 일부일 수는 있지만, 역사 교과 및 역사학의 특성, 그리고 역사 교과와 역사학의 특성에 대한 교사 및 학생의 지식·태도 등을 고려하는 역사 교수법이 필요하다는 것이었다.[28] 그리고 이러한 접근은 슐먼이 제안한 교수내용지식(pedagogical content knowledge) 개념과 접목되어, 역사 교사가 역사가와는 달리 지녀야 할, 역사를 가르치는 데 필요한 지식이 무엇인지를 규명하려는 연구들이 늘어나기도 했다. 김민정에 따르면, 2000년부터 2014년까지의 역사 수업 연구 논문들이 다룬 주제는 한국의 교사 변인과 수업 양상을 영향 관계로 파악하고 교사의 인지적 특징, 집단기억, 설명방식(비유, 유추, 내러티브 등)에 따른 수업의 양상을 기술하는 접근이 주종을 이루었다. 이는 역사 수업에서 특정 설명 방식이나 효과적인 내용 전달 방식을 차용한 경우에 대해 이를 역사 교사의 전문성, 교사지식, 교수내용

지식으로 명명하면서 그 개념을 실체화하려는 노력을 기울인 것으로 볼 수 있다.[29]

이후로 역사교육학계에서는 역사 교과의 특성을 반영하는 역사 교수법에 대한 연구들이 확산되어왔다. 역사교육에서 가르칠 내용에 역사적 사실뿐 아니라 역사 연구의 방법도 포함시켜야 한다는 연구,[30] 역사적 사실 그 자체뿐 아니라 역사적 사실의 특징을 가르쳐야 한다는 연구도 있었다.[31] 이러한 연구들은 역사 수업에서 가르칠 내용으로서의 역사적 사실과 그 특성을 중시함과 동시에, 역사학의 연구 방법과 인식론도 가르쳐야 한다고 본다는 점에서 공통점이 있다. 이러한 연구들이 역사 수업에서 언제나 역사 연구의 방법 '만'을 중심에 두고 가르쳐야 한다는 의미가 아니라는 점에 유의할 필요가 있다. 이와 같은 연구들은 오히려 역사를 역사답게 가르치기 위해, 다른 교과의 수업과 달리 역사 수업이라서 학생들에게 유익한 측면을 강조한 것이라 할 수 있다.

역사 교과의 특성에 기초하여 역사를 가르치고 배워야 한다는 주장은 해외의 역사교육 연구 흐름 속에서도 꾸준하게 제기되었다. 특히 역사 지식의 구성적·해석적 성격, 역사가의 사고·탐구 과정 등을 중시하여 역사의 학문적(disciplinary) 특성을 반영하는 교육이 강조되기도 했다.[32] 역사적 사고(historical thinking)의 의미에 대한 연구[33]부터 역사하기(doing history),[34] 역사가처럼 사고하기(thinking like a historian),[35] 역사가처럼 읽기(reading like a historian),[36] 역사가처럼 쓰기(writing like a historian)[37] 등 역사의 학문적 특성을 반영하는 역사 교수 원리와 교수법에 대한 연구들이 많은 관심을 받으며 발전해왔다.

가령 역사하기의 경우, 학자들마다 차이가 있기는 하지만, 세이셔스(Seixas, P.)는 그 의미를 두 가지로 규정한 바 있다. 첫째, 역사하기(doing the discipline of history)는 텍스트를 비판적으로 읽는 것이다. 그리고 이는 원사료(1차 사료)에 대한 비판적 읽기일 뿐 아니라, 과거에 대한 2차적 해석을 담은 텍스트에도 해당하는 것이다. 둘째, 학생이 역사적 해석을 구성하는 것이다. 즉, 학생들이 과거에 관한 텍스트를 비판적으로 읽은 후 역사적 해석을 구성하도록 하는 것이다.[38] 또한 미국의 바튼(Barton, K.)과 렙스틱(Levstik, L.)은 역사하기(doing history)에 대해 학생이 역사적 의문을 제기하고 조사하여(investigate) 잠정적으로 답을 내리면서 역사 설명과 역사 해석을 발전시키는 것이라고 했다.[39]

활동 4-1 | **배우는 입장에서** | **역사 수업의 방법이 적절한지 판단해보자.**

※ 앞서 살펴본 역사 교수법에 대한 세 가지 관점, 즉, ① '교과를 막론하고 적용 가능한 교수법이 존재한다', ② '역사 교과의 특성상 교수법보다 역사적 사실이 더 중요하다', ③ '역사 교과의 특성과 내용의 구조를 반영하는 역사 교수법이 필요하다'를 염두에 두고 다음 사례를 살펴보자. 그리고 두 가지 질문에 답해보자.

〈수업 영상의 내용〉[40]
어느 중학교 '역사' 수업. 신라 말 사회 변화와 새로운 세력들에 관한 수업이었다. 이 수업에서 A 교사는 학생들을 여러 모둠으로 나누었다. 각 모둠은 당시 사회의 대안을 다투던 세력의 대표적 인물들―진골귀족 김헌창, 풍수지리설을 소개한 도선, 해상 세력 장보고, 6두품 최치원 등―중 한 명을 정해 그 인물에 대한 자료를 읽었다.
이후 학생들은 자기 모둠이 맡은 인물을 홍보하는 선거용 포스터를 만들고, 홍보 노래 가사를 지었다. 교사는 학생들이 여러 활동을 잘할 수 있도록 격려했고, 학생들 다수가 포스터와 노래 가사 작업에 적극적으로 참여했다.

수업 말미에는 학습지에 인쇄된 QR코드를 각자의 휴대전화로 촬영하여 온라인 투표 사이트에 접속했다. 이는 학생 개인별로 지지하는 인물에 투표하기 위해서였다. 투표 결과, 1위는 진골귀족 김헌창이었다. 신라 말 새로운 대안 세력과 그 인물들 가운데 가장 많은 학생들이 진골귀족 김헌창을 선택한 것이다. 투표 결과가 공개된 순간, 교사는 당황한 듯 보였다.

〈수업 영상 시청 후 예비 역사 교사들의 대화〉

- **예비 교사 A:** 선거 운동과 투표는 수업에서 학생 참여를 독려하는 방법이지. 이렇게 하면 수업 시간에 조는 학생은 없겠네.
- **예비 교사 B:** 신라 말 대안 세력을 뽑는데 진골귀족이 1위를 했다고? 인물에 대한 읽기 자료 내용에 문제가 있는 모양이네.
- **예비 교사 C:** 가장 재미있어 보이는 모둠에 투표를 했나? 그런데 선거 운동과 투표는 왜 했지? 신라 말 사회 변화와 대안 세력에 대해 판단하는 활동에는 안 맞는 것 같아.

1. 예비 교사 A, B, C의 반응은 각각 역사 교수법에 대한 관점 ①, ②, ③ 가운데 주로 어디에 속한다고 볼 수 있는가?

2. 위 수업에 채택된 교수법은 적절했는가? 예비 교사 A, B, C의 반응을 참고하여 답해보자.

예비 교사 A는 수업의 방법들 가운데 선거 운동과 투표에 주목했는데, 이러한 활동이 학생의 수업 참여를 이끌어내는 데 효과적이라고 보았다. 이러한 접근은 자료 읽기, 포스터 만들기, 노래 가사 짓기, 투표 등 수업 내 활동에 학생들이 적극적으로 참여했는지 또는 각 활동이 협력적으로 이루어졌는지 등을 중요하게 판단할 것이다. 이 수업 사례 속 역사 교사는 학생들이 여러 활동을 잘할 수 있도록 격려했고, 이러한 행동에서 교사는 학생들이 수업 내 활동에 적극 참여하기를 바라는 것으로 보인다. 실제로 학생들 대다수는 포스터 만들기와 노래 가사 짓기에 적극적이었다. 그렇다면 교사의 이러한 교육적 의도는 해당 수업에서 구현된 것이라고 볼 수도 있다. 이러한 접근이 관점 ①에 해당한다고 볼 수 있다.

예비 교사 B는 수업에 나타난 학생들의 선택이 역사적 사실에 부합하지 않는 것이라 판단했다. 예비 교사 B는 신라 말 사회와 당시의 대안적 사상들에 관해 배운 학생들이 대안적 인물로 진골귀족 김헌창을 선택했다는 점에 대해서는 의아해했다. 그리고 예비 교사 B는 그 원인을 읽기 자료의 내용에 문제가 있기 때문일 것이라 생각했다. 읽기 자료가 다룬 내용이 부적절했거나 학생들에게 효과적으로 전달되지 못해 다수 학생들이 김헌창을 대안 세력으로 뽑았다고 본 것이다. 이는 관점 ②에 해당한다고 할 수 있다.

예비 교사 C는 예비 교사 A와 마찬가지로 수업의 방법들 가운데 선거 운동과 투표에 주목했다. 그러나 예비 교사 C는 예비 교사 A와 달리, 이 방법들이 이 수업의 교수 내용, 즉 신라 말 사회 변화와 대안 세력에 대해 판단하는 활동으로 적절하지 않다고 보았다. 이는 관점 ③에 해당한다.

김헌창이 1위라는 결과에 대해 예비 교사 C는 학생들의 선택이 역사적 판단의 결과라기보다는 선거 운동과 투표라는 수업 방법으로 인해 '재미'와 같이 학생들의 선택에 다른 준거가 작용한 결과라고 보았다. 즉, 수업에서 다루는 역사적 사실에 대한 이해와 수업에서 학생들

역사교육 첫걸음

이 참여하는 활동을 유기적으로 채택하지 못한 결과라고 보는 것이다. 학생들은 김헌창 모둠의 선거용 포스터나 노래 가사가 전달력이 높고 인상적이라거나, 김헌창 모둠의 모둠원들이 협력의 측면에서 우수하다고 생각해서 뽑았을 수 있다. 학생들의 입장에서는 무엇을 기준으로 투표에 참여해야 하는지가 불분명했을 수도 있다. 투표의 기준이 '내가 신라 말에 살고 있다'는 가정하에 당시 상황과 맥락 속에서 지지 세력을 선택하는 것인지, '현재 나의 입장에서' 당시 인물들 가운데 마음에 드는 인물을 선택하는 것인지, 여러 모둠 가운데 가장 열심히 그리고 협력적으로 활동한 모둠을 선택하는 것인지 등으로 분명하지 않았을 수 있다.

그런 점에서 예비 교사 C와 같은 질문은 곱씹어볼 필요가 있다. 이 수업에서 교사는 왜 학생 활동으로 선거 운동과 투표를 선정했을까? 흔히 선거 운동이나 투표의 방식은 수업 내 모든 학생들이 참여할 수 있도록 유도하기 위한 교수법이라고 여겨지는데, 이 수업의 교사는 학생의 수업 참여를 가장 중요시하여 이러한 학생 활동을 택했을 수 있다. 그러나 이 수업 속 학생들의 활동은 수업의 내용, 즉 신라 말 사회 세력에 대한 이해나 판단을 돕는 데 필요하거나 적절한 교수법은 아니었던 것이다. 그런 점에서 이 수업에서 학생 참여라는 교사의 일부 의도는 구현됐을지 몰라도, 그리고 이 수업이 학생들에게 재미있고 즐거운 수업이었을 수는 있어도, 잘된 역사 수업이었다고 보기는 어렵다고 할 수 있다.

3. 역사 교수법의 분류와 적용

1) 역사 교수법의 분류 기준들

1970년대 이후 한국의 역사교육 개설서들에서 역사를 가르치는 방법으로 제안된 교수법만 해도 40가지가 넘는다. 이 외에도 역사 수업 연구 논문이나 수업 사례 보고 등을 포함시키면 역사를 가르치는 방법으로 제시되어온 것은 부지기수이다. 이처럼 가르치는 방법은 이미 매우 다양할 뿐 아니라 새로운 방법도 끊임없이 나타나기 때문에 역사 수업에서 쓰이는 방법들은 복잡다단하다. 게다가 한 차시 수업에서도 여러 가지 방법들이 동시에 사용된다. 이러한 점 때문에 역사 교수법과 그 분류 및 적용 기준의 다양성을 역사 수업 방법의 다기성(多岐性)이라고 표현한 경우도 있다.[41]

〈표 4-1〉 1970〜1990년대 역사교육 개설서에 포함된 역사 교수법들

서명	《歷史의 教育》	《歷史科 教育》	《歷史教育論》	《歷史教育: 理論과 實際》	《歷史教育의 理論과 方法》
발행년도	1974	1975	1980	1985	1997
교수·학습 방법	개념학습 탐구학습 사료학습	강의법 문답법 토의법	탐구학습	설명적 수업 발견탐구적 수업 강의법 질문법 문제법 구안법 발견학습 탐구학습	탐구학습 문답법 극화·모의학습 개념학습 사료학습 향토사학습 인물학습 시청각학습 연표 및 지도학습 가치·태도학습

가령《歷史敎育의 理論과 方法》(1997)에서 김한종은 해방 이후부터 1996년 6월까지의 역사교육 관계 저서나 논문을 목록화한 바 있다. 이 때 그는 역사과 교수·학습론을 역사교육 목표론, 역사교육 내용의 선정과 조직, 역사과 교재 및 학습지도, 역사 학습의 평가로 나누어 다루었고, 역사과 교재 및 학습지도에 관해서는 교재 및 학습지도 일반, 탐구학습, 문답법, 극화·모의학습, 개념학습, 사료학습, 향토사학습, 인물학습, 시청각학습, 연표 및 지도학습, 가치·태도학습, 기타로 구분했다. 이는 앞서 발간된《歷史의 敎育》(1974)이 다룬 개념학습, 탐구학습, 사료학습과,《歷史敎育論》(1980)이 다룬 역사 교재의 형식과 소재를 포괄하면서 문답법, 극화·모의학습, 가치·태도학습을 추가한 것이었다.[42]

이러한 교수법들을 여러 책에서 접하다 보면, 이런 질문이 생길 수 있다. 개념학습을 강의법으로 할 수 있지 않나? 사료를 활용해 탐구학습을 하면 사료학습인가, 탐구학습인가? 인물학습과 가치·태도학습은 중첩될 수 있지 않은가? 이런 의문을 갖는 것은 매우 타당하다. 왜냐하면 기존의 역사교육 개설서들 중 다수가 역사 교수법에 대해 망라적으로 제시하거나, 대표적 교수법들을 제안하는 방식을 취했기 때문이다.

이후 일부 개설서들은 역사 교수법에 대한 분류 기준을 제시했다. 첫째, **교수·학습 활동 유형과 내용 구성 유형으로 나눈 것**이었다. 먼저, 이영효는《역사교육의 이해》(2001)[43]에서 역사 수업의 교재와 역사 수업의 방법을 구분해 다루었다. 그는 역사 교재의 종류를 교과서, 시각자료(역사지도, 연표, 사진·그림), 사료, 문학작품·시사자료, 박물관자료, 영상자료, 컴퓨터자료로 구분하여 제시했고, 역사 수업의 방법에 대해서는 역사 수업의 설계, 역사 수업 모형, 교수·학습 활동 유형에 따른

〈표 4-2〉 역사 교수법의 분류—이영효 외, 《역사교육의 이해》(2001)

교수·학습 활동 유형에 따른 분류	내용 구성 유형에 따른 분류
강의식 수업	사실학습
문답식 수업	개념학습
탐구식 수업	주제학습
토론식 수업	시대학습
역할극	인물학습
시뮬레이션	비교학습
제작학습	

분류(강의식 수업, 문답식 수업, 탐구식 수업, 토론식 수업, 역할극, 시뮬레이션, 제작학습), 내용 구성 유형에 따른 분류(사실학습, 개념학습, 주제학습, 시대학습, 인물학습, 비교학습), 학습지도안 작성, 역사 수업 방법의 개선 과제(교사의 실천적 의지, 효과적 교수법의 개발)를 포함시켰다.

이영효가 역사 수업의 방법을 교수·학습 활동 유형과 내용 구성 유형에 따라 분류한 것은 이전과 다른 접근이었다. 이때 교수·학습 활동 유형이란 교사와 학생의 교수 및 학습 활동을 기준으로 하는 것이고, 내용 구성에 따른 수업 유형은 교수 내용을 기준으로 하는 것이었다. 이러한 분류는 강우철의 《歷史의 敎育》과 비교해보면 그 차별점이 좀 더 잘 드러난다. 《歷史의 敎育》은 역사 교수법으로 개념학습, 탐구학습, 사료학습 세 가지를 제시했는데, 이영효의 분류 기준에 따르면 개념학습은 내용 구성 유형에 따른 분류에, 탐구학습은 교수·학습 활동 유형에 따른 분류에 속한다. 또한 사료학습은 역사 수업의 방법이 아닌, 역사 교재의 종류에 따른 방법으로 분류된다.

이후 강선주는 《역사교육의 내용과 방법》(2007)에서 역사 수업의 방법에 관해 서술하면서[44] 기본적으로는《역사교육의 이해》의 분류 기준을 따르되 구체적 수업 유형을 다음과 같이 보완했다. 교수·학습 활동에 따른 수업 유형에서는 교사와 학생의 교수·학습 활동을 기준으로 하여 이야기식 수업, 글쓰기 수업, 역사신문 만들기를 추가했고, 내용 구성 유형에 따른 수업 유형에서는《역사교육의 이해》와 유사하면서도 사실학습이 아니라 사건학습, 시대학습이 아니라 시기학습을 제시했다.

둘째, **역사 수업의 방식을 교사 중심과 학생 중심으로 나눈 것**이었다. 정진경 등은《한국 역사교육의 연구동향》(2011)에서〈역사 수업에 대한 연구동향〉을 정리하면서[45] 교수 이론을 수업 방식과 수업 내용 구성에 따라 두 가지로 분류했다. 먼저 수업 방식에 따라 교사 중심의 수업과 학생 중심의 수업으로 나누고, 교사 중심의 수업에 대해 설명(이야기식 설명, 개념적 설명, 총괄적 설명, 인과적 설명), 문답, 교사의 발문, 학습자 질문의 활용, 유추·비유·비교의 활용, 내러티브의 활용에 관한 연구들

〈표 4-3〉 역사 교수법의 분류―강선주 외,《역사교육의 내용과 방법》(2007)

교수·학습 활동에 따른 수업 유형	내용 구성 유형에 따른 수업 유형
설명식 수업	사건학습
이야기식 수업	인물학습
문답식 수업	개념학습
글쓰기 수업	주제학습
극화 수업	시기학습
토론식 수업	비교학습
만들기 수업	
역사신문 만들기	

이 진행되어왔다고 보았다. 또한 학생 중심의 수업과 관련해서는 주로 탐구학습과 극화학습에 대한 연구가 활발했다고 보았다. 다음으로 수업내용 구성에 따라서는 개념학습, 인물학습, 향토사와 생활사에 대한 연구들이 진척되어왔다고 제시했다.

　이는 역사 수업의 방법을 직접적으로 제시한 것이 아니라 역사교수 이론의 연구 동향을 파악하여 분류한 것이라는 점에서 앞선 접근들과 차이가 있다. 가령 내러티브를 활용한 수업은 학생 중심 수업에서도 가능하지만, 선행 연구들에서는 교사 중심 수업으로 연구된 바 있었던 것이다. 그럼에도 이 분류는 교수 이론을 수업 방식과 내용, 즉 교수법과 교수 내용의 차원으로 구분했다는 점에서는《역사교육의 이해》및《역사교육의 내용과 방법》과 유사하다고 볼 수 있다. 반면에 이전 연구들이 교수 활동과 학습 활동을 아울러 교수·학습 활동이라고 묶은 것과 달리 이 분류는 교사 중심, 학생 중심으로 구분했다는 점에서 차별성이 있다. 즉, 교사의 교수 활동이 큰 비중을 차지하는 수업 방식과,

〈표 4-4〉 교수 이론의 연구 동향—정진경 외, 《한국 역사교육의 연구동향》(2011)

수업 방식		수업 내용 구성
교사 중심	학생 중심	
설명(이야기식 설명, 개념적 설명, 총괄적 설명, 인과적 설명) 문답 교사의 발문 학습자 질문의 활용 유추·비유·비교의 활용 내러티브의 활용	탐구학습 극화학습	개념학습 인물학습 향토사와 생활사

학생의 학습 활동이 큰 비중을 차지하는 수업 방식을 구분한 것이다. 다만 이 분류에서 교사 중심 수업 방식이라는 의미에 대해 학생의 학습과 활동을 덜 중시하는 것이 아님에 유의할 필요가 있다. 즉, 교사 중심의 수업 방식이 학생을 고려하지 않고 지식을 일방적으로 주입하는 것을 뜻하는 것은 아니라는 것이다. 교사의 교수 활동이 큰 비중을 차지하는 수업의 방법도 학생의 이해와 성장, 참여를 중시하는 학생 중심 교육의 일부일 수 있기 때문이다.

셋째, **역사인식에 따라 분류한 것**이었다. 이때 역사인식이란 '역사를 안다'의 의미와 역사를 아는 방식을 뜻한다. 김한종은 《역사 수업의 원리》(2007)에서 역사 수업의 방법을 역사인식과 연결하여 설명하고자 했다.[46] 그는 '역사를 안다'는 것의 의미를 네 가지로 제시하고, 이 의미에 따라 역사 수업의 방식이 달라질 것이라고 보았다(〈표 4-5〉 참조).

이러한 분류는 역사를 통해 학생들로 하여금 무엇을, 어떠한 인지

〈표 4-5〉 역사인식에 따른 역사 교수법의 유형 분류 — 김한종, 《역사 수업의 원리》(2007)

'역사를 안다'의 의미	역사를 아는 방식	해당 역사 수업의 방식
역사적 사실을 기억하다	기억과 역사적 지식의 습득	교사의 설명, 간단한 문답, 비교·유추·연상
역사적 사실들 간의 관계를 파악하다	논리적·합리적 탐구	교사의 설명(인과관계 설명), 탐구 개념(분석적·비판적 사고, 문제 인지, 가설 설정, 자료 수집, 가설 검증, 일반화)을 적용한 탐구식 수업
인간 행위의 동기나 이유를 이해하다	역사 속 인물 체험	추체험, 감정이입, 상상, 연기 활동(극화학습, 역할극, 시뮬레이션 게임), 글쓰기(역사일기, 상소문, 책문, 선언문, 규약문), 제작학습(역사신문, 역사 모형)
역사적 평가를 내리다	가치 판단	토론식 수업(논쟁형, 토의형), 논쟁형 토론 수업(논쟁 문제 학습법, 디베이트법), 토의형 토론 수업(역할극, 의사결정형 토론학습)

활동을 가능하게 할 것인가에 따라, 해당 목적을 구현시킬 수업의 방법들을 모은 것이라 할 수 있다. 김한종은 이를 역사인식에 따른 역사수업의 유형이라고 구분했고, 세부적 수업 방식들을 제시했다. 앞서 《역사교육의 이해》가 역사 수업의 방법을 교사와 학생의 교수·학습 활동과 내용 구성에 따라 분류한 것과 달리, 김한종은 역사란 무엇이고, 역사를 안다는 것의 의미가 무엇인지에 따라 별도의 수업 방식을 추구할 수 있음을 제시한 것이었다. 이는 교사의 역사관과 역사교육관이 역사 수업의 방법 선정에 끼치는 영향을 중시한 접근이기도 하다. 이러한 접근은 사료가 무엇인지, 사료학습은 무엇을 위한 것이라 생각하는지에 대한 교사의 인식이 사료학습 실천에 중요한 요소라고 보는 연구와도 맥이 닿는다고 볼 수 있다.[47]

2) 역사 교수법의 적용상 유의점

역사 수업 방법들에 대한 분류 기준으로 가장 널리 알려진 것은 교수·학습 활동 유형과 내용 구성에 따른 분류이다. 이러한 구분은 역사 수업에 자주 쓰이는 교사의 교수 행위, 학생의 학습 활동, 내용 구성에 따른 수업 모형에 대해 이해하는 데 유익한 측면이 있다. 그런데 이러한 접근은 역사 수업 분석에는 도움이 될 수 있으나, 역사 교사가 자기 수업에 적절한 교수법을 선정하는 기준이나 방안을 제안하지는 못한다.

이러한 점을 고려하여, 여기에서는 역사 교수법들을 활용할 경우에 유의할 점을 두 가지로 제시하고자 한다. 첫째, **역사 교수법에 대한 형식적 이해를 피해야 한다.** 이때 형식적 이해란 외부로 나타나는 양태를 위주로 이해하는 것을 뜻한다. 다시 말하면 역사 교수법에 대해 형식적 이해를 피한다는 것은, 역사 수업에 사용된 교수법이 다른 교과에서도 사용된다고 해서 그 둘 사이에 차이가 없다고 생각해서는 안 된다는 것이다. 같은 이름의 교수법이 다른 교과 수업에 사용되더라도 그 둘은 해당 교과의 특성에 따라 원리나 방법 면에서도 차이가 있을 수 있으므로 유의할 필요가 있다.

가령 역사 교과뿐 아니라 지리 교과와 일반사회 교과에서도 탐구학습, 개념학습, 논쟁 문제 수업 모형이라는 용어가 사용된다. 예를 들면, 교과를 막론하고 탐구학습은 학생들이 탐구 주제와 탐구 문제를 정하고 자료 수집과 같은 탐구 계획을 수립하며 탐구 수행 후 그 결과를 정리하고 발표하는 수업 모형으로 간주된다. 그러나 각 모형에서 교과별로 주의를 기울이는 점은 사뭇 다르다. 일반사회 교과에서 탐구학습 모형은 경험적 자료를 사용하여 보편성 있는 법칙을 발견하기 위한 연구 방법의 일종으로, 자신의 주장을 경험적 자료로 증명하거나, 특정한 사회문제를 해결하는 학습 방법으로 여겨진다.[48] 일반사회 교과가 채택하는 바와 공통적으로, 역사 교과에서도 탐구학습이 탐구 문제와 가설의 설정, 자료 수집 및 분석을 통한 결과 도출이라고 설명해온 경우가 있었다.[49] 그러나 일반사회 교과와 달리 역사 교과에서 탐구학습은 정형화된 모형이나 단계적 절차로 제시되지는 않았다. 대신 역사 교과에서의 탐구학습은 일반사회 교과와 달리 주의를 기울여야 하는 점들이 있다. 대표적으로 탐구 문제나 가설 설정에서 역사적 사실과 배치되는 반(反)사실적 가설 설정이나 추론이 한편으로는 학생들이 높은 수준의 인과관계를 이해하도록 도울 수도 있지만, 대체로는 역사 탐구의 본질을 흐릴 수 있다는 점에서 유의가 필요하다. 가령 '삼국을 고구려가 통일했다면 역사가 어떻게 달라졌을까'와 같은 비(非)역사적 가정이 해당 시기에 대한 수업에서 바람직한 탐구 문제가 되기는 어렵다. 그 가능성을 상상하기 위해서는 당대 동아시아 정세에 대한 구체적이고 정교한 이해가 필요하기 때문이다. 배경 지식이 불충분한 학생들에게 이러한 비역사적 가정에 기초한 물음은 역사적 사실이나 역사 개념, 역사적 증거에 기초한 역사적 상상을 벗어나게 할 공산이 크다.

개념학습의 경우에도 일반사회 교과나 지리 교과 모두에서 사용되고 있다. 일반사회 교과와 지리 교과 모두에서는 개념학습의 모형으로 속성 모형(attribute model)을 제시한다. 속성 모형은 개념의 형성 과정에서 그 개념의 고유한 특징이 가장 중요한 요소이므로 그 특징을 중심으로 개념을 이해하게 하는 것이다. 차경수에 따르면, 속성 모형의 절차는 문제 제기 → 속성 제시와 정의 → 결정적 속성과 비결정적 속성 제시 → '예(例)'와 '예가 아닌 것(비예非例)' 검토 → 가설 검증 → 개념 형태, 종류, 관계 등 개념 분석 → 관련 문제 검토 → 평가 단계로 이루어진다.[50] 이 모형은 일반사회 교과와 지리 교과 모두에서 공통적으로 다룬다.[51] 가령 '난민'이라는 개념을 속성 모형에 기초한 개념학습으로 수행하고자 할 때에는 위의 절차에 따라, 난민의 결정적 속성을 '피해자, 박해, 피난처 추구, 국외'로 파악하고, 난민의 개념을 '박해의 피해자로서 타국에 정착하려는 사람'으로 정의할 수 있다. 그리고 난민의 예와 난민의 비예를 검토하여 난민 개념을 이해해갈 수 있다.[52]

그러나 역사 교과의 개념학습에서는 위에서 검토되지 않은 다른 쟁점이 발생하기도 한다. 역사 교과에서 개념학습은 어떤 개념에 대한 역사적 이해나 역사적 개념에 대한 이해를 뜻한다. 먼저, 어떤 개념에 대한 역사적 이해를 뜻하는 경우, 가령 난민의 개념을 역사적으로 이해하고자 하는 경우, 난민의 속성을 '피해자, 박해, 피난처 추구, 국외'로만 파악해서는 역사적 접근보다는 현재적 논쟁을 우선 고려해야 하는 상황이 되기 쉽다. 난민 개념의 속성을 '피해자, 박해, 피난처 추구, 국외'라고 본다면, 일제강점기 북간도에 살던 조선인은 난민의 예가 된다. 또한 일제강점기 북간도에 살던 조선인과 일자리를 찾아 타국으로 이른바 '밀입국'하는 현재의 이주자들 사이에 '피해자, 박해, 피난처 추구, 국외'라는 속성에서 공통점이 많다고 보는 학생은 둘 다를 난민 개념에 대한 예로 이해할 것이다. 그런데 최근 유럽으로 이른바 '밀입국'하는 아프리카나 중동 출신 난민들은 '피해자, 박해, 피난처 추구, 국외'라는 속성을 모두 만족시키지 않는 경우가 흔하다. 먹고살기 힘들어 일자리를 찾고자 국경을 넘는 경우는 피해자나 박해에 해당하지 않는다는 여러 국가들의 현행법이 존재하기 때문이다. 이러한 접근은 난민이라는 개념에 대한 역사적 이해를 돕기보다는 현대 국가들의 법률적 규정과 사회적 논쟁을 먼저 고려하게 될 가능성이 높다. 그렇다면 이러한 사례는 개념학습보다는 논쟁형 토론 수업이 적절할 수 있다.

이런 문제는 역사적 개념에 대한 이해를 표방하는 개념학습에서도 나타날 수 있다. 혁명을 '이전의 관습이나 제도, 방식 따위를 단번에 깨뜨리고 질적으로 새로운 것을 급격하게 세우는 일'이라고 정의한다면 '4차 산업 혁명'은 혁명 개념의 예인가, 비예인가? 영국의 산업 혁명이나 17세기 과학 혁명에 대한 수정주의적 입장은 이른바 혁명이라고 할 만한 급격한 변화는 없었고 부분적·점진적 변화에 그쳤다고 본다. 그러한 입장에서 영국의 산업 혁명이나 17세기 과학 혁명은 혁명의 예인가, 비예인가?

이처럼 역사 수업에서 개념학습을 통해 예와 비예에서 속성을 도출할 때에는 역사적 사실에 대한 역사적 관점과 해석의 문제가 개입된다는 점을 간과할 수 없다. 즉, 지리 교과나 일반사회 교과의 개념학습이라는 용어를 공통적으로 사용하고, 역사 교수법의 개념학습에 대한 설명에서도 예와 비예를 통한 속성 도출이라는 접근을 제시하는 경우들이 있는데, 이는 역사 수업에 그대로 적용 가능한 절차가 아닐 수 있음에 주의할 필요가 있다.

둘째, **역사 교수법에 대한 기계적 적용을 피해야 한다**. 이때 기계적 적용이란 교사가 자신이 실행할 역사 수업의 내용과 목표, 자신과 학생을 둘러싼 상황 등에 대한 구체적 고려 없이 맹목적 또는 수동적 방식으로 수업에 적용하는 것이다. 역사 교수법을 기계적으로 적용하지 않으려면, 역사 교사가 수업의 목표와 내용뿐 아니라 자신의 역사 수업 상황을 숙고하고, 학생의 역사 이해를 돕기 위한 구체적 노력이 필요하다.

다른 교사들의 수업 사례를 보면서 자신의 수업에도 적용해보고자 하는 교수법을 발견할 수 있다. 또는 새로운 교수법이나 유행하는 교수법이 있어 이를 자신의 수업에 적용해보려고 할 수 있다. 이때 해당 교수법을 수업에 적용하는 데에만 초점을 두다 보면, 학생의 역사 이해나 학생들과의 상호작용에 어려움이 생길 수 있다. 학생들의 입장에서 해당 교수법이 낯설거나 익숙하지 않을수록 교수법 자체가 역사 이해의 걸림돌로 작용할 수 있기 때문이다.

가령 학생들 간 협력학습을 지향하면서 모둠별 토론 활동을 하고자

역사교육 첫걸음

한다면, 수업에 앞서 교사가 먼저 고민해야 할 점들이 적지 않다. 이 주제가 토론 활동을 하기에 적절한지, 어떤 논제를 제시해야 학생들이 토론하기에 적절할지, 이 주제에 대해 학생들은 어떤 배경지식을 지니고 있는지 등을 파악하는 일이 중요하다. 역사적 사실에 대한 이해가 부족하거나 다양한 역사 해석을 접하지 못한 상태에서 해당 주제에 대한 토론부터 하는 것은 학교급을 막론하고 대다수 학생들에게는 어려운 일이기 때문이다. 또한 모둠 구성을 어떻게 해야 할지, 학생들이 모둠 활동을 선호하지 않는다면 그 이유가 무엇이고 어떻게 해결할지, 모둠 내 역할 분담은 어떻게 할지 등을 판단하기 위해 역사 과목에 대한 학생 개개인의 선호나 관심 정도, 배경 지식 정도 등을 어떻게 파악하고 반영할지에 대해서도 숙고할 필요가 있다. 더불어 다른 교과 수업에서 채택된 모둠 구성 기준이나 역할 분담 방식을 참고할 수 있을지라도, 음악이나 과학 수업에서 모둠을 구성하는 기준과 역사 수업에서 모둠을 구성하는 기준은 다를 수 있음에도 유의할 필요가 있다. 수업에 앞서 학생들의 반응을 예상해보고 이를 고려한 수업 과정을 학생들과 함께 밟아나간다면 학생의 역사 이해를 돕는 데 매우 유용할 수 있다.

어떤 교사가 역사가처럼 읽기 또는 쓰기라는 교수법이 학생의 역사 텍스트 읽기 또는 쓰기 능력 함양에 효과적이었다는 연구 결과를 접했다고 해서, 이 교수법을 자신의 역사 수업에 곧바로 적용하기란 어려운 일이다. 이러한 교수법이 학생의 역사 텍스트 읽기 또는 쓰기 능력을 함양하는 데 효과가 있으려면, 역사 교사도 역사 텍스트를 읽고 쓰는 방법에 대해 충분히 학습할 기회를 가져야 하고, 이에 기초하여 자신의 학생들에게 적절한 시범을 보여줄 수 있도록 연습이 필요하다. 역사적 읽기나 쓰기 시범에 반영할 질문이나 설명을 자신의 학생들에게 적절하게 제시하는 것도 중요하다. 학생들이 이러한 학습 활동에 참여할 수 있도록 관심과 용기를 북돋는 것도 필요할 것이다.

더불어 교수법의 기계적 적용은 평가와의 일관성도 해칠 수 있다. 만약 수업에서 주로 프레젠테이션을 활용해 강의를 하는 교사가 평가는 역사가처럼 쓰기의 방식으로 시행한다면, 이는 적절한 선택이라고 보기 어렵다. 학생들이 역사가처럼 쓰기의 기초를 이해하고 그 초보적 형태를 실행할 수 있으려면, 학생들은 교수·학습 활동에서 역사 텍스트 쓰기에 관해 배웠어야 하기 때문이다.

이를 위해 교사가 사료를 읽고 생각하고 쓰는 것에 관해 시범을 보이는 것은 교사가 자신의 학생을 고려하는 역사 교수법의 일례가 될 수 있다. 예를 들어, 사료학습과 글쓰기를 연계한 활동을 하고자 할 때, 학생들이 동시대의 두세 가지 사료와 해당 사료에 대한 역사 서술을 읽은 후, 해당 역사 서술의 타당성을 추론하는 글을 쓰게 하는 방법을 구상해볼 수 있다. 이러한 교수법에 대해 미국의 역사교육학자 몬테사노(Monte-Sano, C.)는 역사가처럼 사료를 읽고 생각하고 이에 관해 글을 쓰는 과정을 교사가 학생들에게 직접 시범을 보일 필요성을 강조했다.[53] 이는 인지적 도제(cognitive apprenticeship)를 통해 학문적 문해력(disciplinary literacy)을 가르치는 방식이다. 이와 같은 모델링(modeling)은 교사가 학생에게 적절한 인지적 도움이나 안내를 제공하여 학습을 촉진하는 스캐폴딩(scaffolding)의 일환이기도 하다. 이때 적절한 도움이 제공되려면, 역사 교사는 학생들이 해당 주제에 대해 이미 알고 있

역사교육 첫걸음

는 역사적 사실은 무엇이고, 흔히 가진 편견이나 오해는 무엇인지 알 필요가 있다. 또한 선택한 사료에서 학생들이 어떤 용어나 개념을 이해하는 데 어려움을 겪을지 예상할 수 있어야 하고, 읽거나 쓰는 시범을 보여줄 때 이를 반영하여 학생들이 직접 읽고 쓰는 과정을 해내는 데 도움을 줄 수 있어야 한다. 〈사례 4-3〉은 이러한 모델링의 사례로, 바투타(Battuta, I.)가 이집트 카이로에 관해 남긴 사료를 학생들이 읽기에 적절하도록 다듬은 읽기 자료와 이 자료 읽기에 관한 교사의 모델링이다.

사례 4-3 **사료를 읽으며 탐구 질문을 던지는 시범 보이기(모델링)**[●]

※ (가)는 이븐 바투타의 여행기 중 일부를 학생들이 읽기에 적절하도록 다듬은 읽기 자료이다. (나)는 교사가 학생들 앞에서 큰 소리로 (가)를 읽고 밑줄을 치며 해당 내용에 대해 탐구 질문을 던지는 시범을 보이는 장면이다. 이는 교사가 사료의 표면적 내용을 이해시키거나 설명하는 것과 달리, 사료를 읽으며 탐구 질문을 던지는 시범을 보이는 것이다.

(가) 학생용 읽기 자료
나는 드디어 카이로에 도착하였다. 카이로는 모든 도시의 어머니이자 폭군 파라오가 살던 옛 도시이다. (…) 카이로에는 낙타로 물을 나르는 물장수가 1만 2천 명이고, 노새와 당나귀로 물을 나르는 물장수가 무려 3만 명이나 된다고 한다. 그리고 나일 강에는 각종 선박 3만 6천 척이 위로는 상이집트로, 아래로는 알렉산드리아와 다미에타까지 오르내리면서 여러 가지 물자들을 실어나른다고 한다. (…) 카이로 시내에는 마드라싸(사원이 운영하는 종교 학교)가 하도 많아 그 수를 헤아릴 수가 없었다. (…) 두 궁전 사이에 있는 만수르 깔라운 왕릉 가까이에는 병원이 하나 있는데, 그 병원이 갖고 있는 이점에 관해서는 이루 다 형언할 수가 없다.

(나) 교사의 사료 읽기 시범 보이기(모델링)

※ 교사가 학생용 읽기 자료를 큰 소리로 읽으며, 다음과 같이 밑줄을 긋고 질문을 던져보는 시범을 보인다.

나는 드디어 카이로에 도착하였다. 카이로는 (A) 모든 도시의 어머니이자 (B) 폭군 파라오가 살던 옛 도시이다. (…) 카이로에는 낙타로 물을 나르는 물장수가 1만 2천 명이고, 노새와 당나귀로 물을 나르는 물장수가 무려 3만 명이나 된다고 한다. 그리고 (C) 나일 강에는 각종 선박 3만 6천 척이 위로는 상이집트로, 아래로는 알렉산드리아와 다미에타까지 오르내리면서 여러 가지 물자들을 실어나른다고 한다. (…) 카이로 시내에는 (D) 마드라싸(사원이 운영하는 종교 학교)가 하도 많아 그 수를 헤아릴 수가 없었다. (…) 두 궁전 사이에 있는 만수르 깔라운 (E) 왕릉 가까이에는 병원이 하나 있는데, 그 병원이 갖고 있는 이점에 관해서는 이루 다 형언할 수가 없다.

- (A)는 카이로가 이집트 최고의 도시라는 뜻인 것 같아. 이 시기 카이로는 다른 도시들과 어떤 차이점이 있었기에 모든 도시의 어머니라고 불린 걸까?
- (B)를 보니 파라오는 폭군이라고 평가를 받았네. 무슨 일이 있었던 걸까?
- (C)의 3만 6천 척은 엄청나게 많은 건가? 이 시기에 다른 강들의 교역 규모는 어느 정도였기에?
- (D)를 보니 종교 학교가 많았다고? 이때 카이로에 종교 학교가 많은 이유는 무엇이었을까?
- (E)의 왕릉 가까이에 있었다는 병원이 왕실을 위한 병원이었는지 궁금해지네.

- 이 자료는 스탠퍼드 역사교육 그룹(Stanford History Education Group)이 웹 사이트에 제공한 읽기 자료와 수업 계획을 재구성한 것이다. https://sheg.stanford.edu/history-lessons/ibn-battuta (2022년 2월 7일 추출). 다만, 바투타의 기록과 그 번역에 관해서는 정수일의 아랍어 직역본을 참고하여 반영했다. 이븐 바투타, 정수일 옮김, 《이븐 바투타 여행기 1: 여러 지방과 여로의 기사이적을 본 자의 진귀한 기록》, 창작과비평사, 2001, 65-66쪽.

4. 역사답게 가르치기 위한 고려

지금까지 역사 교수법의 의미와 이를 바라보는 관점들, 국내 역사교육계에서 제시되어온 역사 교수법들과 분류 기준, 형식적 이해나 기계적 적용이 낳는 문제들에 관해 살펴보았다. 그렇다면 이제 역사 수업을 계획하는 과정에서 역사답게 가르치기 위해 고려해야 할 점들을 짚어보자. 특히 역사 수업으로서 학생의 역사 이해와 성장에 더 잘 기여하려면 무엇을 고려해야 할지에 관해 다루고자 한다. 이를테면 빗살무늬 토기 만들기가 미술 수업이 아니라 역사 수업다우려면, 극화학습의 대본 만들기가 국어 수업이 아니라 역사 수업다우려면 무엇을 고려해야 할지에 대한 것이다. 가령 민주주의의 의미에 대해 수업한다면, 민주주의의 원형과 속성을 통해 개념적 정의로 도출하는 방식보다는, 과거에 누가 어떤 민주주의를 지향했는지(주체의 의도와 행위), 이전 시기의 양상에서 무엇이 지속되고 무엇에 단절이 생기거나 하여 어떤 변화가 나타났는지(변화와 지속) 등을 시간의 흐름 속에서 살펴보는 것이 좀 더 역사적 접근이라 할 수 있다.

다만 이 절에서 이러한 접근을 다룬다고 해서 초·중·고교 교육에서 가장 중요한 것이 교과가 기반으로 삼는 학문의 특성이라고 주장하는 것은 전혀 아니다. 초·중·고교의 교과가 학문적 기반을 둔 지식으로만 구성되는 것이 아니고, 교과는 학생의 관심이나 필요, 사회적 필요, 교육 주체들의 선택 등을 반영해 언제든 변화할 수 있다.

이 절에서 역사 수업이 역사다울 필요성을 다루는 것은 우선적으로는 역사를 역사답게 가르치고자 하는 교사에게 도움을 주기 위해서

이다. 그리고 역사 교과가 학생의 삶과 성장에 기여할 수 있는 측면을 강화하기 위해서이다. 이를 위해 역사다운 수업을 하려는 시도와 적용은 역사 수업을 계획하는 단계뿐 아니라 수업 실행을 마치고 나서 수업 성찰을 하는 단계에도, 다른 교사의 역사 수업을 관찰하고 분석하는 과정에도 적용될 수 있다.

1) 교사의 역사교육 목적 및 역사 수업 목표

만약 어느 중학교 '역사' 교사가 '세종의 훈민정음 창제 목적'에 대한 수업을 하려고 하는데, 사료도 읽히고 싶고, 영상도 보여주고 싶고, 탐구학습도 하고 싶고, 현대 사학자들 사이의 해석 차이도 느끼게 하고 싶다면 어떻게 해야 할까? 이때 이 교사가 가장 우선적으로 결정해야 할 것은 학습 목표일 것이다. 즉, 이번 차시 수업을 통해 학생들이 무엇을 알거나 할 수 있게 하려는 것인지를 결정해야 한다. 훈민정음 언해의 내용을 파악하게 할 것인가? 세종의 훈민정음 창제 의도를 궁리하게 할 것인가? 사료를 읽고 해석하는 방법을 강조해 가르칠 것인가? 당대의 역사적 상황과 맥락의 파악을 중시할 것인가? 교사는 이러한 여러 목표들 가운데서 결정을 해야 한다. 이처럼 교수법의 선정에는 역사 수업의 학습 목표에 대한 고려가 있어야 한다.

또한 역사 수업의 학습 목표는 사료 선정과 활용 방식에도 영향을 끼친다. 훈민정음 창제 목적을 교사가 몇 가지로 제시하고 이를 사료, 영상, 현대 역사가의 역사 서술 등을 통해 그 역사상을 이해하도록 할 것인가? 아니면 학생들에게 '세종은 왜 훈민정음을 만들어 반포했을까?'와 같은 물음을 제기하며 일부 자료는 제공하고 그 밖의 자료는 수집하게 하여 분석과 탐구를 통해 결과를 도출하게 할 것인가? 이 두 가지 경우 모두 사료를 공통적으로 사용하겠지만, 전자는 역사 지식의 이해를 중시하는 설명식 수업에 가깝고 사료를 증거 확인 목적의 보조적 교재로 활용하는 것인 반면, 후자는 탐구 문제 해결을 목표로 하는 탐구학습에 가깝고 사료는 교사가 제공하는 자료나 학생들이 수집할 자료의 일부가 될 것이다. 즉, 역사 지식의 이해를 목적으로 하는 설명식 수업의 사료 활용과, 역사 탐구를 목적으로 하는 탐구학습의 사료 활용은 다른 양상일 가능성이 높다.

이처럼 학습 목표에 걸맞은 교수법을 선정하고 이에 적절한 교재 활용 방안을 결정할 필요가 있다. 즉, 사료를 활용한다고 해서 모두 사료 학습이라고 할 수는 없고, 사료의 활용 목적에 따라 역사적 사실 이해를 위해 사료의 표면적 읽기만으로도 충분한지, 사료를 맥락적으로 읽기 위해 사료의 작성자와 당대 배경 파악까지 나아갈 것인지 등에 따라 가르치는 방법은 달라질 수 있다.

따라서 역사 수업을 설계할 때, 교수법 선정부터 시작하는 것은 적절하지 않다. 교수법 자체가 수업 목표의 구현을 보장하지는 않기 때문이다. 가령 플립드 러닝, 일명 '거꾸로 수업'이 학생의 활동과 수업 참여를 중시하는 교수법이라고 생각해 플립드 러닝을 도입했는데, 결과적으로는 학생들의 사전 영상 시청이나 본시 학습의 활동보다 교사의 자세한 설명과 이에 대한 이해가 더 중요해지는 상황이 발생할 수도 있다. 그렇게 되면 수업을 '거꾸로' 한 의미가 축소될 것이다. 결과적으로 해당 수업 시간에 교사가 설명한 지식과 이 설명을 통한 이해가 중시될 것이기 때문이다.

이러한 문제가 있을 수 있음에도 수업 설계에서 교수법 선정부터 고민하는 경우가 적지 않은 데에는 몇 가지 이유들이 작용하는 것으로 보인다. 어떤 예비 교사들은 학교 역사 수업에서 가르쳐야 할 내용을 국가 교육과정과 그에 따라 제작된 역사 교과서가 사실상 이미 결정해 놓았다고 생각한다. 또한 국가 교육과정과 교과서보다 대학수학능력 시험에 출제되는 내용들이 갖는 영향력을 감안하여, 수능시험에 대비할 학생들에게는 결국 수능에 출제될 가능성이 있는 역사적 사실 위주로 가르칠 수밖에 없다고 생각하기도 한다. 이러한 인식은 예비 교사 뿐 아니라 경력 교사에게도 적지 않다. 또한 한국뿐 아니라 다른 국가에서도 쉽게 찾아볼 수 있다.[54] 전국 단위로 시행하는 표준화된 시험이 학교 수업에 미치는 영향력은 국가를 불문하고 상당하기 때문이다. 특히 역사 교과의 경우, 여러 나라들에서 국가 교육과정을 강화하는 사례가 늘어나고 있고, 국가 교육과정에 어떤 역사적 사실이 포함되느냐가 중요한 문제가 되어오기도 했다.[55]

그러나 국가 교육과정과 그에 따른 교과서가 있고, 그 가운데 대학수학능력시험에 자주 출제되는 역사적 사실들이 존재한다고 해서, 그 자체로 역사 수업에서 가르칠 내용이 결정된다고 보는 것은 타당하지 않다. 국가 교육과정과 그에 따른 교과서, 수능에 자주 출제되는 역사적 사실들을 가르치려고 할 때조차도 교사는 매번의 역사 수업에서 가르칠 내용을 선정해야 한다. 이때 국가 교육과정, 교과서, 수능에 대한 교사의 관점과 입장이 교사의 의사결정에 영향을 미치겠지만, 그럼에도 가르칠 내용을 선정하는 과정은 피할 수 없다.

중요한 것은 가르칠 내용을 선정할 때 왜 그 내용을 가르치려고 하는가, 그 내용은 왜 중요한가 하는 물음에 대한 교사 자신의 생각이 있어야 한다는 점이다. 학생들이 역사 수업에서 그 내용을 배워 무엇을 이해할 수 있게 하려는 것인가? 학생들의 성장에 어떤 기여를 할 수 있는가? 학생들의 삶에 어떤 도움이 될 수 있는가? 이러한 물음에 대한 교사의 생각은 때마다 다를 수 있고 얼마든지 변화할 수 있다. 그럼에도 이 물음에 대한 답을 내려보는 것은 교사의 교육적 의도가 수업에서 일관성 있게 구현되도록 하는 데 기초가 된다.

이처럼 가르치는 목적이나 목표를 정하고, 이에 걸맞은 수업의 내용과 방법을 정하는 것은 연결된 문제다. 역사를 가르치는 방법에 대한 고민은 먼저, 역사를 가르치는 목적에 대한 숙고에서 시작할 필요가 있다. 역사를 어떻게 가르칠 것인지에 대한 의사결정에는 역사관, 역사교육관, 교육관, 교수 신념 등으로 표현되는 교육적 의도들이 영향을 미친다. 물론 이러한 교육적 의도가 실제 수업의 환경과 학생의 특성, 교사의 노동조건 등에 따라 굴절되는 것도 부인할 수 없지만 말이다.[56]

그럼에도 역사 교사가 역사를 가르칠 내용과 방법에 대한 고민을 시작할 때에는 자신의 교육적 의도에 대해 숙고하면서 판단할 필요가 있다. 특히 교사는 자신의 교육 목적과 어긋나지 않는 내용을 선정해 가르쳐야 한다. 이때 교사는 가르치는 목적이나 목표를 뒷받침할 수 있는 교육 내용을 잘 알아야 하고, 그 내용들 가운데서 역사적 중요성을 판단할 필요가 있다. 특히 가르칠 내용에 대한 역사적 중요성 판단, 즉 중요한 역사 내용이 무엇인지를 판단하고 수업의 내용으로 선택할지 여부를 판단하는 것은 학생들의 학습에 매우 중요한 영향을 미칠 수

있는 의사결정들이다.[57]

따라서 가르칠 내용들 가운데서 중요한 역사적 사실은 무엇이고, 학생들이 역사 학습 이후 알게 하려는 것은 무엇인지 등을 결정하고 이에 따라 가르칠 내용을 선택하는 것이 중요하다.[58] 목적 따로, 내용 따로, 방법 따로 결정하는 것은 수업의 의도를 일관되게 구현하기 힘들게 할 뿐 아니라 학생들의 역사 이해와 성장을 돕기도 어렵다.

2) 역사 연구의 방법

앞서 역사 교수법에 대한 관점으로 범교과적 교수법을 중시하는 관점, 교수법보다는 가르칠 내용으로서의 역사적 사실을 배타적으로 중시하는 관점, 역사학의 내용과 방법을 모두 고려하여 역사 교과 및 역사학의 특성을 중시하는 관점에 대해 살펴보았다. 이때 첫째 관점과 둘째 관점은 역사 수업에서 역사 연구의 방법을 직접 다루지 않을 가능성이 높다. 가령 첫째 관점은 역사 연구의 방법에 대한 강조가 덜할 것이고, 둘째 관점은 사료에 대한 표면적 이해를 정확히 하는 데 관심이 높을 수 있다. 그러나 셋째 관점은 역사적 사실뿐 아니라 역사를 이해하는 방법, 즉 역사 연구의 방법도 중시할 가능성이 높다. 역사학의 내용과 방법 모두를 고려하여 이를 가르치는 데 적용하는 것을 중시하기 때문이다.

다만 우리나라의 역대 국가 교육과정과 교과서의 가르칠 내용 체계에는 역사 연구의 방법이 거의 포함되지 않았다. 즉, 그간의 국가 교육과정의 내용 체계는 거의 역사적 사실로만 구성되어왔다. 역사 수업에서 초·중·고교생들에게 가르쳐야 할 것은 각 시대의 역사적 사실이라는 것을 전제해온 셈이다. 게다가 대다수 역사 교사들은 시대별 역사적 사실이 아닌 역사 연구의 방법을 자신이 배운 적은 있어도 이를 어떻게 가르칠 것인지에 대해서는 체계적으로 배운 바가 없을 가능성이 높다. 따라서 오랜 경력을 지닌 역사 교사도 역사 연구의 방법을 가르치는 일이 쉽지는 않을 것이다.

이때 역사 연구의 방법은 무엇을 의미하는가? 역사를 이해하기 위해 동원하는 방법들이라 할 수 있다. 역사가들은 과거를 알아가기 위해 어떤 방법을 사용하는가? 대체로 역사 연구에서는 문자 기록에 기초한 사료 분석을 강조해왔고, 최근에는 구술이나 사진, 영상을 분석하기도 한다.[59] 남아 있는 증거들의 형태는 달라도, 이들을 교차검토하면서 과거에 대해 알아가는 것이 역사를 연구하는 것이라면, 앞서 2장에서 다룬 바와 같이 역사적으로 사고하는 것도, 3장에서 다룬 바와 같이 내러티브를 통해 역사를 이해하거나 서술하는 것도 역사를 연구하는 방법의 일부라고 할 수 있다.

학생들에게 역사 연구의 방법을 가르친다는 것이 역사 수업에 참여하는 모든 학생에게 전문 역사가의 연구 방법을 가르쳐 그들을 전문 역사가로 키우겠다는 의미는 아니다. 그럼에도 역사 연구의 방법들 가운데 어떤 것은 학생의 삶과 성장에 기여할 수 있다는 점에서 중요하다. 예를 들면, 사료 비판의 기초적 방법을 초등학교에서는 초등학생에 맞게, 고등학교에서는 고등학생에 맞게, 같은 학교급 내에서도 학생들의 이해나 관심에 맞게 개발하고 적용하는 것은 학생들이 실생활에서 넘쳐나는 정보들 가운데 상대적으로 믿을 만한 것을 가려내는 데 도움이 된다. 즉, 역사가의 사료 읽는 법을 배우고 이를 활용하면 디지

털 시대에 넘쳐나는 웹 사이트와 온라인상의 정보들 가운데서 '가짜 뉴스'나 가짜 정보를 판별하는 데 유익할 것이다. 역사가도, 역사 교사도, 역사 전공 대학생들도 가짜 정보를 역사적 증거와 구분하기 쉽지 않은 시대이니 말이다.[60] 따라서 역사를 역사답게 가르치기 위해서는 역사 연구의 방법을 가르칠 내용으로 선정하고 이를 가르치는 데 적절한 교수법들을 선정할 필요가 있다. 이에 대해 이제부터는 강선주의 '역사 문서 읽기'와 양호환의 '맥락화 교수학습'에 대한 연구 성과에 기초하여 그 의미를 살펴보고자 한다.

강선주는 역사가 두 명의 역사 문서 읽기 양상을 연구하고 역사 문서 읽기 수업 방안을 제안한 바 있다. 그는 이에 기초하여 중학교 1~3학년과 고등학교 1학년을 대상으로 하여 학생의 역사 문서 읽기 양상을 연구했고, 이를 통해 역사 문서 읽기 교수학습 전략을 구체화했다.[61] 먼저 두 명의 역사가를 대상으로 세 가지 글, '훈민정음 해례본 서문', '최만리 등의 상소문', '최만리 등의 상소에 대한 세종의 대응'을 읽게 했고, 이 자료들을 읽고 떠오르는 생각을 말해달라고 했다. 역사가 A는 이미 자신이 알고 있는, 다른 역사가가 말한 그 시기의 정치적·문화적 맥락 속에 문서를 위치시키고 문서의 내용을 해석했다.

그러나 역사가 B는 자신의 상식에 대해 '성찰'한 후, 문서를 읽을 때에는 자신의 '상식'을 배제 혹은 축소하면서 문서 자체를 읽으려고 했다. 특히 역사가 B는 대학 강의에서 학부생들에게 사료를 읽게 하는데, 그 과정에서 학생들이 편견과 상식으로 텍스트를 해석하는 사례를 자주 목격했고, 그로 인한 문제를 알고 있었기 때문에 선입견이 텍스트를 오염시키는 것을 매우 경계했다. 그래서 그는 특정한 역사적 질문을 하고, 이에 답하기 위해서는 증거에 기초해야 하며, 그 증거들을 '교차검토(corroboration)'하는 것의 중요성을 보여주었다.[62]

보통의 학생들은 역사가 A처럼 읽고 분석하는 방식에 익숙하지 않다. 주제와 관련된 역사 지식이 충분하지 않고 선행 연구 지식도 거의 없기 때문이다. 그래서 강선주는 역사가 A보다는 B의 읽기 방식에 기초하여 역사 문서 읽기 교수 방안을 다음과 같이 제안했다.[63]

첫째, 역사적 맥락에서 읽고 저자의 관점 살피기

　① 글의 요지 파악하기

　② 문서에서 다루는 사람들이 당연하게 여겼을 문화 해석하기

　③ 글을 쓰게 된 상황, 동기나 의도 읽기

　④ 저자(화자)의 관점 해석하기 및 당시 독자들의 관점 생각해보기

둘째, 저자의 주장을 의심하며 읽고 확증할 증거 찾기

　① 문서의 상태에 대해 질문하고 관련 자료 찾기

　② 저자가 글을 쓴 의도나 저작 상황 탐구하기

　　– 여러 증거를 복합적으로 검토하여 저자가 글을 쓴 문제의식 해석하기

　　– 저자가 글을 쓰게 된 헤게모니적 이해관계(담론적 권력관계) 분석하기

　　– 학생에게 저술 의도를 어떻게 분석하게 할 것인지 숙고하기

　③ 상식을 성찰하고 확증할 증거를 찾아 추론하기

　④ 질문하고 논쟁하면서 '지혜' 키우기

또한 중·고등학생에게 적용한 연구를 통해 학생들의 읽기 양상을 분

석했다. 사용된 읽기 자료는 '훈민정음 해례본 서문'과 '최만리 등의 상소문' 두 가지였고, 학생들이 세종의 훈민정음 창제 의도를 어떻게 해석하는지, 상소를 올려 훈민정음을 반대한 신하들의 의도를 어떻게 해석하는지, 당시 사람들이 당연하게 받아들이는 문화를 어떻게 해석하는지, 역사적 맥락에서 글을 읽고 해석하는지 등을 살폈다. 대다수 학생들은 표면적인 내용을 요약하여 전체 내용을 이해했으나, 주어진 자료 외에 다른 자료를 볼 필요성이 있다거나 주어진 자료가 편집된 것임을 의식하지는 못했다. 강선주는 학생들의 역사 문서 읽기를 분석한 결과, 역사 문서 읽기 유형을 다섯 가지로 분류했다.[64]

유형 1: 문서에서 화자 의도 요약 ― 문서의 내용을 그대로 받아들여 주장과 의도를 해석한 유형

유형 2: 숨은 의도를 상식으로 추론하는 유형

유형 3: 글을 상식의 틀에서 이해하고 역학 관계의 측면에서 분석한 유형

유형 4: 논쟁의 상황적 맥락에서 화자의 의도 읽기 ― 자신의 역사 지식을 활용하여 논쟁의 역사적 맥락을 해석한 유형

유형 5: 과거와 현재, 역사적 행위자와 평가자를 구분하지 않는 유형

이러한 경험적 연구를 통해 강선주가 제안한 역사 문서 읽기 교수·학습 전략은 첫째, 자료의 부족이나 한계에 대해 생각해보게 하는 것, 둘째, 상식으로 문서를 오염시키지 않게 하기 위해 증거에 기초한 추론을 강조하는 것, 셋째, 권력관계, 담론적 역학 관계라는 익숙한 분석 틀을 성찰할 수 있도록 문서들을 치밀하게 읽고 교차검토하며 해석하

게 하는 것, 넷째, 문서를 해석하면서 잘 모르는 것을 질문하게 하는 것이다.

이때 교사는 학생에 대해 다음과 같은 점들을 고려해야 한다. 먼저 학생이 자신의 상식에 비춰 역사 문서를 읽는 경향이 있다는 점에 유의하여 질문 전략을 짤 필요가 있고, 질문에 답하기 위해 주어진 자료 외에 어떤 자료가 더 필요한지 생각해보게 해야 하며, 문서에 대한 해석을 내릴 때는 근거도 함께 제시하도록 해야 한다. 또한 학생들은 과거의 문제의식을 이해하거나 맥락적 사고를 하기가 어렵기 때문에 현재주의의 시각에서 과거 속 인간 행위를 설명하려는 경향이 있음에 유의하여 오늘날의 인식틀에 대한 문제의식과 인간 및 사회에 대한 통찰력을 길러줄 수 있어야 한다.[65]

이처럼 강선주의 역사 문서 읽기 교수학습 방안과 전략은 전문 역사가의 역사 연구 방법에서 도출된 것이면서도 학생들을 고려하여 구체화한 역사 교수법이라 할 수 있다.

이러한 접근은 양호환의 '맥락화 교수학습'에 관한 연구들에서도 확인할 수 있다.[66] 앞선 연구에서 양호환은, 역사적 사실에 관한 연구에서 역사 서술은 시기와 관점을 달리하는 주체들이 구성해온 것이라는 점을 보여주기 위해, 궁예에 관한 역사적 사실이 역사 수업에 도달하기까지의 과정을 제시했다. 이를 일부 수정하여 정리하면 다음과 같다.[67]

- 궁예: 과거의 행위자
- 고려시대 역사가: 궁예의 포악한 행동을 극대화하여 서술함

- 현대 역사가들
  - 역사가 A: 궁예는 실패한 역사적 인물이고 새로운 시대 개창에 적합한 인물이 아니라고 서술함
  - 역사가 B: 궁예는 호족의 이해관계에는 반(反)했으나 농민을 위한 개혁을 시도했다고 서술함
- 국가 교육과정 작성자: '왕건의 후삼국 통일은 진정한 민족 통일이었음'을 강조하여 작성함
- 교과서 집필자: 궁예가 '실정(失政)'으로 밀려났고 왕건이 고려를 건국했다고 집필함

이는 학생들이 역사 교과서에서 접하는 궁예에 대한 서술에 여러 주체와 그들의 관점이 어떻게 개입되었는지를 교사가 보여주고자 할 때 유용한 접근이다. 그리고 당대 기록자의 기록 내용과 관점, 후대 역사가들의 해석, 이를 교육과정이나 교과서로 만들 때 작용한 판단 등을 검토함으로써 학생들이 역사 지식이 생성되어온 과정에 물음을 던질 필요성을 배우고 그 과정을 이해할 수 있도록 돕는다. 이는 어느 측면에서 보면 양호환이 이전 연구에서 제안한 '역사화'의 사례로도 볼 수 있다. 이때 역사화는 과거가 현재와는 다르다는 것만을 강조하는 것이 아니라 "과거에 일어난 어떠한 인식의 변화와 권력의 작용이 현재에도 미치고 있는가를 비판함으로써 결정된 현재와는 다른 가능성의 역사를 탐색하는 것"을 뜻하는데,[68] 위 사례는 과거 궁예에 관한 인식의 변화가 현재의 국가 교육과정과 교과서를 둘러싸고 작용하는 힘의 양상을 보여주는 일례라고 할 수 있다.

다만 양호환의 지적처럼 이러한 내용과 맥락을 학생들이 스스로 알아내기란 매우 어려운 일이다.[69] 그래서 역사 텍스트를 읽고 이해하는 과정은 교사가 직접 시범을 보여주는 모델링과 같이 명시적인 교수 행위로 가르칠 필요가 있다.[70] 역사 텍스트를 이해하는 과정과 이에 대한 맥락화는 학생들에게 인지적 부담이 매우 큰 과제가 될 것이기 때문이다. 이때 맥락화란 '과거 사실에 대한 적절한 이해를 획득하기 위하여 사건들이 일어난 시공간에서 사건의 위치를 찾아내는 동시에 당대의 정치·사회·문화적 환경에 속한 작가의 입장을 고려하여 사료를 분석하고 해석하는 것'을 뜻한다.[71] 그리고 맥락화라는 용어와 개념은 맥락 속에서 파악하려는 목적으로 **텍스트를 읽는 것**('맥락화하기 위한 **읽기**')과, 텍스트가 **어떤 맥락 속에 있는지를 파악**하는 것('텍스트 자체의 **맥락화**')을 모두 포괄한다.[72] 그래서 두 가지를 혼동하거나 뒤섞는 실수를 하기 쉽다. 가령 감정이입을 위한 텍스트 읽기는 전자에 속하고, 저자가 텍스트를 남긴 의도와 배경 및 그 텍스트가 후대에 끼친 영향을 파악하기는 후자에 속하는 것으로, 이 두 가지는 역사 교수·학습 과정에서 구분되어 이해될 필요가 있다. 그러므로 교사는 학생들이 맥락화할 대상과 층위를 명확하게 제시할 수 있어야 한다.

이에 관해 양호환은 '김옥균은 애국자인가, 반역자인가'라는 대(大)탐구 질문을 다루는 수업의 예를 제시했다. 이때에는 먼저 교사가 배경지식으로 필요한 내용을 강의하여 학생들의 이해를 도와야 한다. 그리고 '김옥균은 당대의 사료들에서 어떻게 표현되고 있는가'라는 질문을 던지고, 관련 자료에 대한 탐색을 통해 애국자 혹은 반역자라는 일반화가 야기하는 문제들을 확인할 필요가 있다. 이때에는 애국자 혹은 반역자라는 규정에 앞서 김옥균에 대한 당대의 평가는 무엇인지, 당대의 저자들이 구사한 언어 속에 어떤 가정이 내재하는지 등을 검토하고 토론할 수 있어야 한다. 이후 '저자들은 김옥균에 관해 왜 이렇게 썼는가'를 검토하면서 그 기록들이 무엇을 드러내고 무엇을 감추는지 등을 파악하고 이를 뒷받침할 수 있는 증거들을 확인할 수 있어야 한다.[73] 이를 위해서는 자료를 구체적으로 선정하고 조직하는 것이 중요하고, 교사의 모델링과 도움을 통해 학생이 과거의 자료와 소통할 수 있어야 한다. 이때 학생이 자신의 맥락은 잠시 제쳐두려고 노력할 필요도 있지만 동시에 현재의 학생이 과거의 맥락을 이해하려는 시도라는 점에서 현재와 과거가 연결되는 교수법이기도 하다.

이처럼 역사 수업에서 맥락화를 가르치는 것은 역사 연구의 방법을 교수·학습에 적용하는 것이라 할 수 있다. 이를 위해 역사 교사는 사료를 직접 다룰 줄 알아야 하고 사학사에 대한 지식도 쌓아야 한다. 그러나 이러한 측면이 교사의 개인적 노력에만 의존할 일은 아니다. 교사 양성 과정에서 예비 역사 교사들에게 이러한 점을 체계적으로 배우고 연습할 기회를 제공해야 하며, 현장 교사들에게 이에 관한 교육 및 연구 기회와 이를 뒷받침할 지원이 확대되어야 한다.

이제 〈활동 4-2〉[74]를 통해 역사를 역사답게 가르치기 위한 고려들을 적용해보자. 〈활동 4-2〉에서 교사 G는 '신라의 삼국 통일'에 대한 다양한 해석과 평가를 가르치고자 한다. 교재로는 학생들에게 상반되는 해석과 평가로 읽힐 것이라 판단한 사료로 《삼국사기》, 《삼국유사》, 《독사신론》을 선정했다. 그리고 이를 비교하는 수업을 하고자 한다.

※ 앞서 역사를 역사답게 가르치기 위해 고려할 점들을 살펴보았다. 이를 참고하여 교사 G의 역사 수업 계획을 읽고 질문에 답해보자.

교사 G: 저는 중학교에서 '역사'를 가르치고 있습니다. 저는 학생들이 과거 사실에 대한 해석은 다양할 수 있고 한 가지 해석만 존재하는 것이 아니라는 것을 알게 하고 싶어요. 저는 제 수업에서 이 점을 늘 강조하죠. 조만간 신라의 삼국 통일에 대해 가르칠 예정인데요, 삼국 통일에 대한 상반되는 해석과 평가를 다양하게 보여줄 수 있는 세 가지 사료를 찾아두었습니다. 이 사료들을 통해 삼국 통일이라는 한 가지 사건에 대해 여러 가지 해석이 존재한다는 것을 학생들에게 알려주고 싶어요. 이 사료들을 비교하면서 수업을 하면 삼국 통일에 대한 역사 해석이 다양하다는 것을 알려줄 수 있겠죠?

사료 ㉮ 김부식의 《삼국사기》(1145)
신라는 두 나라 사이에 끼어서 북쪽은 정벌을 당하고, 서쪽은 침략을 당하여 잠시도 편안한 때가 없었다. (…) 선왕(김춘추)께서 백성의 참혹한 죽음을 불쌍히 여겨 임금의 귀중한 몸을 잊으시고 바다를 건너 당에 가서 황제를 보고 친히 군사를 청하였다. 그 본의는 두 나라를 평정하여 영구히 전쟁을 없애고, 여러 해 동안 깊이 맺혔던 원수를 갚고 백성의 죽게 된 목숨을 보전코자 함이다.

사료 ㉯ 일연의 《삼국유사》(1281)
김춘추가 김유신과 함께 신통한 계획으로 힘을 합하여 삼한을 통일하고 국가에 큰 공로를 세웠으므로 묘호를 태종이라 하였다.

사료 ㉰ 신채호의 《독사신론》(1908)
다른 종족을 끌어들여 같은 종족을 멸망시키는 것은 도적을 불러들여 형제를 죽이는 것과 다를 바 없는 것이다. (…) 민족 전체로 보면 민족적 역량과 영토의 축소를 가져왔으며, 외세와 결탁한 반민족적인 것이며, 사대주의적 나쁜 요소를 심었다.

1. 교사 G는 역사교육의 목적 또는 역사 수업의 목표, 가르칠 내용, 교수법으로 각각 무엇을 표방했는가?

역사교육의 목적 또는 역사 수업의 목표	
가르칠 내용	
교수법	

2. 위의 세 가지 사료는 삼국 통일에 대해 상반되는 해석과 평가를 보여주는 데 적절한가? 적절하거나 적절하지 않다고 판단한 이유에 대해서 '맥락화하기 위한 읽기' 또는 '텍스트 자체의 맥락화'라는 개념을 활용하여 설명해보자.

형식적으로 보자면, 교사 G는 자신의 역사교육 목적 또는 역사 수업의 목표, 가르칠 내용, 가르칠 방법 세 가지를 모두 결정한 것으로 보인다. 세 가지는 각각 역사 해석의 다양성 이해, 삼국 통일과 이에 대한 평가, 사료학습 또는 비교학습으로 보일 것이다. 역사에 대한 다양한 해석과 평가를 다루는 것은 역사 연구의 방법에 해당하고, 사료를 다루는 것은 여타 교과와 달리 역사 수업에서 두드러지는 특성이라는 인식이 일반적이기 때문에, 교사 G의 수업은 역사 수업으로서 잘 계획된 것으로 보일 수 있다. 그러나 역사 교과의 내용과 방법으로 알려진 것들 중에 선택했다고 해서 그 수업이 역사다울 것이라는 보장은 없다.

먼저, 교사 G의 역사교육 목적이나 역사 수업의 목표를 살펴보자. 교사 G는 역사 해석의 다양성을 이해시키고자 한다. '과거 사실에 대한 해석은 다양할 수 있고 한 가지 해석만 존재하는 것이 아니라는 것을 알게' 하고자 한다고 밝혔다. 따라서 신라의 삼국 통일을 다루는 수업에서 삼국 통일이라는 역사적 사건에 대해 여러 가지 해석이 존재한다는 것을 보여주고자 한다.

이러한 교육적 의도 속에 교사가 선택한 사료는 세 가지였다. 교사 G는 세 가지 사료가 삼국 통일이라는 한 가지 사건에 대해 서로 다른 평가를 보여준다고 판단한 듯하다. 세 가지 사료가 한 가지 사건에 대해 서로 다른 평가를 보여주는지 자세히 살펴보자.

먼저, 사료 ㉮는 태종무열왕(김춘추)이 당에 직접 가서 군사를 청한 것이 백성의 목숨을 보전코자 한 것이었음을 설명하는 《삼국사기》의 기록이다. 즉, 삼국 간 전쟁 국면에서 신라가 당에 군대를 요청한 명분과 정당성에 대한 기록이다. 이 기록은 신라가 당에 군대를 요청한 행위를 정당화하려는 의도로 작성되었을 수는 있다. 그러나 사료 ㉮의 내용 자체에 삼국 통일에 대한 평가가 포함되어 있다고 보기는 어렵다. 만약 학생들에게 사료 ㉮를 통해 삼국 통일을 평가하게 한다면, 이는 삼국 통일에 대한 평가 기준을 당 군대의 참전 또는 개입에 관한 평가와 등치시키는 효과를 낼 것이라는 점에서 주의가 필요하다.

사료 ㉯는 김춘추의 묘호를 태종이라고 칭한 까닭에 대해 설명한 《삼국유사》의 기록으로, 이는 김춘추가 삼국을 통일하고 국가에 큰 공로를 세웠기 때문에 태종이라고 칭했다는 내용이다. 김춘추의 묘호 결정에 삼국 통일이라는 요소가 크게 고려된 것임을 《삼국유사》의 저자가 설명한 것이다. 사료 ㉯는 학생들에게 묘호 결정의 주체가 김춘추의 삼국 통일에 큰 의미를 부여했다는 점을 알려주기는 하지만 그 근거를 포함하지 않았고, 이 기록의 저자가 삼국 통일에 대해 어떠한 평가를 내리고 있는지는 알기 어렵다.

사료 ㉰는 저자인 신채호가 신라의 삼국 통일이 민족적 역량과 영토를 축소시키고 외세와 결탁한 것이기 때문에 반민족적이고 사대주의적인 행위라고 평가한 글이다. 이 기록은 신채호가 민족의 역량, 영토의 확보, 외세로부터의 독립을 매우 중요하게 여겼다는 것을 보여준다. 이 사료는 삼국 통일에 대한 평가를 포함하고 있다. 다만, 사료 ㉰를 통해 삼국 통일에 대해 평가하도록 한다는 것은, 학생들이 신채호의 평가를 맥락적으로 이해할 수 있는 그들 나름대로의 기준이 있음을 전제해야 가능하다. 즉, 학생들이 민족 역량, 영토, 외세 등 적어도 국민 국가 개념에 대한 자기 인식을 가지고 있어야 일제강점기 사학자 신채호의 평가 기준과 평가 내용을 참조할 수 있을 것이다.

이러한 점들을 고려한다면, 교사 G가 선정한 사료 중 ㉮와 ㉯는 삼국 통일이라는 역사적 사건에 대한 평가를 명시적으로 포함하지 않는다고 볼 수 있다. 더군다나 세 가지 사료를 비교하게 할 계획이었으나 각 사료에서 비교할 대상이 드러나 있지 않다. 앞서 언급한 바처럼, ㉮는 당 군대 파병 요청에 대한 평가를, ㉯는 태종이라는 묘호 결정의 배경을, ㉰는 민족 또는 국민 국가라는 잣대로 삼국 통일을 평가한 내용을 다룰 뿐, 각 사료들은 정작 상반되는 것으로 보이는 대등한 요소들을 포함하고 있지 않다. 따라서 학생들이 이 사료의 내용만으로 상반되는 해석과 근거를 찾아내 비교하기에는 충분하지 않다고 볼 수 있다.

물론, 교사가 선택한 사료들은 모두 7세기에 벌어진 이른바 '삼국 통일'과 여러 가지 측면에서 연관되는 기록들이다. 그리고 이 사료들은 이미 여러 교과서와 교재들에서 역사 해석의 다양성을 보여주는 사례로 활용되어왔다. 즉, 삼국 통일이라는 한 가지 역사적 사건에 대한 상반되는 인식들을 뚜렷하게 보여준다고 알려져온 자료들이다. 그 때문인지 어떤 교과서는 위 사료들을 삼국 통일에 대한 '긍정적' 평가와 '부정적' 평가로 구분할 수 있다고 제시하기도 했고, 어떤 교과서는 《독사신론》의 입장에서 《삼국사기》를 반박하는 글쓰기를 탐구 활동으로 제시하기도 했다.[75] 이러한 접근이 교사들이나 예비 교사들에게 익숙할지도 모른다. 가령 '묘청의 난'에 대한 《고려사》의 기록과 신채호의 《조선사연구초》 기록[76]을 비교하여 서로 다른 해석으로 대비시키는 활동은 그간의 역사교과서에 여러 차례 수록되기도 했다.

그러나 삼국 통일이나 묘청의 난에 대한 다양한 해석을 보여준다는 이유로 선택되었던 기록들만으로는 학생들이 실질적인 비교를 하기가 어렵다. 왜냐하면 텍스트가 명시적으로 제시하지 않은 관점에 대한 비교는 해당 차시 수업에서 배운 것을 뛰어넘는 문제들일 가능성이 높기 때문이다. 만약 각 사료의 출처와 저자, 작성된 배경, 이에 대한 후대 역사가들의 분석 등을 잘 알고 있는 학생이라면, 즉 해당 텍스트들을 이미 잘 맥락화하는 학생이라면, 사료가 보여주는 명시적 내용보다는 《삼국사기》, 《삼국유사》, 《독사신론》의 저자와 작성 배경을 비교하거나 《고려사》와 《조선사연구초》의 저자와 작성 배경을 비교할 수도 있겠지만, 대다수는 그렇지 못할 것이다. 다시 말해 삼국 통일에 관해 배우는 단계에서 대다수 학생들은 저작들 자체에 관한 배경지식을 갖고 있지 않을 가능성이 높다.

교사 G는 제시한 사료들을 서로 비교하면서 한 가지 사건에 대해 여러 가지 해석이 존재한다는 것을 보여주고자 했다. 그러나 정작 해당 사료들은 삼국 통일에 대한 평가로서 비교 가능한 대상과 층위를 명시적으로 포함하지 않고 있다. 그래서 학생들 입장에서는 제시된 사료들을 비교하더라도 한 가지 사건에 대한 해석 차이들을 파악하기 어렵다. 따라서 교사의 의도처럼 한 가지 사건에 대한 여러 해석의 존재를 보여주고자 할 때에는, 학생들이 맥락화를 위한 배경지식을 충분히 갖고 있지 못하다는 점을 감안한 교재 구성과 교수법을 구상할 필요가 있다. 가령 사료 ㉮의 "당에 가서 (…) 친히 군사를 청하였다"라는 기록에 대해 한편으로는 사료 ㉰처럼 "사대주의"라고 비판하는 기록(해석)을 제시하고, 다른 한편으로는 당에 군사를 요청한 것이 정당하다거나 불가피했다고 평가하는 다른 기록이나 해석을 찾아 이를 사료 ㉱로 보여준 후, ㉰와 ㉱를 비교하게 한다면, 학생들이 사료를 비교하면서 해석의 차이를 이해하는 데 도움이 될 수 있다.

역사 교사가 역사 해석의 다양성이라는 의미를 체득하기까지 겪어본 역사 연구의 방법은 다양할 것이다. 이를테면, 기록을 남긴 사람은 누구인가, 어떤 의도로, 어떤 시점에 작성했는가, 남은 기록은 어떤 매체에 수록됐는가, 비슷한 시기에 다른 증거나 해석이 존재했는가, 당대의 다른 기록과 증거에 비춰 타당한 해석인가, 저자나 그의 기록이 당대에는 어떤 영향력을 행사했는가, 여러 사실들 가운데 인과관계에 있다고 볼 수 있는 사실들은 무엇인가, 같은 기록에 대해 서로 다른 해석이 제기되는 이유는 무엇인가 등, 역사 교사들도 역사를 공부하며 이러한 질문들에 대해 고민해왔을 것이다. 따라서 역사 교사는 역사 수업을 통해 학생들도 이러한 과정의 일부를 경험할 수 있도록 기회를 제공할 필요가 있다. 이는 학생들이 역사 해석의 다양성을 이해하는 것을 비롯해 역사 연구의 여러 방법에 대해 배울 가능성을 높여줄 수 있다.

5. 나가며

역사를 어떻게 가르칠까 하는 고민은 여러 범주들이 서로 관계를 맺는 영역임에 유의할 필요가 있다. 무엇보다 역사를 가르치는 방법, 즉 역사 교수법은 역사 교사의 교육적 의도, 가르칠 내용과 교재, 교사와 학생을 둘러싼 상황 등과 연결된다는 점을 인식하는 것이 중요하다. 무수히 많은 역사적 사실, 교재, 교수법 가운데 새롭고 유용하다고 알려진 것을 골라 교수·학습 과정안을 채운다고 해서 좋은 역사 수업이 이뤄지는 것은 아니다.

오늘날 역사 수업의 방법은 나날이 다양해지고 있고 새로운 도구들이 끊임없이 등장한다. 국내에서도 1980년대에는 슬라이드 필름, 1990년대에는 CD-ROM, 2000년대에는 프레젠테이션 프로그램이 역사 수업에서 인기 있는 도구였고, 지난 수십 년간 개인 컴퓨터(PC)의 대중화와 인터넷 서비스의 상용화는 역사 수업 교재의 다양화로 이어졌다. 조만간 VR, AR, MR, AI 등도 역사 수업에 널리 활용될 수 있을 것이다. 그러나 새로운 교재들을 활용한 교수법의 등장이 역사를 어떻게 가르칠 것인가의 문제를 근본적으로 해결해주지는 않는다.

지금까지 이 장에서는 역사를 어떻게 가르칠까에 대한 여러 고민들 가운데 역사를 가르치는 방법을 중심으로 살펴보았다. 특히 역사를 가르치는 방법을 선정할 때 역사답게 가르치기 위해 고려해야 할 점으로, 역사를 가르치는 방법이 교사의 역사교육 목적 또는 역사 수업 목표와 일관성을 가질 필요성과 역사 연구의 방법을 가르칠 필요성을 제기했다. 이러한 문제의식과 고민은 수업 관찰, 교육 실습, 수업 실행과 같은 실제적 경험을 쌓아가는 속에서 이뤄져야 한다. 또한 다른 역사 교사의 수업 사례들을 검토할 기회를 많이 가져야 한다. 그리고 무엇보다 가르칠 내용과 방법에 대한 연구 및 적용을 통해 역사 교사로서의 전문성을 키워나갈 필요가 있다. 이를 위해 역사 교사 양성 과정도 개선이 필요하고, 현직 역사 교사들의 학습과 수업 실행, 이에 대한 연구가 활발해질 수 있도록 역사교육계의 네트워크와 이에 대한 지원이 강화될 필요가 있다.

활동 4-3 **가르치는 입장에서** **한 차시 수업을 구상해보자.**

※ 역사답게 가르치기 위한 방법들 가운데 역사 연구의 방법을 고려하여 수업 계획을 구상해보자. 중학교 '역사' 과목의 한 차시 수업이라고 가정하고, 다음의 질문에 답해가며 구상해보자.

1. 수업의 주제는 무엇으로 정할 것인가?

2. 수업의 학습 목표는 무엇으로 삼을 것인가?

3. 이 수업을 통해 학생들에게 바라는 변화는 무엇인가? 이는 수업의 주제나 학습 목표와 일관성이 있는가?

4. 학생들에게 제시하고자 하는 중심 질문은 무엇인가?

5. 중심 질문을 염두에 두고 수업에서 다룰 역사적 사실, 이에 관한 증거(기록)를 선정해보자. 그리고 그 증거를 선정한 이유는 무엇인지 정리해보자.

	역사적 사실	역사적 사실을 뒷받침하는 증거나 기록의 목록과 출처	증거 선정 이유
1			
2			

6. 위의 자료를 교재로 삼아 중심 질문을 해결하고자 한다면, 어떤 교수법을 채택할 것인가? 그 이유는 무엇인가?

7. 채택한 교수법은 앞서 생각한 수업의 주제, 학습 목표, 학생들에게 바라는 변화, 선정한 교재 등에서 일관성이 있는가? 어긋나지는 않는가?

8. 위와 같은 수업을 실행하는 과정에서 학생들이 겪을 것으로 예상되는 어려움은 없는가? 이를 반영하여 계획을 수정해보자.

9. 구상한 수업 계획을 동료들과 공유하며 비교해보자. 또한 서로의 수업 계획에 대해 토의한 후 본인의 수업 계획에서 성찰할 점들을 짚어보자.

1장 역사 교육과정

1   〈사례 1-1〉에 제시된 연간 지도 계획표는 문순창, 〈교사교육과정 구성을 위한 한 역사교사의 실천과 탐색: 2009~2015 개정 세계사 교육과정을 중심으로〉, 《청람사학》 31, 2020, 250쪽; 김용천, 〈중학 역사 1(세계사) 서술에 선생님 끼얹기─2차원에서 3차원으로, 수업 설계를 지원하는 역사 교육과정과 교과서?〉, 역사교육연구소, 《세계사 교과서 뜯어보기》(역사교육연구소 교육과정분석 토론회 자료집), 2021, 26쪽에 제시된 사례를 일부 수정한 것이다.

2   박승배, 《교육과정학의 이해》, 학지사, 2016, 18쪽; 소경희, 《교육과정의 이해》, 교육과학사, 2017, 35쪽.

3   홍후조, 《알기 쉬운 교육과정》, 학지사, 2011, 26-31쪽.

4   홍후조, 《알기 쉬운 교육과정》, 32-33쪽.

5   소경희, 《교육과정의 이해》, 45-47쪽.

6   소경희, 《교육과정의 이해》, 45-48쪽; 홍후조, 《알기쉬운 교육과정》, 54-58쪽.

7   소경희, 《교육과정의 이해》, 45-48쪽; 홍후조, 《알기 쉬운 교육과정》, 54-58쪽.

8   소경희, 《교육과정의 이해》, 309-313쪽.

9   소경희, 《교육과정의 이해》, 55쪽.

10 소경희, 《교육과정의 이해》, 316쪽.

11 소경희, 《교육과정의 이해》, 316쪽; 최미숙·원진숙·정혜승·김봉순·이경화·전은주·정현선·주세형, 《국어 교육의 이해: 국어 교육의 미래를 모색하는 열여섯 가지 이야기》, 사회평론아카데미, 2021, 31쪽.

12 윤종배, 《역사수업 살림》, 비아북, 2021, 96쪽.

13 최미숙·원진숙·정혜승·김봉순·이경화·전은주·정현선·주세형, 《국어 교육의 이해: 국어 교육의 미래를 모색하는 열여섯 가지 이야기》, 30쪽.

14 홍후조, 《알기 쉬운 교육과정》, 328쪽.

15 교육부, 《사회과 교육과정》, 교육부 고시 제2015-74호 [별책 7], 2015, 〈일러두기〉.

16 홍후조, 《알기 쉬운 교육과정》, 328쪽.

17 한국검인정교과서협회 홈페이지 2015 개정 교육과정 역사과 검정실시 공고(첨부파일), 《역사과 편찬상의 유의점 및 검정기준》. https://www.ktbook.com/edata/PDS_Auth View.asp?num=353&pageno=6&startpage=1 (2022년 2월 12일 추출)

18 홍후조, 《알기 쉬운 교육과정》, 328쪽.

19 교육부, 《2021학년도 학교생활기록부 기재요령(고등학교)》, 2021, 101쪽.

20 교육부, 《2015 개정 교과 교육과정(교육부 고시 제2018-162호)에 따른 평가기준—역사과》, 2018, 7쪽.

21 교육부, 《2015 개정 교과 교육과정(교육부 고시 제2018-162호)에 따른 평가기준—역사과》, 10-11쪽.

22 교육부, 《2015 개정 교과 교육과정(교육부 고시 제2018-162호)에 따른 평가기준》, 99쪽.

23 최미숙·원진숙·정혜승·김봉순·이경화·전은주·정현선·주세형, 《국어 교육의 이해: 국어 교육의 미래를 모색하는 열여섯 가지 이야기》, 31쪽.

24 윤종배, 《역사 수업의 길을 묻다》, 휴머니스트, 2018, 129쪽.

25 교육부, 《중학교 교육과정》, 교육부 고시 제2018-162호 [별책 3](교육부 고시 제2015-74호의 일부개정), 2018, 130쪽.

26 윤종배, 《역사 수업의 길을 묻다》, 129쪽.

27 최미숙·원진숙·정혜승·김봉순·이경화·전은주·정현선·주세형, 《국어 교육의 이해: 국어 교육의 미래를 모색하는 열여섯 가지 이야기》, 31쪽.

28 조덕주·진석언·한화진·최연주, 〈교육과정 재구성 관련 국내 연구 동향에 대한 분석〉, 《교육학연구》 58(2), 2020, 260쪽.

29 서명석, 〈교육과정 재구성의 개념적 애매성과 모호성 비판〉, 《교육과정연구》 29(3), 2011, 87쪽; 이윤미·조상연·정광순, 〈교육과정 실행 관점 국내 연구에 대한 문제제기〉, 《교육과정연구》 33(3), 2015, 90-91쪽.

30 이윤미·조상연·정광순, 〈교육과정 실행 관점 국내 연구에 대한 문제제기〉, 96쪽.

31 Tanner, D., & Tanner, L. *Curriculum Development* (4th ed.), Pearson Merrill Prentice Hall, 2007, p. 412; Glickman, C. D., Gordon, S. P., & Ross-Gordon, J. M., *Supervision and Instructional Leadership* (8th ed.), Pearson, 2010, p. 374 (서명석, 〈교육과정 재구성의 개념적 애매성과 모호성 비판〉, 85쪽에서 재인용).

32 서명석, 〈교육과정 재구성의 개념적 애매성과 모호성 비판〉, 87쪽.

33 김현규, 〈국가교육과정 문서 안에서의 '교육과정 재구성' 용어의 의미 연역〉, 《통합교육과

역사교육 첫걸음

정연구》 9(2), 2015, 77-78쪽.

34 교육과정디자인연구소, 《교사 교육과정을 디자인하다》, 테크빌교육, 2020, 19쪽.

35 교사교육과정연구회, 《교사교육과정: 교육과정 개발자로서 교사》, 기역, 2020, 27-28쪽.

36 2011년 89개교 중학교 역사 담당 교사 156명을 대상으로 한 '역사 수업 교재 구성 방식'에 대한 설문조사에 따르면, 교과서와 교사가 별도로 제작한 자료를 함께 수업에 사용하는 교사가 전체 교사의 79.2%를 차지하고 있었다. 김민정, 〈역사교과서 체제에 대한 수요자의 인식과 개발 방향〉, 《교육과정평가연구》 16(1), 2013, 35쪽.

37 윤종배, 《역사수업 살림》, 95-99쪽.

38 이미미, 〈역사 교사, 교재, 그리고 역사 수업: 역사 교수·학습 향상을 위한 교사와 교재의 관계에 대한 성찰〉, 《역사교육》 146, 2018, 10-13쪽.

39 이미미, 〈중학교 역사 교사의 사료 활용 양상에 나타난 특징과 문제점 분석〉, 《역사교육》 158, 2021, 14-15쪽.

40 이미미, 〈역사 교사, 교재, 그리고 역사 수업: 역사 교수·학습 향상을 위한 교사와 교재의 관계에 대한 성찰〉, 13-17쪽.

41 이 사례는 문순창, 〈수업을 살리는 교육과정 재구성〉, 전국역사교사모임, 《역사교실, 역사에서 배우고 삶으로 가르치는》, 비아북, 2018, 159-167쪽의 사례를 참고하여 전면 재구성한 것이다.

42 이 사례는 윤종배, 《역사수업 살림》, 99-100쪽을 바탕으로 재구성한 것이다.

43 강선주, 〈'기준'으로서 역사 교육과정〉, 《역사교육》(전국역사교사모임) 120, 2018, 169-170쪽.

44 최미숙·원진숙·정혜승·김봉순·이경화·전은주·정현선·주세형, 《국어 교육의 이해: 국어 교육의 미래를 모색하는 열여섯 가지 이야기》, 62쪽.

45 교육과정디자인연구소, 《교사 교육과정을 디자인하다》, 20쪽.

46 윤종배, 《역사수업 살림》, 98쪽.

47 윤종배, 《역사수업 살림》, 98쪽.

48 교육부, 《중학교 교육과정》, 교육부 고시 제2018-162호 [별책 3](교육부 고시 제2015-74호의 일부개정), 130쪽.

49 김민정, 〈역사 교과서 집필진의 고려시대 교과서 서사 인식과 서술 방향〉, 《역사교육》 149, 2019, 111쪽.

50 김태웅·윤선태·박진빈·서각수·안정희·이종대·한성욱·심원섭·이수정·송치중, 《중학교 역사 2》, 미래엔, 2020, 100쪽.

51 이병인·임승휘·이중서·이건홍·최태성·신승원·권효신·안선미·이지은·김원일·최효성·

김중환, 《중학교 역사 2》, 비상교육, 2020, 97쪽.

52 김형종·장문석·박범희·고재연·고진아·김현성·우정애·이대희·우현진·맹수용, 《중학교
역사 2》, 금성출판사, 2020, 83쪽.

53 문순창, 〈수업을 살리는 교육과정 재구성〉, 168-170쪽; 박찬교, 〈행위주체로서 역사교사
들의 교육과정 인식〉, 《역사교육연구》 40, 2021, 241쪽.

54 윤종배, 《역사수업 살림》, 99-100쪽.

55 문순창 〈수업을 살리는 교육과정 재구성〉, 168-170쪽; 박찬교, 〈행위주체로서 역사교사
들의 교육과정 인식〉, 241쪽.

56 박찬교, 〈행위주체로서 역사교사들의 교육과정 인식〉, 260-261쪽.

57 강선주, 〈'기준'으로서 역사 교육과정〉, 173쪽; 방지원, 〈교육과정과 교과서를 다시 생각
하다〉, 《역사교육》(전국역사교사모임) 120, 2018, 178쪽.

58 역사교육을 위한 교사모임, 〈창립선언문〉, 《역사와 교육》(역사교육을 위한 교사모임) 1,
1998, 4쪽 (이재희, 〈전국역사교사모임의 활동에 대한 연구〉, 서울시립대학교 교육대학원
석사학위논문, 2005, 10-11쪽에서 재인용); 양정현, 〈국사 교과서 국정 체제의 문제점과
대안 모색―살아있는 한국사교과서를 중심으로〉, 《역사와 경계》 44, 2002, 82쪽.

59 전국역사교사모임, 《살아있는 한국사 교과서》, 휴머니스트, 2002.

60 황현정, 〈역사 교사의 교육의 자율권과 자유발행제 탐색〉, 《역사와 교육》(역사교육연구소)
16, 2017, 125-126쪽; 차경호, 〈역사교사, 교육과정을 구성하다〉, 《역사교육연구》 40,
2021, 286-287쪽.

61 강선주, 〈'기준'으로서 역사 교육과정〉, 173쪽.

62 강선주, 〈'기준'으로서 역사 교육과정〉, 173쪽.

63 방지원, 〈교육과정과 교과서를 다시 생각하다〉, 177쪽.

64 윤종배, 《역사수업 살림》, 101-105쪽; 박현숙·김현정·손가영·이경숙·백윤애·이윤정,
《수업 고수들―수업·교육과정·평가를 말하다》, 살림터, 2015, 202쪽.

65 김민정·윤종배·정미란·이춘산·송치중·김슬기·이은주, 《역사 수업, 함께 궁리하고 더불어
성장하다》, 책과함께, 2019, 135쪽.

66 김한종, 〈역사교사의 인지적 특성이 역사 수업에 미치는 영향〉, 《역사교육》 89, 2004, 3쪽.

67 박현숙·김현정·손가영·이경숙·백윤애·이윤정, 《수업 고수들―수업·교육과정·평가를 말
하다》, 200-202쪽.

68 Bruce A. VanSledright, *The Challenge of Rethinking History Education: On
Practices, Theories, and Policy*, Routledge, 2010, pp. 46-48; 이미미, 〈활동·사료·탐구
중심 역사 수업을 견인하는 교사 요인 탐색〉, 《역사교육》 154, 2020, 126-127쪽.

69 Keith Barton & Linda Levstik, "Why don't more history teachers engage students in interpretation?", *Social Education*, vol. 67, no. 2, 2003, p. 359; 이미미, 〈활동·사료·탐구 중심 역사 수업을 견인하는 교사 요인 탐색〉, 127쪽.

70 김한종, 〈역사교사의 인지적 특성이 역사 수업에 미치는 영향〉, 8쪽.

71 양호환, 〈'계열성' 논의의 쟁점과 변질〉, *The SNU Journal of Education Research* 28(1), 2019, 73쪽.

72 이미미, 〈활동·사료·탐구 중심 역사 수업을 견인하는 교사 요인 탐색〉, 128쪽.

73 김민정, 〈'연구공동체' 교사의 '배움의 공동체' 역사 수업 연구: 지향과 실제〉, 《역사교육연구》 25, 2016, 36쪽.

74 이미미, 〈활동·사료·탐구 중심 역사 수업을 견인하는 교사 요인 탐색〉, 128-129쪽.

75 김민정, 〈'연구공동체' 교사의 '배움의 공동체' 역사 수업 연구: 지향과 실제〉, 19쪽, 33-40쪽.

76 강선주, 《소통으로 만드는 역사교육: 역사문서 읽기와 성찰적 역사의식》, 서울대학교출판문화원, 2017, 127쪽.

77 김한종, 〈시민 역사교육의 개념과 내용 구성 원리〉, 김한종·구경남·방지원·나미란·김주택·류현종·김부경·박선경·박찬교, 《시민교육을 위한 역사교육의 이론과 실천》, 책과함께, 2019, 34-38쪽; 백은진, 〈민주 시민 양성을 위한 역사교육: 접점과 간극〉, 《학습자중심교과교육연구》 19(9), 2019, 967-975쪽.

78 Shulman, L. S., "Those who understand: Knowledge growth in teaching", *Educational Researcher* 15(2), 1986, pp. 9-10 (양호환, 〈역사교과 교육이론의 가능성과 문제점〉, 《역사교육》 53, 1993, 8-9쪽에서 재인용).

79 윤종배, 《역사수업 살림》, 94쪽.

80 교육부, 《중학교 교육과정》, 교육부 고시 제2018-162호 [별책 3](교육부 고시 제2015-74호의 일부개정), 2018, 117-118쪽.

81 강선주, 〈'기준'으로서 역사 교육과정〉, 171쪽.

82 교육부, 《고등학교 교육과정》, 교육부 고시 제2018-162호 [별책 4](교육부 고시 제2015-74호의 일부개정), 164쪽.

83 교육부, 《중학교 교육과정》, 교육부 고시 제2018-162호 [별책 3](교육부 고시 제2015-74호의 일부개정), 116쪽.

84 교육부, 《고등학교 교육과정》, 교육부 고시 제2018-162호 [별책 4](교육부 고시 제2015-74호의 일부개정), 212쪽.

85 이 사례는 박도연, 〈중등 역사 교사 4인의 교육과정 재구성 방법과 의미〉, 충남대학교 석사학위논문, 2018, 32-37쪽의 사례를 참고하여 전면 재구성한 것이다.

86 박현숙·김현정·손가영·이경숙·백윤애·이윤정, 《수업 고수들―수업·교육과정·평가를 말하다》, 202쪽.

87 강선주, 〈'기준'으로서 역사 교육과정〉, 170-171쪽.

88 윤종배, 《역사수업 살림》, 101-105쪽.

89 이 사례는 김민정·윤종배·정미란·이춘산·송치중·김슬기·이은주, 《역사 수업, 함께 궁리하고 더불어 성장하다》, 97-105쪽에 제시된 내용을 바탕으로 재구성한 것이며, 단원 계획표는 김민정·윤종배·정미란·이춘산·송치중·김슬기·이은주, 《역사 수업, 함께 궁리하고 더불어 성장하다》, 104쪽과 윤종배, 《역사 수업의 길을 묻다》, 345쪽에 제시된 내용을 일부 수정한 것이다.

90 이미미, 〈활동·사료·탐구 중심 역사 수업을 견인하는 교사 요인 탐색〉, 134-136쪽.

91 이 사례는 강선주, 〈'기준'으로서 역사 교육과정〉, 169쪽에 제시된 내용을 참고하여 재구성한 것이다.

92 이 사례는 이미미, 〈중학교 역사 교사의 사료 활용 양상에 나타난 특징과 문제점 분석〉, 19-20쪽에 제시된 내용을 참고하여 전면 재구성한 것이다.

93 박도연, 〈중등 역사 교사 4인의 교육과정 재구성 방법과 의미〉, 32-37쪽.

94 김종훈, 〈한국사와 세계사 통합 수업 사례 검토〉, 역사교육연구소·전국역사교사모임, 《역사 교사, 교육과정을 디자인하다》, 2020, 475-478쪽.

95 강선주, 〈'기준'으로서 역사 교육과정〉, 173쪽.

96 김민수, 〈고등학생의 역사인물 이미지 형성과 변형―흥선대원군과 명성황후 사례〉, 《역사교육연구》 6, 2007, 18-19쪽.

97 김민수, 〈고등학생의 역사인물 이미지 변형의 요인〉, 《역사교육연구》 11, 2010, 74-75쪽.

98 이 사례는 김민수, 〈고등학생의 역사인물 이미지 형성과 변형―흥선대원군과 명성황후 사례〉, 16-34쪽의 내용을 참고하여 재구성한 것이다.

99 김한종, 〈역사교사의 인지적 특성이 역사 수업에 미치는 영향〉, 13쪽.

100 이미미, 〈활동·사료·탐구 중심 역사 수업을 견인하는 교사 요인 탐색〉, 133-138쪽.

101 김영석, 《사회과교육론》, 교육과학사, 2021, 296쪽.

102 김민정·윤종배·정미란·이춘산·송치중·김슬기·이은주, 《역사 수업, 함께 궁리하고 더불어 성장하다》, 142-143쪽.

103 이 사례는 김민수, 〈고등학생의 역사인물 이미지 형성과 변형―흥선대원군과 명성황후 사례〉, 40-51쪽과 김민수, 〈고등학생의 역사인물 이미지 변형의 요인〉, 93-94쪽의 내용을 바탕으로 재구성한 것이다.

104 손석영, 〈자기 연구(self-study)를 통한 역사 교사의 교사 교육과정 성찰―'평화통일'에

관한 한국 현대사 수업과 수행평가 결과 간 괴리 원인 분석을 중심으로〉, 《역사와 교육》 31, 2020, 78–83쪽.

105 최미숙·원진숙·정혜승·김봉순·이경화·전은주·정현선·주세형, 《국어 교육의 이해: 국어 교육의 미래를 모색하는 열여섯 가지 이야기》, 119쪽.

106 길현주·박가나, 〈사회과 교사들의 교육과정 재구성 경험에 관한 이해—혁신학교 사례를 중심으로〉, 《시민교육연구》 47(1), 2015, 53–54쪽.

2장 역사적 사고

1 전국사회교사모임, 《주제가 있는 사회 교실: 사회 교사를 위한 대안 수업 길라잡이》, 돌베개, 2004.

2 Samuel Wineburg, Daisy Martin & Chauncey Monte-Sano, *Reading Like a Historian: Teaching Literacy in Middle and High School History Classrooms— Aligned with Common Core State Standards* (2nd ed.), Teachers College Press, 2012.

3 양호환, 《역사교육의 입론과 구상》, 책과함께, 2012, 156쪽.

4 김한종, 〈역사교육 개념어의 용례 검토—역사적 사고, 역사해석, 역사인식, 역사의식〉, 《역사교육》 113, 2010.

5 제6차 교육과정 개정 연구에서는 탐구 기능의 부족을 지적하고, 사료 중심으로 탐구 학습의 기회를 확대할 필요성을 제기했다. 류재택, 《제6차 교육과정 각론 개정 연구: 중·고등학교 국사》, 한국교육개발원, 1992, 16쪽.

6 교육부, 《고등학교 교육과정》('국사'), 교육부 고시 제1997-15호 [별책 7], 1997, 85쪽 (목표), 99쪽(4. 교수·학습 방법).

7 교육부, 《중학교 교육과정》, 교육부 고시 제2007-79호 [별책 3], 2007, 16–17쪽.

8 신소연·김상기·김성자·정진경, 〈역사적 사고에 관한 연구의 진전과 변화〉, 양호환 편, 《한국 역사교육의 연구동향》, 책과함께, 2011, 244쪽.

9 양호환, 《입론과 구상》, 326쪽.

10 방지원, 〈역사 수업 원리로서 '감정이입적 역사이해'의 재개념화 필요성과 방향의 모색〉, 《역사교육연구》 20, 2014.

11 양호환, 〈역사교육의 개념과 연구영역〉, 양호환·이영효·김한종·정선영·송상헌, 《역사교육의 이론》, 책과함께, 2009, 53쪽; 정선영·김한종·양호환·이영효, 《역사교육의 이해》, 삼지원,

2001, 34-35쪽.

12 피터 N. 스턴스, 최재인 옮김, 《세계사 공부의 기초: 역사가처럼 생각하기》, 삼천리, 2015.

13 정선영, 〈역사교육의 최종 목표와 역사적 통찰력〉, 《역사교육》 108, 2008.

14 김한종, 〈역사적 사고력의 개념과 그 교육적 의미〉, 양호환·이영효·정선영·최상훈·김환길·송상헌·김한종·송춘영·임병로·양정현, 《역사교육의 이론과 방법》, 삼지원, 1997.

15 최상훈, 〈역사적 사고력과 하위범주〉, 김한종·이영효·양호환·최상훈·양정현·유용태·강선주, 《역사교육과 역사인식》, 책과함께, 2005, 69쪽.

16 송상헌, 〈역사적 사고〉, 양호환·이영효·김한종·정선영·송상헌, 《역사교육의 이론》, 책과함께, 2009. 역사적 사고의 실제를 정밀하게 관찰하고 기술해야 한다는 과제를 제시했다.

17 최상훈, 〈역사적 사고력과 하위범주〉, 69쪽.

18 김세윤·방지원, 〈사료 읽고 질문하며, 깊게 탐구하는 역사 수업 ─ 고려시대 '만적의 난' 재구성하기〉, 《교육연구》 70, 2017.

19 차하순, 《새로 고쳐 쓴 역사의 본질과 인식》, 학연사, 2007, 93-95쪽.

20 린 헌트, 박홍경 옮김, 《무엇이 역사인가: 역사 읽기의 기술》, 프롬북스, 2019, 162-163쪽.

21 지성사 연구는 누군가의 발화와 같은 언어는 누군가가 속해 있는 구체적인 시간과 장소의 맥락, 무엇보다 그 발화가 속해 있는 언어적 맥락과 같은 역사적 맥락 속에 위치하는 하나의 행위로 이해하고 연구하는 것을 의미한다. 리처드 왓모어, 이우창 옮김, 《지성사란 무엇인가?: 역사가가 텍스트를 읽는 방법》, 오월의봄, 2020, 262쪽.

22 김민정·최종석, 〈고려시대 '교과서 서사'의 해체적 읽기와 역사적 사고 과정의 구현〉, 《역사교육》 143, 2017, 167-168쪽.

23 도리야마 다케오·마쓰모토 미치타카, 이봉숙 옮김, 《역사적 사고력을 키우는 수업 만들기》, 역사넷, 2014, 229쪽.

24 임기환·김육훈·이동기, 〈공개 좌담회: 역사교육과 민주시민교육, 어떻게 만날까〉, 《역사와 교육》(역사교육연구소) 19, 2020.

25 김종훈, 《읽는 역사, 쓰는 역사: 조선건국에서 해방까지》, 전국역사교사모임, 2008; 방지원, 〈역사 수업 원리로서 '감정이입적 역사이해'〉; 장은서, 〈중학생이 말하는 역사교사의 '좋은 수업'〉, 한국교원대학교 석사학위논문, 2016.

26 방지원, 〈역사 수업 원리로서 '감정이입적 역사이해'〉.

27 김종훈, 《읽는 역사, 쓰는 역사》, 143쪽.

28 방지원, 〈역사 수업 원리로서 '감정이입적 역사이해'〉.

29 김종훈, 《읽는 역사, 쓰는 역사》, 138-142쪽.

30 김종훈, 《읽는 역사, 쓰는 역사》.

역사교육 첫걸음

31 방지원, 〈역사 수업 원리로서 '감정이입적 역사이해'〉, 20쪽.

32 장은서, 〈역사교사의 '좋은 수업'〉, 72쪽.

33 장은서, 〈역사교사의 '좋은 수업'〉, 70쪽.

34 장은서, 〈역사교사의 '좋은 수업'〉, 67-68쪽.

35 장은서, 〈역사교사의 '좋은 수업'〉, 69쪽.

36 Stéphane Lévesque & Penney Clark, "Historical thinking: Definition and educational application", *The Wiley International Handbook of History Teaching and Learning*, edited by S. A. Metzger & L. A. Harris, Wiley-Blackwell, 2018, pp. 119-148; Peter Seixas, "Historical consciousness and historical thinking", *Palgrave Handbook of Research in Historical Culture and Education*, edited by M. Carretero, S. Bergem, & M. Grever, Palgrave Macmillan, 2017, pp. 59-72.

37 Stéphane Lévesque & Penney Clark, "Historical thinking", p. 123.

38 Peter Lee, "Historical literacy and transformative history", *The Future of the Past: Why History Education Matters*, edited by L. Perileous & D. Shemilt, Association for Historical Dialogue and Research, 2011, pp. 139-141.

39 Peter Lee, "Understanding history", *Theorizing Historical Consciousness*, edited by P. Seixas, University of Toronto Press, 1994, pp. 129-164.

40 Peter Lee, Alaric Dickinson & Rosalyn Ashby, "Project Chata: Concepts of history and teaching approaches at Key Stages 2 and 3 children's understanding of 'because' and the status of explanation in history", *Teaching History*, vol. 82, 1996, pp. 6-11.

41 Peter Lee, "Understanding history", pp. 146-154.

42 Peter Lee, "Understanding history", pp. 154-155.

43 Stéphane Lévesque & Penney Clark, "Historical thinking", p. 123.

44 Jörn Rüsen, "Was ist Geschichtsbewusstsein? Theoretische Überlegungen und heuristische Hinweise", *Historische Orientierung*, Böhlau Verlag, 1994, S. 6.

45 박미향, 〈역사학습이란 무엇인가?—외른 뤼젠(Jörn Rüsen)의 역사의식 이론을 중심으로〉, 《역사교육연구》 36, 2020, 143-146쪽.

46 박미향, 〈역사학습이란 무엇인가?〉, 145-146쪽.

47 양호환, 《입론과 구상》, 397-398쪽; 이병련, 〈뤼젠(Rüsen)의 역사의식 학습의 네 가지 형태〉, 《역사교육연구》 34, 2019; 최호근, 〈내러티브와 역사교육—역사 내러티브의 구조 이해와 활용을 위한 시론〉, 《역사교육》 125, 2013.

48 박미향, 〈역사학습이란 무엇인가?〉, 149-150쪽.

49 고유경, 〈독일의 역량중심 교육과정과 역사교육의 변화〉, 《독일연구》 35, 2017, 53-87쪽; 박미향, 〈역량중심 교육과정의 적용에 대한 독일 역사교육의 사례―역사적 사고 지향의 FUER 모델을 중심으로〉, 《역사교육연구》 40, 2021, 203-235쪽.

50 FUER 모델은 '성찰적 역사의식의 고취와 발전'(Förderung und Entwicklung eines reflecktierten und (selbst-) reflecxiven Geschichtsbewusstseins)의 약어로, 2006년과 2007년 프로젝트 연구팀이 역량 모델 관련 보고서를 출간하면서 독일 여러 주의 역량중심 교육과정에 지대한 영향을 미쳤다.

51 고유경, 〈역사적 역량 모델들: 독일의 성찰적 역사의식〉, 《세계는 역사를 어떻게 교육하는가》, 한울아카데미, 2018, 180-182쪽; 박미향, 〈역량중심 교육과정〉, 216-219쪽.

52 박미향, 〈역량중심 교육과정〉, 217쪽.

53 Peter Seixas & Tom Morton, *The Big Six: Historical Thinking Concepts*, Nelson College Indigenous, 2013.

54 Peter Seixas & Tom Morton, *The Big Six*, pp. 10-11.

55 1759년 9월 13일에 퀘벡 요새 밖에 있는 아브라함 평원에서 영국 육해군과 프랑스 육군 사이에 벌어진 전투로서, 7년 전쟁(북미에서의 프렌치 인디언 전쟁)의 중추가 되는 전투이다. 이 전투는 캐나다의 형성에 영향을 미쳤고, 누벨 프랑스의 운명을 결정지었다는 점에서 북아메리카에서 벌어진 영국과 프랑스의 전쟁에서 최대 고비가 되었다.

56 Samuel Wineburg, Daisy Martin & Chauncey Monte-Sano, *Reading Like a Historian*.

57 미국의 역사적 사고 연구 경향은 와인버그 외에 다른 연구 경향도 존재한다. 즉 역사적 사고를 역사학이라는 학문적 전통보다는 미국 사회과와 연계하여 개념화한 연구로서 바튼(Barton, K.)과 렙스틱(Levstik, L.)의 공동 연구가 대표적이다. 사회문화적 이론에 기초를 두고 역사 이해와 사회적 맥락의 관계를 면밀하게 탐색하는 연구를 수행했다. Keith Barton & Linda Levstik, *Teaching History for the Common Good*, Routledge, 2004는 《역사는 왜 가르쳐야 하는가: 민주시민을 키우는 새로운 역사교육》(김진아 옮김, 역사비평, 2017)으로 한국에 번역 소개되었다.

58 Samuel Wineburg, *Historical Thinking and Other Unnatural Acts: Charting the Future of Teaching the Past*, Temple University Press, 2001.

59 Avishag Reisman, "The 'document-based lesson': Bringing disciplinary inquiry into high school classrooms with adolescent struggling readers", *Journal of Curriculum Studies*, vol. 44, no. 2, 2012; Avishag Reisman, "Reading like a historian: A document-based history curriculum intervention in urban high schools", *Cognition and Instruction*, vol. 30, no. 1, 2012.

60 Chauncey Monte-Sano, Susan De La Paz, Mark Felton, Susan B. Neuman & D. Ray Reutzel, *Reading, Thinking, and Writing About History: Teaching Argument Writing to Diverse Learners in the Common Core Classroom, Grades 6-12*, Teachers College Press, 2014.

61 Samuel Wineburg, Daisy Martin & Chauncey Monte-Sano, *Reading Like a Historian*.

62 도리야마 다케오·마쓰모토 미치타카, 이봉숙 옮김, 《역사적 사고력을 키우는 수업 만들기》, 73쪽.

63 오상학, 〈조선시대 지도를 통해 본 對中國 認識의 변화〉, 《북방사논총》 5, 2005, 289-332쪽; 오상학, 《조선시대 세계지도와 세계인식》, 창비, 2011.

64 김광규·백은진, 〈고등학생들이 역사 소논문 쓰기 활동을 통해 파악한 역사지식의 특징〉, 《역사교육논집》 65, 2017.

65 강선주, 〈역사 수업에서 문자 사료 읽으며 역사적으로 사고하기 방안〉, 《경인교대 교육논총》 31(1), 2011.

66 김광규·백은진, 〈역사 소논문 쓰기〉.

67 강선주, 〈역사적으로 사고하기 방안〉; 최상훈, 〈고등학생의 사료 이해 양상〉, 《역사교육연구》 3, 2006.

68 이영효, 《역사교육탐구》.

69 신진균, 〈포스트모던 시대 학교 역사지식의 구성 양식과 스캐폴딩을 활용한 '함께 역사하기' 방안〉, 경상대학교 박사학위논문, 2014, 107-108쪽.

70 역사 수업 구상의 일반적인 절차는 다음 책 참조. 박현숙·김현정·손가영·이경숙·백윤애·이윤정, 《수업 고수들—수업·교육과정·평가를 말하다》, 살림터, 2015; 윤종배, 《역사 수업의 길을 묻다: 30년차 교사의 성찰, 그리고 진화의 수업기록》, 휴머니스트, 2018.

71 역사연구자들이 역사학의 연구 성과에 비추어 역사교육의 내용을 비판적으로 검토하고 재구성한 연구 성과 및 교사용 사료집으로 제시한 결과물에 대해서 교사들의 교육적 관심에 따른 전문적 독해능력과 교수법적으로 유용한 변형 과정이 요구된다. 강종훈 편, 《중등 한국사 교과서 교사용 참고자료집》, 경상북도 교육청, 2014; 강종훈, 《사료로 본 한국고대사》, 지성과인성, 2020; 정기문·김중락·김병준·홍성구·임기환·이종서·박평식·김한종, 《역사학의 성과와 역사교육의 방향》, 책과함께, 2013.

72 와인버그는 이를 "인지적으로 자연스럽지 못한 사고 활동(unnatural acts)"이라고 간주했다. Samuel Wineburg, *Historical Thinking* 참조.

73 이영효, 《역사교육탐구》, 177쪽.

74 사례 수업을 위해 연구사를 검토함으로써 쟁점이 되는 질문과 자료를 구상할 수 있다.
구범진,《병자호란, 홍타이지의 전쟁》, 까치, 2019; 허태구,《병자호란과 예(禮), 그리고
중화(中華)》, 소명출판, 2019.

75 송상헌,〈역사교육에서 역사인식 과정이 구현된 역사 텍스트 구성 문제〉,《역사교육》103,
2007, 4-5쪽.

76 이미미,〈역사가의 사고과정이 드러나는 서술의 특징과 교재개발 방향〉,《역사교육》73,
2000.

3장 역사 내러티브

1   D. Jean Clandinin & F. Michael Connelly, *Narrative Inquiry: Experience and Story
in Qualitative Research*, Jossey-Bass, 2000.

2   Lawrence Stone, "The revival of narrative: reflections on a new old history", *Past &
Present*, no. 85, 1979, p. 3.

3   Stone, "The revival of narrative".

4   최상훈·이영효·김한종·강선주,《역사교육의 내용과 방법》, 책과함께, 2007, 219-220쪽.

5   Stone, "The revival of narrative".

6   E. Le Roy Ladurie, *Le territoire de l'historien*, 2 vols. (Paris, 1973-8), i, p. 14 (Stone,
"The revival of narrative", p. 13에서 재인용).

7   Jouni-Matti Kuukkanen, "A conceptual map for twenty-first-century philosophy of
history", edited by J. Kuukkanen, *Philosophy of History*, Bloomsbury Academic,
2021.

8   William Dray, *Philosophy of History*, Prentice-Hall, 1964.

9   Arthur Danto, *Analytical Philosophy of History*, Cambridge University Press, 1965.

10 Danto, *Analytical Philosophy of History*.

11 Kuukkanen, "A conceptual map"; Eugen Zeleňák, "Two versions of a constructivist
view of historical work", *History and Theory*, vol. 54, no. 2, 2015.

12 금현진,《용선생의 시끌벅적 한국사 8: 근대화를 향한 첫걸음을 내딛다》, 사회평론, 2015,
206-207쪽.

13 김태웅,《뿌리 깊은 한국사 샘이 깊은 이야기 6: 근대》, 가람기획, 2013, 318-319쪽.

14 Jerome Bruner, *Actual Minds, Possible Worlds*, Harvard University Press, 1986.

15 D. Jean Clandinin & Jerry Rosiek, "Mapping a landscape of narrative inquiry: Borderland spaces and tension", *Handbook of Narrative Inquiry: Mapping a Methodology*, edited by D. J. Clandinin, Sage, 2007.

16 Zoltán Boldizsár Simon & Jouni-Matti Kuukkanen, "Introduction: Assessing narrativism", *History and Theory*, vol. 54, no. 2, 2015.

17 Simon & Kuukkanen, "Introduction".

18 Paul A. Roth, "Philosophy of history", *The Routledge Companion to Philosophy of Social Science*, edited by L. McIntyre & A. Rosenberg, Routledge, 2017, p. 398.

19 Hayden White, "The historical text as literary artefact", *The Writing of History: Literary Form and Historical Understanding*, edited by R. H. Canary & H. Kozicki, University of Wisconsin Press, 1978, p. 53 (Kalle Pihlainen, "The work of Hayden White II: Defamiliarizing narrative", *The SAGE Handbook of Historical Theory*, edited by N. Partner & S. Foot, SAGE Publications Ltd., 2013, p. 121에서 재인용).

20 Hayden White, "The fictions of factual representation", *The Houses of History: A Critical Reader in Twentieth-Century History and Theory*, edited by A. Green & K. Troup, New York University Press, 1999, p. 214.

21 Zeleňák, "Two versions of a constructivist view", p. 209.

22 Ann Rigney, "History as text: Narrative theory and history", *The SAGE Handbook of Historical Theory*, edited by N. Partner & S. Foot, SAGE Publications Ltd., 2013, p. 189.

23 Simon & Kuukkanen, "Introduction".

24 Zeleňák, "Two versions of a constructivist view", p. 219.

25 Frank Ankersmit, *Meaning, Truth, and Reference in Historical Representation*, Cornell University Press, 2012.

26 Zeleňák, "Two versions of a constructivist view".

27 Jouni-Matti Kuukkanen, "Why we need to move from truth-functionality to performativity in historiogrphy", *History and Theory*, vol. 54, no. 2, 2015.

28 지난 20년간 발표된 국내 석·박사학위논문 중 '내러티브'가 주제어인 논문은 2000년 3편, 2005년 15편, 2010년 25편, 2015년 43편, 2020년 86편, 그리고 2021년 127편으로 꾸준히 증가하고 있다. 역사교육 분야에서 내러티브의 교수·학습적 활용을 주제로 발표된 석사학위논문 사례로는 다음을 들 수 있다. 김대한, 〈내러티브 역사글쓰기를 통한 역사가의 사고과정 이해〉, 한국교원대학교 석사학위논문, 2019; 박경애, 〈역사교육에서 '내러티브'

서술의 현황과 활용방안〉, 목포대학교 교육대학원 석사학위논문, 2011; 원진섭, 〈역사영화 내러티브를 활용한 다층적 관점의 이해〉, 서강대학교 교육대학원 석사학위논문, 2013; 이주연, 〈내러티브를 활용한 역사 수업이 초등학생의 사회 교과 흥미와 학업성취도에 미치는 효과〉, 광주교육대학교 교육대학원 석사학위논문, 2014; 정소영, 〈중학교 역사 수업에서 '역사 내러티브'의 활용방안〉, 전북대학교 교육대학원 석사학위논문, 2016; 주정민, 〈역사적 사고력 증진을 위한 내러티브 수업 모형〉, 성신여자대학교 교육대학원 석사학위논문, 2016.

29 양호환, 〈내러티브와 역사인식〉, 《역사교육의 입론과 구상》, 책과함께, 2012, 187-188쪽.

30 Jerome Bruner, "The narrative construction of reality", *Critical Inquiry*, vol. 18, no. 1, 1991.

31 양호환, 〈역사서술의 주체와 관점: 역사교과서 읽기와 관련하여〉, 《역사교육》 68, 1998, 20쪽.

32 양호환, 〈역사 교과서의 서술양식과 학생의 역사이해〉, 《역사교육》 59, 1996, 6쪽.

33 Ken Hyland, *Metadiscourse: Exploring Interaction in Writing* (2nd ed.), Bloomsbury, 2019. [Kindle edition]

34 Hyland, *Metadiscourse*; 이해영, 〈수사적 표현을 활용한 국사교과서 서술 방안〉, 《역사교육연구》 6, 2007.

35 송호정·전현수·강석화·박대훈·문경호·김종준·김종민·김희영·서명원·김민정, 《고등학교 한국사》, 지학사, 2020, 129쪽.

36 양호환, 〈역사 교과서의 서술양식과 학생의 역사이해〉.

37 Samuel Wineburg, "Historical problem solving: A study of the cognitive processes used in the evaluation of documentary and pictorial evidence", *Journal of Educational Psychology*, vol. 83, no. 1, 1991.

38 김한종·이영효, 〈비판적 역사 읽기와 역사 쓰기〉, 《역사교육》 81, 2002; 김태훈, 〈고등학교 국사수업에서 내러티브를 활용한 인물학습방안〉, 《역사교육논집》 48, 2012; 방지원, 〈내러티브적 교재 구성 방안〉, 《청람사학》 7, 2003; 방지원, 〈이야기체를 활용한 역사 교과서 서술 방안〉, 《역사와 담론》 47, 2007; 송상헌, 〈이야기체 역사책의 서술 실태와 방향〉, 《공주교대논집》 43(1), 2006; 안정애, 〈내러티브 교재 개발과 역사 수업에의 적용〉, 《역사교육연구》 4, 2006; 이미미, 〈역사가의 사고과정이 드러나는 서술의 특징과 교재개발 방향〉, 《역사교육》 73, 2000; 이영효, 〈내러티브 양식의 역사서술체제 개발〉, 《사회과교육》 42(4), 2003; 이해영, 〈수사적 표현을 활용한 국사교과서 서술 방안〉; 정지향, 〈내러티브 서술 방식 적용을 통한 역사적 사고력 신장에 관한 연구〉, 《초등사회과교육》 17(2),

2005 ; Isabel L. Beck, Margaret G. McKeown & Jo Worthy, "Giving a text voice can improve students' understanding", *Reading Research Quarterly*, vol. 30, no. 2, 1995 ; Richard J. Paxton, "Someone with like a life wrote it : The effects of a visible author on high school history students", *Journal of Educational Psychology*, vol. 89, no. 2, 1997 ; Mimi Lee, "Promoting historical thinking using the explicit reasoning text", *The Journal of Social Studies Research*, vol. 37, no. 1, 2013.

39 이영효, 〈내러티브 서술양식체제〉, 116쪽.

40 이영효, 〈내러티브 서술양식체제〉, 115쪽.

41 Beck, McKeown & Worthy, "Giving a text voice", p. 236.

42 송호정·전현수·강석화·박대훈·문경호·김종준·김종민·김희영·서명원·김민정, 《고등학교 한국사》, 129쪽.

43 김한종·이영효, 〈비판적 역사 읽기와 역사 쓰기〉, 165쪽.

44 Beck, McKeown & Worthy, "Giving a text voice", p. 233.

45 김한종·이영효, 〈비판적 역사 읽기와 역사 쓰기〉, 36-37쪽.

46 Paxton, "Someone with like a life wrote it", pp. 249-250.

47 정지향, 〈내러티브 서술 방식〉, 107-108쪽.

48 Lee, "Promoting historical thinking" 연구에 활용된 내러티브로, 전문은 Mimi Lee, "Promoting Historical Inquiry Using Secondary Sources", The University of Michigan Ph.D. Thesis, 2006, pp.172-176에서 확인할 수 있다.

49 Lee, "Promoting historical thinking".

50 위치(Wertch, J.)를 인용한 김진아의 설명이다. 김진아, 〈학생들은 중요한 역사를 어떻게 판단할까?―'내러티브 템플릿' 사용이 역사 이해에 미치는 영향〉, 《역사교육》 139, 2016, 43쪽.

51 김진아, 〈학생들은 중요한 역사를 어떻게 판단할까?〉.

52 김진아, 〈학생들은 중요한 역사를 어떻게 판단할까?〉, 44쪽.

53 김진아, 〈학생들은 중요한 역사를 어떻게 판단할까?〉, 51쪽.

54 Terrie Epstein, "Deconstructing differences in African-American and European-American adolescents' perspectives on U.S. History", *Curriculum Inquiry*, vol. 28, no. 4, 1998, p. 407.

55 김민정·최종석, 〈고려시대 '교과서 서사'의 해체적 읽기와 역사적 사고 과정의 구현〉, 《역사교육》 143, 2017. 157-158쪽.

56 김민정, 〈역사교과서 집필진의 고려시대 교과서 서사 인식과 서술 방향〉, 《역사교육》,

149, 2019.

57 김민정·최종석, 〈고려시대 교과서 서사〉, 162쪽.

58 김민정·최종석, 〈고려시대 교과서 서사〉, 158쪽.

59 Bruce VanSledright & Jere Brophy, "Storytelling, imagination, and fanciful elaboration in children's historical reconstructions", *American Educational Research Journal*, vol. 29, no. 4, 1992.

60 비상교육, 중학교《역사》문제집 [2009 개정 교육과정, 중등역사 2-1], (주)비상교육, 36쪽.

61 한국사능력검정시험 고급 25회 33번 문항. https://www.historyexam.go.kr/pst/list. do?bbs=dat&netfunnel_key=6BE8B438EAE4AA3E7CC5A55130A72BB275019865 CC297FC74D0332D639A1F3549238049EA07847F8583437974DA40A9149C0D51B40 7FE9CD33D18445F2D041552CAE1495E7FE5E2AF05F35AB97F101AF5040FF6CCA3 4DB8A028CF47044B6F18A57AAFF0A5C3E5A0A37DD6BABE7CBDA01312C302C30 (2018년 7월 5일 추출)

62 양호환, 〈역사서술의 주체와 관점〉.

63 김한종·이영효, 〈비판적 읽기와 비판적 쓰기〉.

64 김민정·최종석, 〈고려시대 교과서 서사〉.

65 양호환, 〈역사서술의 주체와 관점〉, 23-24쪽.

66 김한종·이영효, 〈비판적 읽기와 비판적 쓰기〉, 1쪽.

67 김민정·최종석, 〈고려시대 교과서 서사〉.

68 김광규·백은진, 〈고등학생들이 역사 소논문 쓰기 활동을 통해 파악한 역사지식의 특징〉, 《역사교육논집》 65, 2017.

69 고등학교에서 대학 교양과목 수준의 과목을 이수하는 미국의 대학선이수(Advanced Placement) 세계사 과목 2019학년도 평가 문항이다. https://apstudents.collegeboard. org/ap/pdf/ap19-frq-world-history.pdf (2022년 1월 15일 추출)

70 2019년 대학 선이수 세계사 과목 공개 문항 평가기준 자료 11-12쪽의 내용이다. https:// apcentral.collegeboard.org/pdf/ap19-sg-world-history.pdf (2022년 1월 15일 추출)

71 김성자, 〈고등학교 '한국사' 교과서 사료 활용 방식의 특징과 문제점〉,《역사교육》 136, 2015.

72 양호환, 〈역사 교과서의 서술양식과 학생의 역사이해〉.

73 F. A. McKenzie, *The Tragedy of Korea*, E. P. Dutton & Co., 1908, p. 207; F. A. 매켄지, 신복룡 역주,《대한제국의 비극》, 집문당, 2019, 190쪽.

74 F. A. McKenzie, *Korea's Fight for Freedom*, Fleming H. Revell, 1920, pp. 163, 164, 170.

　　　　　　　　　　　　　　역사교육 첫걸음

75 F. A. McKenzie, *Korea's Fight for Freedom*, p. 163.

76 F. A. McKenzie, *Korea's Fight for Freedom*, p. 170.

77 최호근, 〈내러티브와 역사교육―역사 내러티브의 구조 이해와 활용을 위한 시론〉, 《역사교육》 125, 2013.

4장 역사 교수법

1 이미미, 〈중학교 '역사' 수업에서의 사료 활용 실태 연구〉, 《역사교육연구》 29, 2017, 103-105쪽.

2 이현지·김민정, 〈역사과 교육실습생의 수업 실행과 교사양성과정에 대한 인식〉, 《역사교육논집》 72, 2019, 187쪽. 이 연구는 전국 16개 교원양성기관에서 2017~2018년도에 교육 실습을 경험한 역사과 예비 교사 191명이 참여한 설문 조사에 대한 분석이었다.

3 전국역사교사모임, 《현장교사들이 쓴 역사교육론: 우리 아이들에게 역사를 어떻게 가르칠 것인가》, 휴머니스트, 2002.

4 이미미, 〈교사가 파악하는 역사적 중요성과 교수·학습적 중요성〉, 《역사교육》 139, 2016, 30쪽.

5 L. S. Shulman, "Toward a pedagogy of cases", *Case Methods in Teacher Education*, edited by J. H. Shulman, Teachers College Press, 1992, pp. 72-92.

6 L. S. 비고츠키, 정회욱 옮김, 《마인드 인 소사이어티: 비고츠키의 인간 고등심리 과정의 형성과 교육》, 학이시습, 2009, 134쪽.

7 L. S. 비고츠키, 정회욱 옮김, 《마인드 인 소사이어티: 비고츠키의 인간 고등심리 과정의 형성과 교육》, 130-141쪽.

8 백은진, 《역사교육 목적의 인식과 실제》, 서울대학교출판문화원, 2018.

9 필립 W. 잭슨, 차경수 옮김, 《잭슨, 아동의 교실생활》, 배영사, 2019.

10 양호환, 〈역사과 교수·학습론의 인식론적 전환〉, 《역사교육》 73, 2000, 232-233쪽.

11 교육학용어사전, https://terms.naver.com/entry.naver?docId=510756&cid=50291&categoryId=50291 (2022년 1월 27일 추출)

12 강이철, 《교육방법 및 공학의 이론과 적용》, 학지사, 2009, 179-180쪽.

13 차경수·모경환, 《사회과교육》, 동문사, 2018, 146-148쪽.

14 강이철, 《교육방법 및 공학의 이론과 적용》, 19-20쪽.

15 양호환, 〈인지발달과 역사이해〉, 정선영·김한종·양호환·이영효, 《역사교육의 이해》, 삼지원,

2001, 253쪽.

16 수전 A. 앰브로스 외, 이경옥 옮김, 《학습은 어떻게 이루어지나: 연구에 기반한 현명한 수업원리 일곱 가지》, 시그마프레스, 2012, 9쪽.

17 강지혜·김영롱, 〈중등학교 역사 수업에 적용된 플립드 러닝에 대한 학습효과 분석〉, 《학습자중심교과교육연구》 18(5), 2018; 김나리·김봉석, 〈초등역사학습에서 비주얼 씽킹의 이론적 체계화와 실제 적용〉, 《사회과교육연구》 25(2), 2018 등을 참조할 수 있다.

18 이원순·김철·이민호·이정인·은용기·최양호, 《敎科敎育全書 6: 歷史科 敎育》, 능력개발사, 1975, 177-187쪽.

19 양호환, 〈역사교과 교육이론의 가능성과 문제점〉, 《역사교육의 이론과 구상》, 책과함께, 2012, 23-24쪽.

20 교육과정 내용의 개혁 못지않게 교수법의 개선도 중요함을 다루는 글로 Stephen J. Thornton, "Methods", *Teaching Social Studies that Matters: Curriculum for Active Learning*, Teachers College Press, 2005를 참조할 수 있다.

21 이미미, 〈역사 교사, 교재, 그리고 역사 수업: 역사 교수·학습 향상을 위한 교사와 교재의 관계에 대한 성찰〉, 《역사교육》 146, 2018, 4쪽.

22 이미미, 〈역사 교사, 교재, 그리고 역사 수업〉, 5-7쪽.

23 양호환, 〈역사교육의 연구와 방법론〉, 《역사교육》 55, 1994, 21쪽.

24 양호환, 〈'역사교과학'의 성과와 숙제〉, 《역사교육》 57, 1995, 116쪽.

25 강우철, 《歷史의 敎育》, 교학사, 1974.

26 이원순·윤세철, 《역사교육: 이론과 실제》, 정음문화사, 1985.

27 양호환, 〈역사교과 교육이론의 가능성과 문제점〉, 《역사교육》 53, 1993, 11-17쪽; 양호환, 〈1장 역사교육의 개념과 연구 영역〉, 양호환·이영효·김한종·정선영·송상헌, 《역사교육의 이론》, 책과함께, 2009, 20-24쪽의 '교수 내용 지식' 개념을 참고할 수 있다.

28 양호환, 〈'역사교과학'의 성과와 숙제〉, 《역사교육》 57, 1995; 양호환, 〈2장 '역사교과학'의 성과와 숙제〉, 《역사교육의 이론과 구상》, 책과함께, 2012, 47-57쪽.

29 김민정, 〈근래의 역사 수업 연구 경향과 연구 방법에 대한 검토〉, 《역사교육연구》 22, 2015, 171쪽.

30 강선주, 〈역사교육의 내용 선정과 조직 연구 현황과 과제〉, 《역사교육》 113, 2010.

31 양호환, 〈역사적 사실의 특징과 역사교육의 특수성〉, 《역사교육》 113, 2010.

32 김민정, 〈역사 수업 이론의 진전과 적용상의 도전〉, 《역사교육》 131, 2014, 3쪽.

33 샘 와인버그, 한철호 옮김, 《역사적 사고와 역사교육》, 책과함께, 2006을 참고할 수 있다.

34 린다 렙스틱·키스 바튼, 배한극·송인주·주웅영 옮김, 《초·중학교에서 학생들과 조사 연구

하는 역사하기(제3판)》, 아카데미프레스, 2009를 참고할 수 있다.

35 Nikki Mandell & Bobbie Malone, *Thinking Like a Historian: Rethinking History Instruction*, Wisconsin Historical Society Press, 2008을 참고할 수 있다.

36 Samuel Wineburg, Daisy Martin & Chauncey Monte-Sano, *Reading Like a Historian: Teaching Literacy in Middle and High School History Classrooms — Aligned with Common Core State Standards* (2nd ed.), Teachers College Press, 2012를 참고할 수 있다.

37 Chauncey Monte-Sano, Susan De La Paz, Mark Felton, Susan B. Neuman & D. Ray Reutzel, *Reading, Thinking, and Writing About History: Teaching Argument Writing to Diverse Learners in the Common Core Classroom, Grades 6–12*, Teachers College Press, 2014를 참고할 수 있다.

38 Peter Seixas, "Beyond 'Content' and 'Pedagogy': in search of a way to talk about history education", *Journal of Curriculum Studies*, vol. 31, no. 3, 1999, p. 329.

39 린다 렙스틱·키스 바튼, 배한극·송인주·주웅영 옮김, 《초·중학교에서 학생들과 조사 연구하는 역사하기(제3판)》, 아카데미프레스, 2009, 35쪽.

40 해당 사례와 분석은 백은진, 〈역사 수업 방법의 측면에서 본 역사 수업 성찰 가능성 탐색〉, 《역사교육연구》 35, 2019, 20–22쪽에 수록된 사례와 논지를 재구성·보완한 것이다.

41 백은진, 《역사교육 목적의 인식과 실제》, 서울대학교출판문화원, 2018, 194쪽.

42 양호환·이영효·정선영·최상훈·김환길·송상헌·김한종·송춘영·임병로·양정현, 《역사교육의 이론과 방법》, 삼지원, 1997, 483–487쪽.

43 정선영·김한종·양호환·이영효, 《역사교육의 이해》, 삼지원, 2001.

44 최상훈·이영효·김한종·강선주, 《역사 수업의 내용과 방법》, 책과함께, 2007, 217–259쪽.

45 정진경·박혜영·정미란, 〈역사 수업에 대한 연구동향〉, 양호환 편, 《한국 역사교육의 연구 동향》, 책과함께, 2011, 184–216쪽.

46 김한종, 《역사 수업의 원리》, 책과함께, 2007, 113–121쪽.

47 이미미·박지원, 〈예비 교사에게 사료란 무엇인가?: 객관성, 사실, 그리고 증거〉, 《역사교육》 144, 2017.

48 차경수·모경환, 《사회과교육》, 동문사, 2018, 149–150쪽.

49 강우철, 《歷史의 敎育》, 교학사, 1974; 이원순·윤세철·허승일, 《歷史敎育論》, 삼영사, 1980.

50 차경수·모경환, 《사회과교육》, 185–194쪽.

51 이경한, 《사회과 지리 수업과 평가》, 교육과학사, 2009, 56–64쪽.

52 차경수·모경환, 《사회과교육》, 187쪽.

53 Chauncey Monte-Sano, Susan De La Paz, Mark Felton, Susan B. Neuman & D. Ray Reutzel, *Reading, Thinking, and Writing About History: Teaching Argument Writing to Diverse Learners in the Common Core Classroom, Grades 6–12* (Common Core State Standards in Literacy Series), Teachers College Press, 2014, pp. 18–22.

54 Grant Wiggins & Jay McTighe, 강현석 외 옮김, 〈오개념 1: 맞아, 그런데… 우리는 시험에 맞추어 가르쳐야만 해〉, 《거꾸로 생각하는 교육과정 개발(이론편): 교과의 진정한 이해를 위한 백워드 설계의 이해》, 학지사, 2008, 372–379쪽.

55 강선주 편, 《세계는 역사를 어떻게 교육하는가: 9개국의 역사 교육과정 분석》, 한울아카데미, 2018.

56 허주·최수진·김이경·김갑성·김용련·김서현, 〈연구보고 RR 2015-22: 교원 및 교직환경 국제비교 연구—TALIS 2주기 결과를 중심으로〉, 한국교육개발원, 2015; 백은진, 《역사교육 목적의 인식과 실제》, 서울대학교출판문화원, 2018 등을 참고할 수 있다. 참고로 TALIS는 OECD의 교원 및 교직환경 국제 비교 조사(Teaching and Learning International Survey)의 약어이다.

57 이미미, 〈중요한 역사 내용이란?: 내용 선정 기준 연구 분석 및 시사점〉, 《역사교육》 135, 2015.

58 Grant Wiggins & Jay McTighe, 강현석 외 옮김, 《거꾸로 생각하는 교육과정 개발: 교과에 대한 진정한 이해를 목적으로》, 101쪽.

59 백은진, 〈역사 교재로서의 사진: 맥락화 교수학습의 적용 가능성〉, 《학습자중심교과교육연구》 19(6), 2019.

60 샘 와인버그, 정종복·박선경 옮김, 《내 손안에 스마트폰이 있는데 왜 역사를 배워야 할까?》, 휴머니스트, 2019, 12–15쪽, 177쪽, 186쪽.

61 강선주, 《소통으로 만드는 역사교육: 역사 문서 읽기와 성찰적 역사의식》, 서울대학교출판문화원, 2017의 4장 〈과거 문서 읽기 교수 방안〉, 5장 〈학생의 과거 문서 읽기 양상과 교수학습 전략〉이 관련 연구에 해당한다. 이 책에는 역사 문서 읽기와 과거 문서 읽기라는 표현이 혼용되어 있는데, 본서에서는 강선주의 저서명을 따라 '역사 문서 읽기'로 통칭했다.

62 강선주, 《소통으로 만드는 역사교육: 역사 문서 읽기와 성찰적 역사의식》, 서울대학교출판문화원, 2017, 137–154쪽.

63 강선주, 《소통으로 만드는 역사교육: 역사 문서 읽기와 성찰적 역사의식》, 155–182쪽.

64 강선주, 《소통으로 만드는 역사교육: 역사 문서 읽기와 성찰적 역사의식》, 185–217쪽.

65 강선주, 《소통으로 만드는 역사교육: 역사 문서 읽기와 성찰적 역사의식》, 220–234쪽.

66 양호환, 〈역사적 사실의 특징과 역사교육의 특수성〉, 《역사교육》 113, 2010; 양호환·천세빈, 〈역사 텍스트 독해에서 맥락화 교수학습의 문제〉, 《역사교육》 148, 2018; 양호환, 〈변화 개념의 특징과 역사학습에서의 의의〉, 《역사교육》 156, 2020.

67 양호환, 〈역사적 사실의 특징과 역사교육의 특수성〉, 123쪽의 내용을 일부 수정함.

68 양호환, 〈역사적 사고의 한계와 역사화의 가능성〉, 《역사교육》 87, 2003, 202쪽.

69 양호환·천세빈, 〈역사 텍스트 독해에서 맥락화 교수학습의 문제〉, 《역사교육》 148, 2018, 54-56쪽, 66쪽.

70 양호환·천세빈, 〈역사 텍스트 독해에서 맥락화 교수학습의 문제〉, 70-71쪽.

71 양호환, 〈역사 텍스트 독해를 둘러싼 동향과 쟁점〉, 《역사교육》 142, 2017, 278쪽.

72 양호환·천세빈, 〈역사 텍스트 독해에서 맥락화 교수학습의 문제〉, 61쪽.

73 양호환·천세빈, 〈역사 텍스트 독해에서 맥락화 교수학습의 문제〉, 75-80쪽.

74 인용된 사료는 백은진, 〈역사 수업 방법의 측면에서 본 역사 수업 성찰 가능성 탐색〉, 《역사교육연구》 35, 2019에 수록된 교과서 서술 사례를 활용한 것이다.

75 백은진, 〈역사 수업 방법의 측면에서 본 역사 수업 성찰 가능성 탐색〉, 24-31쪽.

76 신채호, 〈조선역사상 일천년래 제일대사건〉, 단재 신채호 선생 기념사업회, 《단재 신채호 전집(중권)》, 형설출판사, 1995, 118쪽.

참고문헌

1장 역사 교육과정

국가 교육과정 및 교과서

교육부, 《사회과 교육과정》, 교육부 고시 제2015-74호 [별책 7], 2015.

교육부, 《고등학교 교육과정》, 교육부 고시 제2018-162호 [별책 4](교육부 고시 제2015-74호의 일부개정), 2018.

교육부, 《중학교 교육과정》, 교육부 고시 제2018-162호 [별책 3](교육부 고시 제2015-74호의 일부개정), 2018.

김태웅·윤선태·박진빈·서각수·안정희·이종대·한성욱·심원섭·이수정·송치중, 《중학교 역사 2》, 미래엔, 2020.

김형종·장문석·박범희·고재연·고진아·김현성·우정애·이대희·우현진·맹수용, 《중학교 역사 2》, 금성출판사, 2020.

이병인·임승휘·이중서·이건홍·최태성·신승원·권효신·안선미·이지은·김원일·최효성·김중환, 《중학교 역사 2》, 비상교육, 2020.

단행본

강선주, 《소통으로 만드는 역사교육: 역사문서 읽기와 성찰적 역사의식》, 서울대학교출판문화원, 2017.

교사교육과정연구회, 《교사교육과정: 교육과정 개발자로서 교사》, 도서출판 기역, 2020.

교육과정디자인연구소, 《교사 교육과정을 디자인하다》, 테크빌교육, 2020.

교육부, 《2015 개정 교과 교육과정(교육부 고시 제2018-162호)에 따른 평가기준 -역사과-》, 2018.

교육부, 《2015 개정 교육과정 평가기준 -고등학교 사회과-》, 2018.

역사교육 첫걸음

교육부, 《2021학년도 학교생활기록부 기재요령(고등학교)》, 2021.

김민정·윤종배·정미란·이춘산·송치중·김슬기·이은주, 《역사 수업, 함께 궁리하고 더불어 성장하다》, 책과함께, 2019.

김영석, 《사회과교육론》, 교육과학사, 2021.

김한종·구경남·방지원·나미란·김주택·류현종·김부경·박선경·박찬교, 《시민교육을 위한 역사교육의 이론과 실천》, 책과함께, 2019.

박승배, 《교육과정학의 이해》, 학지사, 2016.

박현숙·김현정·손가영·이경숙·백윤애·이윤정, 《수업 고수들―수업·교육과정·평가를 말하다》, 살림터, 2015.

소경희, 《교육과정의 이해》, 교육과학사, 2017.

역사교육연구소·전국역사교사모임, 《역사 교사, 교육과정을 디자인하다》, 2020.

윤종배, 《역사 수업의 길을 묻다》, 휴머니스트, 2018.

윤종배, 《역사수업 살림》, 비아북, 2021.

전국역사교사모임, 《살아있는 한국사 교과서》, 휴머니스트, 2002.

전국역사교사모임, 《역사교실, 역사에서 배우고 삶으로 가르치는》, 비아북, 2018.

정선영·김한종·양호환·이영효, 《역사교육의 이해》, 삼지원, 2001.

최미숙·원진숙·정혜승·김봉순·이경화·전은주·정현선·주세형, 《국어 교육의 이해: 국어 교육의 미래를 모색하는 열여섯 가지 이야기》, 사회평론아카데미, 2021.

최상훈·이영효·김한종·강선주, 《역사교육의 내용과 방법》, 책과함께, 2007.

홍후조, 《알기쉬운 교육과정》, 학지사, 2011.

Bruce A. VanSledright, *The Challenge of Rethinking History Education: On Practices, Theories, and Policy*, Routledge, 2011.

논문

강선주, 〈'기준'으로서 역사교육과정〉, 《역사교육》(전국역사교사모임) 120, 2018.

길현주·박가나, 〈사회과 교사들의 교육과정 재구성 경험에 관한 이해―혁신학교 사례를 중심으로〉, 《시민교육연구》 47(1), 2015.

김민수, 〈고등학생의 역사인물 이미지 형성과 변형―흥선대원군과 명성황후 사례〉, 《역사교육연구》 6, 2007.

김민수, 〈고등학생의 역사인물 이미지 변형의 요인〉, 《역사교육연구》 11, 2010.

김민정, 〈역사교과서 체제에 대한 수요자의 인식과 개발 방향〉, 《교육과정평가연구》 16(1), 2013.

김민정, 〈'연구공동체' 교사의 '배움의 공동체' 역사 수업 연구: 지향과 실제〉,《역사교육연구》 25, 2016.

김민정, 〈역사 교과서 집필진의 고려시대 교과서 서사 인식과 서술 방향〉,《역사교육》 149, 2019.

김용천, 〈중학 역사1(세계사) 서술에 선생님 끼얹기—2차원에서 3차원으로, 수업 설계를 지원하는 역사교육과정과 교과서?〉, 역사교육연구소,《세계사 교과서 뜯어보기(역사교육연구소 교육과정분석 토론회 자료집)》, 2021.

김한종, 〈역사교사의 인지적 특성이 역사 수업에 미치는 영향〉,《역사교육》 89, 2004.

김한종, 〈역사교육 내용선정 기준 -'의미 있는 역사'의 개념 탐색-〉,《역사교육논집》 77, 2021.

김현규, 〈국가교육과정 문서 안에서의 '교육과정 재구성' 용어의 의미 연역〉,《통합교육과정연구》 9(2), 2015.

문순창, 〈교사교육과정 구성을 위한 한 역사교사의 실천과 탐색: 2009~2015 개정 세계사 교육과정을 중심으로〉,《청람사학》 31, 2020.

박도연, 〈중등 역사 교사 4인의 교육과정 재구성 방법과 의미〉, 충남대학교 석사학위논문, 2018.

박찬교, 〈행위주체로서 역사교사들의 교육과정 인식〉,《역사교육연구》 40, 2021.

방지원, 〈교육과정과 교과서를 다시 생각하다〉,《역사교육》(전국역사교사모임) 120, 2018.

백은진, 〈역사교사의 역사교육 목적에 관한 사례 연구—심층 면담과 수업 관찰을 중심으로〉,《역사교육》 131, 2014.

백은진, 〈역사학습의 목적과 역사교사의 역사교육 목적에 대한 중고등학생들의 인식〉,《역사교육》 133, 2015.

백은진, 〈민주 시민 양성을 위한 역사교육: 접점과 간극〉,《학습자중심교과교육연구》 19(9), 2019.

서명석, 〈교육과정 재구성의 개념적 애매성과 모호성 비판〉,《교육과정연구》 29(3), 2011.

손석영, 〈자기 연구(self-study)를 통한 역사 교사의 교사 교육과정 성찰—'평화통일'에 관한 한국 현대사 수업과 수행평가 결과 간 괴리 원인 분석을 중심으로〉,《역사와교육》 31, 2020.

역사교육을 위한 교사모임, 〈창립선언문〉,《역사와 교육》 창간호, 1998.

양정현, 〈국사 교과서 국정 체제의 문제점과 대안 모색-살아있는 한국사교과서를 중심으로〉,《역사와 경계》 44, 2002.

양호환, 〈역사교과 교육이론의 가능성과 문제점〉,《역사교육》 53, 1993.

양호환, 〈'계열성' 논의의 쟁점과 변질〉, The SNU Journal of Education Research 28(1), 2019.

이미미, 〈역사 교사, 교재, 그리고 역사 수업: 역사 교수·학습 향상을 위한 교사와 교재의 관계에 대한 성찰〉,《역사교육》146, 2018.

이미미, 〈활동·사료·탐구 중심 역사 수업을 견인하는 교사 요인 탐색〉,《역사교육》154, 2020.

이미미, 〈중학교 역사 교사의 사료 활용 양상에 나타난 특징과 문제점 분석〉,《역사교육》158, 2021.

이윤미·조상연·정광순, 〈교육과정 실행 관점 국내 연구에 대한 문제제기〉,《교육과정연구》33(3), 2015.

이재희, 〈전국역사교사모임의 활동에 대한 연구〉, 서울시립대학교 교육대학원 석사학위논문, 2005.

조덕주·진석언·한화진·최연주, 〈교육과정 재구성 관련 국내 연구 동향에 대한 분석〉,《교육학연구》58(2), 2020.

차경호, 〈역사교사, 교육과정을 구성하다〉,《역사교육연구》40, 2021.

황현정, 〈역사 교사의 교육의 자율권과 자유발행제 탐색〉,《역사와 교육》(역사교육연구소) 16, 2017.

Keith Barton & Linda Levstik, "Why don't more history teachers engage students in interpretation?", *Social Education*, vol. 67, no. 2, 2003.

웹사이트

국가법령정보센터: https://www.law.go.kr

한국검인정교과서협회: https://www.ktbook.com

2015개정교육과정 역사과 검정실시 공고: https://www.ktbook.com/edata/PDS_AuthView. asp?num=353&pageno=6&startpage=1 (2022년 2월 12일 추출)

2장 역사적 사고

국가 교육과정 및 교과서

교육부,《고등학교 교육과정》('국사'), 교육부 고시 제1997-15호 [별책 7], 1997.

교육인적자원부,《중학교 교육과정》, 교육인적자원부 고시 제2007-79호 [별책 3], 2007.

단행본

강선주 편,《세계는 역사를 어떻게 교육하는가》, 한울아카데미, 2018.

강종훈 편,《중등 한국사 교과서 교사용 참고자료집》, 경상북도 교육청, 2014.

강종훈,《사료로 본 한국고대사》, 지성과인성, 2020.

구범진,《병자호란, 홍타이지의 전쟁》, 까치, 2019.

김종훈,《읽는 역사, 쓰는 역사: 조선건국에서 해방까지》, 전국역사교사모임, 2008.

김한종·이영효·양호환·최상훈·양정현·유용태·강선주,《역사교육과 역사인식》, 책과함께, 2005.

류재택,《제6차 교육과정 각론 개정 연구: 중·고등학교 국사》, 한국교육개발원, 1992.

박현숙·김현정·손가영·이경숙·백윤애·이윤정,《수업 고수들―수업·교육과정·평가를 말하다》, 살림터, 2015.

양호환 편,《한국 역사교육의 연구동향》, 책과함께, 2011.

양호환,《역사교육의 입론과 구상》, 책과함께, 2012.

양호환·이영효·정선영·최상훈·김환길·송상헌·김한종·송춘영·임병로·양정현,《역사교육의 이론과 방법》, 삼지원, 1997.

양호환·이영효·김한종·정선영·송상헌,《역사교육의 이론》, 책과함께, 2009.

오상학,《조선시대 세계지도와 세계인식》, 창비, 2011.

윤종배,《역사수업의 길을 묻다: 30년차 교사의 성찰, 그리고 진화의 수업기록》, 휴머니스트, 2018.

이영효,《역사교육탐구》, 전남대학교 출판부, 2012.

전국사회교사모임,《주제가 있는 사회 교실: 사회 교사를 위한 대안 수업 길라잡이》, 돌베개, 2004.

정기문·김중락·김병준·홍성구·임기환·이종서·박평식·김한종,《역사학의 성과와 역사교육의 방향》, 책과함께, 2013.

정선영·김한종·양호환·이영효,《역사교육의 이해》, 삼지원, 2001.

차하순,《새로 고쳐 쓴 역사의 본질과 인식》, 학연사, 2007.

한국근현대사연구회 편,《한국근대사강의》, 한울, 1997.

허태구,《병자호란과 예(禮), 그리고 중화(中華)》, 소명출판, 2019.

도리야마 다케오·마쓰모토 미치타카, 이봉숙 옮김,《역사적 사고력을 키우는 수업 만들기》, 역사넷, 2014.

리차드 왓모어, 이우창 옮김,《지성사란 무엇인가?: 역사가가 텍스트를 읽는 방법》, 오월의봄, 2020.

린 헌트, 박홍경 옮김,《무엇이 역사인가: 역사 읽기의 기술》, 프롬북스, 2019.

피터 스턴스, 최재인 옮김,《세계사 공부의 기초: 역사가처럼 생각하기》, 삼천리, 2015.

Chauncey Monte-Sano, Susan De La Paz, Mark Felton, Susan B. Neuman & D. Ray

Reutzel, *Reading, Thinking, and Writing About History: Teaching Argument Writing to Diverse Learners in the Common Core Classroom, Grades 6–12*, Teachers College Press, 2014.

Peter Seixas & Tom Morton, *The Big Six: Historical Thinking Concepts*, Nelson College Indigenous, 2013.

Samuel Wineburg, *Historical Thinking and Other Unnatural Acts: Charting the Future of Teaching the Past*, Temple University Press, 2001.

Samuel Wineburg, Daisy Martin, & Chauncey Monte-Sano, *Reading Like a Historian: Teaching Literacy in Middle and High School History Classrooms — Aligned with Common Core State Standards 2nd Edition*, Teachers College Press, 2012.

논문

강선주, 〈역사 수업에서 문자 사료 읽으며 역사적으로 사고하기 방안〉, 《경인교대 교육논총》 31(1), 2011.

고유경, 〈독일의 역량중심 교육과정과 역사교육의 변화〉, 《독일연구》 35, 2017.

김광규·백은진, 〈고등학생들이 역사 소논문 쓰기 활동을 통해 파악한 역사지식의 특징〉, 《역사교육논집》 65, 2017.

김민정·최종석, 〈고려시대 '교과서 서사'의 해체적 읽기와 역사적 사고 과정의 구현〉, 《역사교육》 143, 2017.

김세윤·방지원, 〈사료 읽고 질문하며, 깊게 탐구하는 역사수업―고려시대 '만적의 난' 재구성하기〉, 《교육연구》 70, 2017.

김한종, 〈역사교육 개념어의 용례 검토―역사적 사고, 역사해석, 역사인식, 역사의식〉, 《역사교육》 113, 2010.

박미향, 〈역사학습이란 무엇인가?―외른 뤼젠(Jörn Rüsen)의 역사의식 이론을 중심으로〉, 《역사교육연구》 36, 2020.

박미향, 〈역량중심 교육과정의 적용에 대한 독일 역사교육의 사례―역사적 사고 지향의 FUER 모델을 중심으로〉, 《역사교육연구》 40, 2021.

방지원, 〈역사수업 원리로서 '감정이입적 역사이해'의 재개념화 필요성과 방향의 모색〉, 《역사교육연구》 20, 2014.

송상헌, 〈역사교육에서 역사 인식 과정이 구현된 역사 텍스트 구성 문제〉, 《역사교육》 103, 2007.

신진균, 〈포스트모던 시대 학교 역사지식의 구성 양식과 스캐폴딩을 활용한 '함께 역사하기'

방안〉, 경상대학교 박사학위논문, 2014.

오상학, 〈조선시대 지도를 통해 본 對中國 認識의 변화〉, 《북방사논총》 5, 2005.

이미미, 〈역사가의 사고과정이 드러나는 서술의 특징과 교재개발 방향〉, 《역사교육》 73, 2000.

이병련, 〈뤼젠(Rüsen)의 역사의식 학습의 네 가지 형태〉, 《역사교육연구》 34, 2019.

임기환·김육훈·이동기, 〈공개 좌담회: 역사교육과 민주시민교육, 어떻게 만날까〉, 《역사와 교육》(역사교육연구소) 19, 2020.

장은서, 〈중학생이 말하는 역사교사의 '좋은 수업'〉, 한국교원대학교 석사학위논문, 2016.

정선영, 〈역사교육의 최종 목표와 역사적 통찰력〉, 《역사교육》 108, 2008.

최상훈, 〈고등학생의 사료 이해 양상〉, 《역사교육연구》 3, 2006.

최호근, 〈내러티브와 역사교육─역사 내러티브의 구조 이해와 활용을 위한 시론〉, 《역사교육》 125, 2013.

Stéphane Lévesque & Penney Clark, "Historical thinking: Definition and educational application", *The Wiley International Handbook of History Teaching and Learning*, edited by S. A. Metzger & L. A. Harris, Wiley-Blackwell, 2018.

Peter Lee, "Understanding history", *Theorizing Historical Consciousness*, edited by P. Seixas, University of Toronto Press, 1994.

Peter Lee, "Historical literacy and transformative history", *The Future of the Past: Why history education matters*, edited by L. Perileous & D. Shemilt, Association for Historical Dialogue and Research, 2011.

Peter Lee, Alaric Dickinson, & Rosalyn Ashby, "Project Chata: Concepts of history and teaching approaches at Key Stages 2 and 3 children's understanding of 'because' and the status of explanation in history", *Teaching History*, vol. 82, 1996.

Avishag Reisman, "The 'document-based lesson': Bringing disciplinary inquiry into high school classrooms with adolescent struggling readers", *Journal of Curriculum Studies*, vol. 44, no. 2, 2012.

Avishag Reisman, "Reading like a historian: A document-based history curriculum intervention in urban high schools", *Cognition and Instruction*, vol. 30, no. 1, 2012.

Jörn Rüsen, "Was ist Geshichtsbewusstsein? Theoretische Überlegungen und heuristische Hinweise" *Historische Orientierung*, Böhlau Verlag, 1994.

Peter Seixas, "Historical consciousness and historical thinking", *Palgrave Handbook of Research in Historical Culture and Education*, edited by M. Carretero, S. Bergem, & M. Grever, Palgrave Macmillan, 2017.

3장 역사 내러티브

교과서

송호정·전현수·강석화·박대훈·문경호·김종준·김종민·김희영·서명원·김민정, 《고등학교 한국사》,
　　지학사, 2020.

단행본

금현진, 《용선생의 시끌벅적 한국사 8: 근대화를 향한 첫걸음을 내딛다》, 사회평론, 2015.

김태웅, 《뿌리 깊은 한국사 샘이 깊은 이야기 6: 근대》, 가람기획, 2013.

비상교육, 중학교 《역사》 문제집 [2009개정 교육과정, 중등역사 2-1], (주)비상교육.

에릭 홉스봄, 강성호 옮김, 《역사론》, 민음사, 2004.

양호환·이영효·정선영·송상헌·김한종, 《역사교육의 이론》, 책과함께, 2009.

최상훈·이영효·김한종·강선주, 《역사교육의 내용과 방법》, 책과함께, 2007.

Arthur Danto, *Analytical Philosophy of History*, Cambridge University Press, 1965.

D. Jean Clandinin & F. Michael Connelly, *Narrative Inquiry: Experience and Story in
　　Qualitative Research*, Jossey-Bass, 2000.

David Carr, *Time, Narrative, and History*, Indiana University Press, 1986.

F. A. McKenzie, *The Tragedy of Korea*, E. P. Dutton & Co., 1908.

F. A. McKenzie, *Korea's Fight for Freedom*, Fleming H. Revell, 1920.

Frank Ankersmit, *Meaning, Truth, and Reference in Historical Representation*, Cornell
　　University Press, 2012. [Kindle edition]

Jerome Bruner, *Actual Minds, Possible Worlds*, Harvard University Press, 1986.

Ken Hyland, *Metadiscourse: Exploring Interaction in Writing*, 2nd ed., Bloomsbury,
　　2019. [Kindle edition]

William Dray, *Philosophy of History*, Prentice-Hall, 1964.

논문

김광규·백은진, 〈고등학생들이 역사 소논문 쓰기 활동을 통해 파악한 역사지식의 특징〉, 《역사
　　교육논집》 65, 2017.

김민정, 〈역사교과서 집필진의 고려시대 교과서 서사 인식과 서술 방향〉, 《역사교육》 149,
　　2019.

김민정·최종석, 〈고려시대 '교과서 서사'의 해체적 읽기와 역사적 사고 과정의 구현〉, 《역사교육》

143, 2017.

김성자, 〈고등학교 '한국사' 교과서 사료 활용 방식의 특징과 문제점〉, 《역사교육》 136, 2015.

김진아, 〈학생들은 중요한 역사를 어떻게 판단할까?-'내러티브 템플릿' 사용이 역사 이해에 미치는 영향-〉 《역사교육》 139, 2016.

김태훈, 〈고등학교 국사수업에서 내러티브를 활용한 인물학습방안〉, 《역사교육논집》 48, 2012.

김한종, 〈역사수업 도구로서 내러티브의 구성형식과 원리〉, 《사회과교육학연구》 3, 1999.

김한종·이영효, 〈비판적 역사 읽기와 역사 쓰기〉, 《역사교육》 81, 2002.

박민정, 〈내러티브란 무엇인가?: 이야기 만들기, 의미구성, 커뮤니케이션의 해석학적 순환〉, 《아시아교육연구》 7(4), 2006.

박진동·이미미, 〈교과서 사료의 빈도 분석을 통한 한국사 핵심 사료의 제시 가능성 탐색〉, 《역사교육연구》 30, 2018.

방지원, 〈내러티브적 교재 구성 방안〉, 《청람사학》 7, 2003.

방지원, 〈이야기체를 활용한 역사 교과서 서술 방안〉, 《역사와 담론》 47, 2007.

송상헌, 〈이야기체 역사책의 서술 실태와 방향〉, 《공주교대논집》 43(1), 2006.

안정애, 〈내러티브 교재 개발과 역사수업에의 적용〉, 《역사교육연구》 4, 2006.

양호환, 〈내러티브와 역사인식〉, 《역사교육의 입론과 구상》, 책과함께, 2012.

양호환, 〈역사 교과서의 서술양식과 학생의 역사이해〉, 《역사교육》 59, 1996.

양호환, 〈역사서술의 주체와 관점: 역사교과서 읽기와 관련하여〉, 《역사교육》 68, 1998.

이미미, 〈역사가의 사고과정이 드러나는 서술의 특징과 교재개발 방향〉, 《역사교육》 73, 2000.

이영효, 〈내러티브 양식의 역사서술체제 개발〉, 《사회과교육》 42(4), 2003.

이해영, 〈수사적 표현을 활용한 국사교과서 서술 방안〉, 《역사교육연구》 6, 2007.

정지향, 〈내러티브 서술 방식 적용을 통한 역사적 사고력 신장에 관한 연구〉, 《초등사회과교육》 17(2), 2005.

최호근, 〈내러티브와 역사교육-역사 내러티브의 구조 이해와 활용을 위한 시론-〉, 《역사교육》 125, 2013.

Ann Rigney, "History as text: Narrative theory and history", *The SAGE Handbook of Historical Theory*, edited by N. Partner & S. Foot, SAGE Publications Ltd., 2013.

Bruce VanSledright & Jere Brophy, "Storytelling, imagination, and fanciful elaboration in children's historical reconstructions", *American Educational Research Journal*, vol. 29, no. 4, 1992.

D. Jean Clandinin & Jerry Rosiek, "Mapping a landscape of narrative inquiry:

역사교육 첫걸음

Borderland spaces and tension", *Handbook of Narrative Inquiry: Mapping a Methodology*, edited by D. J. Clandinin, Sage, 2007.

Eric J. Hobsbawm, "The revival of narrative: Some comments", *Past & Present*, no. 86, 1980.

Eugen Zeleňák, "Two versions of a constructivist view of historical work", *History and Theory*, vol. 54, no. 2, 2015.

Hayden White, "The fictions of factual representation", *The Houses of History: A Critical Reader in Twentieth-Century History and Theory*, edited by A. Green & K. Troup, New York University Press, 1999.

Isabel L. Beck, Margaret G. McKeown, & Jo Worthy, "Giving a text voice can improve students' understanding", *Reading Research Quarterly*, vol. 30, no. 2, 1995.

Janice Huber, Vera Caine, Marilyn Huber, & Pam Steeves, "Narrative inquiry as pedagogy in education: The extraordinary potential of living, telling, retelling, and reliving stories of experience", *Review of Research in Education*, vol. 37, no. 1, 2013.

Jerome Bruner, "The narrative construction of reality", *Critical Inquiry*, vol. 18, no. 1, 1991.

Jörn Rüsen, "A turning point in theory of history: The place of Hayden White in the history of Metahistory", *History and Theory*, vol. 59, no. 1, 2020.

Jouni-Matti Kuukkanen, "Why we need to move from truth-functionality to performativity in historiogrphy", *History and Theory*, vol. 54, no. 2, 2015.

Jouni-Matti Kuukkanen, "A conceptual map for twenty-first-century philosophy of history", *Philosophy of History*, edited by J. Kuukkanen, Bloomsbury Academic, 2021.

Kalle Pihlainen, "The work of Hayden White II: Defamiliarizing narrative", *The SAGE Handbook of Historical Theory*, edited by N. Partner & S. Foot, SAGE Publications Ltd., 2013.

Lawrence Stone, "The revival of narrative: Reflections on a new old history", *Past & Present*, no. 85, 1979.

Mimi Lee, "Promoting Historical Inquiry Using Secondary Sources", The University of Michigan Ph.D. Thesis, 2006.

Mimi Lee, "Promoting historical thinking using the explicit reasoning text", *The Journal of Social Studies Research*, vol. 37, no. 1, 2013.

Paul A. Roth, "Philosophy of history", *The Routledge Companion to Philosophy of Social Science*, edited by L. McIntyre & A. Rosenberg, Routledge, 2017.

Richard J. Paxton, "Someone with like a life wrote it": The effects of a visible author on high school history students, *Journal of Educational Psychology*, vol. 89, no. 2, 1997.

Samuel Wineburg, "Historical problem solving: A study of the cognitive processes used in the evaluation of documentary and pictorial evidence", *Journal of Educational Psychology*, vol. 83, no. 1, 1991.

Terrie Epstein, "Deconstructing differences in African-American and European-American adolescents' perspectives on U.S. History", *Curriculum Inquiry*, vol. 28, no. 4, 1998.

Zoltán Boldizsár Simon & Jouni-Matti Kuukkanen, "Introduction: Assessing narrativism", *History and Theory*, vol. 54, no. 2, 2015.

웹사이트

대학선이수 세계사 과목 공개 문항: https://apstudents.collegeboard.org/ap/pdf/ap19-frq-world-history.pdf (2022년 1월 15일 추출)

대학선이수 세계사 과목 평가기준: https://apcentral.collegeboard.org/pdf/ap19-sg-world-history.pdf (2022년 1월 15일 추출)

한국사능력검정시험: https://www.historyexam.go.kr/pst/list.do?bbs=dat&netfunnel_key=6BE8B438EAE4AA3E7CC5A55130A72BB275019865CC297FC74D0332D639A1F3549238049EA07847F8583437974DA40A9149C0D51B407FE9CD33D18445F2D041552CAE1495E7FE5E2AF05F35AB97F101AF5040FF6CCA34DB8A028CF47044B6F18A57AAFF0A5C3E5A0A37DD6BABE7CBDA01312C302C30 (2018년 7월 5일 추출)

4장 역사 교수법

단행본

강선주, 《소통으로 만드는 역사교육: 역사 문서 읽기와 성찰적 역사의식》, 서울대학교출판문화원, 2017.

역사교육 첫걸음

강선주 편,《세계는 역사를 어떻게 교육하는가: 9개국의 역사 교육과정 분석》, 한울아카데미, 2018.

강우철,《歷史의 敎育》, 교학사, 1974.

강이철,《교육방법 및 공학의 이론과 적용》, 학지사, 2009.

김한종,《역사 수업의 원리》, 책과함께, 2007.

단재 신채호 선생 기념사업회,《단재 신채호 전집(중권)》, 형설출판사, 1995.

백은진,《역사교육 목적의 인식과 실제》, 서울대학교출판문화원, 2018.

양호환 편,《한국 역사교육의 연구동향》, 책과함께, 2011.

양호환,《역사교육의 입론과 구상》, 책과함께, 2012.

양호환·이영효·정선영·최상훈·김환길·송상헌·김한종·송춘영·임병로·양정현,《역사교육의 이론과 방법》, 삼지원, 1997.

양호환·이영효·김한종·정선영·송상헌,《역사교육의 이론》, 책과함께, 2009.

이경한,《사회과 지리 수업과 평가》, 교육과학사, 2009.

이원순·김철·이민호·이정인·은용기·최양호,《敎科敎育全書 6: 歷史科 敎育》, 한국능력개발사, 1975.

이원순·윤세철·허승일,《歷史敎育論》, 삼영사, 1980.

이원순·윤세철,《역사교육: 이론과 실제》, 정음문화사, 1985.

전국역사교사모임,《현장교사들이 쓴 역사교육론: 우리 아이들에게 역사를 어떻게 가르칠 것인가》, 휴머니스트, 2002.

정선영·김한종·양호환·이영효,《역사교육의 이해》, 삼지원, 2001.

차경수·모경환,《사회과교육》, 동문사, 2018.

최상훈·이영효·김한종·강선주,《역사 수업의 내용과 방법》, 책과함께, 2007.

린다 렙스틱·키쓰 바튼, 배한극·송인주·주웅영 옮김,《초·중학교에서 학생들과 조사 연구하는 역사하기(제3판)》, 아카데미프레스, 2009.

샘 와인버그, 한철호 옮김,《역사적 사고와 역사교육》, 책과함께, 2006.

샘 와인버그, 정종복·박선경 옮김,《내 손안에 스마트폰이 있는데 왜 역사를 배워야 할까?》, 휴머니스트, 2019.

수잔 A. 앰브로스 외, 이경옥 옮김,《학습은 어떻게 이루어지나: 연구에 기반한 현명한 수업원리 일곱 가지》, 시그마프레스, 2012.

이븐 바투타, 정수일 옮김,《이븐 바투타 여행기1: 여러 지방과 여로의 기사이적을 본 자의 진귀한 기록》, 창작과비평사, 2001.

필립 W. 잭슨, 차경수 옮김,《잭슨, 아동의 교실생활》, 배영사, 2019.

Grant Wiggins & Jay McTighe, 강현석 외 옮김, 《거꾸로 생각하는 교육과정 개발: 교과에 대한 진정한 이해를 목적으로》, 학지사, 2008.

L. S. 비고츠키, 정회욱 옮김, 《마인드 인 소사이어티: 비고츠키의 인간 고등심리 과정의 형성과 교육》, 학이시습, 2009.

Chauncey Monte-Sano, Susan De La Paz, Mark Felton, Susan B. Neuman & D. Ray Reutzel, *Reading, Thinking, and Writing About History: Teaching Argument Writing to Diverse Learners in the Common Core Classroom, Grades 6-12*, Teachers College Press, 2014.

Nikki Mandell & Bobbie Malone, *Thinking Like a Historian: Rethinking History Instruction*, Wisconsin Historical Society Press, 2008.

S. G. Grant, John Lee, & Kathy Swan(Editors), *Teaching Social Studies: A Methods Book for Methods Teachers*, Information Age Publishing, 2017.

Samuel Wineburg, Daisy Martin & Chauncey Monte-Sano, *Reading Like a Historian: Teaching Literacy in Middle and High School History Classrooms — Aligned with Common Core State Standards 2nd Edition*, Teachers College Press, 2012.

Stephen J. Thornton, *Teaching Social Studies that Matters: Curriculum for Active Learning*, Teachers College Press, 2005.

논문

강선주, 〈역사교육의 내용 선정과 조직 연구 현황과 과제〉, 《역사교육》 113, 2010.

강지혜·김영롱, 〈중등학교 역사 수업에 적용된 플립드 러닝에 대한 학습효과 분석〉, 《학습자중심교과교육연구》 18(5), 2018.

강우철, 〈歷史教育의 推移〉, 《역사교육》 14, 1971.

김나리·김봉석, 〈초등역사학습에서 비주얼씽킹의 이론적 체계화와 실제 적용〉, 《사회과교육연구》 25(2), 2018.

김민정, 〈역사 수업이론의 진전과 적용상의 도전〉, 《역사교육》 131, 2014.

김민정, 〈근래의 역사 수업 연구 경향과 연구 방법에 대한 검토〉, 《역사교육연구》 22, 2015.

김민정·이현지, 〈역사 수업의 지향과 실행에 대한 인식: 교사 설문을 중심으로〉, 《역사교육연구》 38, 2020.

김한종, 〈역사 수업이론의 재개념화〉, 《역사교육연구》 5, 2007.

박영목, 〈교과교육학의 학문적 발전 방향과 과제〉, 《교육연구논집》 20, 2003.

백은진, 〈역사 교재로서의 사진: 맥락화 교수학습의 적용 가능성〉, 《학습자중심교과교육연구》

19(6), 2019.

백은진, 〈역사 수업 방법의 측면에서 본 역사 수업 성찰 가능성 탐색〉, 《역사교육연구》 35, 2019.

백은진, 〈국가 및 시 도 교육청의 '학생 중심 교육과정' 채택 시기 역사교육계의 쟁점화 양상에 관한 성찰〉, 《역사교육연구》 40, 2021.

양호환, 〈역사교과 교육이론의 가능성과 문제점〉, 《역사교육》 53, 1993.

양호환, 〈역사교육의 연구와 방법론〉, 《역사교육》 55, 1994.

양호환, 〈'역사교과학'의 성과와 숙제〉, 《역사교육》 57, 1995.

양호환, 〈역사과 교수-학습론의 인식론적 전환〉, 《역사교육》 73, 2000.

양호환, 〈역사적 사고의 한계와 역사화의 가능성〉, 《역사교육》 87, 2003.

양호환, 〈역사교육의 목적을 다시 묻는다〉, 《역사교육》 99, 2006.

양호환, 〈역사적 사실의 특징과 역사교육의 특수성〉, 《역사교육》 113, 2010.

양호환, 〈역사 텍스트 독해를 둘러싼 동향과 쟁점〉, 《역사교육》 142, 2017.

양호환, 〈변화 개념의 특징과 역사학습에서의 의의〉, 《역사교육》 156, 2020.

양호환·천세빈, 〈역사 텍스트 독해에서 맥락화 교수학습의 문제〉, 《역사교육》 148, 2018.

이미미, 〈중요한 역사 내용이란?: 내용 선정 기준 연구 분석 및 시사점〉, 《역사교육》 135, 2015.

이미미, 〈교사가 파악하는 역사적 중요성과 교수·학습적 중요성〉, 《역사교육》 139, 2016.

이미미, 〈중학교 '역사' 수업에서의 사료 활용 실태 연구〉, 《역사교육연구》 29, 2017.

이미미, 〈역사 교사, 교재, 그리고 역사 수업: 역사 교수·학습 향상을 위한 교사와 교재의 관계에 대한 성찰〉, 《역사교육》 146, 2018.

이미미, 〈활동·사료·탐구 중심 역사 수업을 견인하는 교사 요인 탐색〉, 《역사교육》 154, 2020.

이미미·박지원, 〈예비교사에게 사료란 무엇인가?: 객관성, 사실, 그리고 증거〉, 《역사교육》 144, 2017.

이현지·김민정, 〈역사과 교육실습생의 수업 실행과 교사양성과정에 대한 인식〉, 《역사교육논집》 72, 2019.

정미란, 〈전국역사교사모임의 역사 수업 실천과 지향〉, 《역사교육연구》 30, 2018.

정태범, 〈교과교육학의 개념적 모형〉, 《教員教育》 1-1, 1985.

허주·최수진·김이경·김갑성·김용련·김서현, 〈연구보고 RR 2015-22: 교원 및 교직환경 국제 비교 연구: TALIS 2주기 결과를 중심으로〉, 한국교육개발원, 2015.

Lee Shulman, "Toward a pedagogy of cases", *Case Methods in Teacher Education*, edited by J. H. Shulman, Teachers College Press, 1992.

Peter Seixas, "Beyond 'content' and 'pedagogy' : In search of a way to talk about history education", *Journal of Curriculum Studies*, vol. 31, no. 3, 1999.

웹사이트

교육학용어사전: https://terms.naver.com/entry.naver?docId=510756&cid=50291&categoryId=50291 (2022년 1월 27일 추출)

스탠퍼드 역사교육 그룹(Stanford History Education Group): https://sheg.stanford.edu/history-lessons/ibn-battuta (2022년 2월 7일 추출)

수록 논문 출처

1, 3, 4장의 내용은 아래 기발표 논문을 수정·보완·확장한 것이다.

1장 김성자, 〈역사과 교사 교육과정 구성 사례의 검토〉, 《학습자중심교과교육연구》 22(9), 2022.

3장 이미미, 〈내러티브와 역사교육의 만남: 역사 교수·학습에서의 내러티브 용례 분석〉, 《내러티브와 교육연구》 10(1), 2022.

4장 백은진, 〈역사 교수법의 의미와 역사다운 교수법의 필요성〉, 《학습자중심교과교육연구》 22(7), 2022.

찾아보기

역사교육 첫걸음

배움에서 가르침으로

1판 1쇄 2022년 7월 12일
1판 5쇄 2024년 7월 5일

지은이 | 김민정, 이미미, 백은진, 김성자

펴낸이 | 류종필
편집 | 이정우, 이은진, 권준
경영지원 | 홍정민
표지 디자인 | 박미정
본문 디자인 | 박애영
교정교열 | 최연희

펴낸곳 | (주)도서출판 책과함께
　　　　주소 (04022) 서울시 마포구 동교로 70 소와소빌딩 2층
　　　　전화 (02) 335-1982
　　　　팩스 (02) 335-1316
　　　　전자우편 prpub@daum.net
　　　　블로그 blog.naver.com/prpub
　　　　등록 2003년 4월 3일 제2003-000392호

ISBN 979-11-91432-68-8 93900